ジジ&ババの

何とかかんとか！
100カ国制覇
好奇心のおもむくままに

風間 草祐
Kazama Sosuke

牧歌舎

ジジ&ババの何とかかんとか！100カ国制覇

-好奇心のおもむくままに-

100の国々

中近東・アジア（訪問順）

・フィリピン
・中国
・モンゴル
・トルコ
・スリランカ
・ウズベキスタン
・ベトナム
・カンボジア
・韓国
・インド
・インドネシア
・シンガポール
・ヨルダン
・アラブ首長国連邦
・マレーシア
・ブルネイ
・アゼルバイジャン
・ジョージア（グルジア）
・アルメニア
・タイ
・ミャンマー
・ラオス
・キルギス
・カザフスタン
・トルクメニスタン
・台湾
・バングラデシュ
・ブータン
・ネパール

計 29 ヵ国

オセアニア・南北アメリカ（訪問順）

・アメリカ
(ハワイ・アラスカ・マイアミ)
・オーストラリア
・ブラジル
・アルゼンチン
・パラグアイ
・ペルー
・エクアドル
・チリ
・ジャマイカ
・ケーマン諸島（イギリス）
・メキシコ
・バハマ
・グアテマラ
・ホンジュラス
・ベリーズ
・ニカラグア
・エルサルバドル
・コスタリカ
・パナマ
・ソロモン諸島
・パプアニューギニア
・キューバ
・トリニダード・トバゴ
・カナダ

計 24 ヵ国

ジジ&ババが訪れた

ヨーロッパ（訪問順）

・ドイツ
・スイス
・フランス
・イタリア
・バチカン
・オーストリア
・チェコ
・スロバキア
・ハンガリー
・スペイン
・フィンランド
・クロアチア
・スロベニア
・ボスニアヘルツェゴビナ
・エストニア
・ラトビア
・リトアニア
・ポーランド
・デンマーク
・スウェーデン
・ノルウェー
・ギリシャ
・マルタ
・キプロス
・コソボ
・マケドニア
・アルバニア
・セルビア
・モンテネグロ
・ルクセンブルク
・ベルギー
・オランダ
・ルーマニア
・ブルガリア

計 34 カ国

アフリカ（訪問順）

・ケニア
・タンザニア
・南アフリカ
・ボツアナ
・ジンバブエ
・ザンビア
・チュニジア
・モロッコ
・ブルキナファソ
・コートジボワール
・ガーナ
・トーゴ
・ベナン

計 13 カ国

まえがき

親しい友人から「なぜ、旅に出るのか」と、素朴な疑問を投げかけられることがよくある。少し意地悪くなると「何の意味があるの、何か得られるものでもあるの」と問いかけられ、最後に「好きね」と皮肉っぽくダメだしされることもある。そんな時、こちらも、胸を張って即座に返答できれば良いのだが、改めて自分に問いただしてみても「非日常を求めて」までは確かなのだが、その後がスムーズに出てこない。まして「旅の収穫物は」という問いかけに至っては、即答できるはずもない。そういう旅へ行く目的や理由を考える前に、衝動に駆られて家を飛び出しているというのが、うそ偽りないところだからだ。「そもそも、すべからく、何かの情動が先で、理屈は後からついてくるのが世の常ではないか」と、居直りたくもなってくる。

夫婦二人で本格的に海外旅行をスタートさせたのは、二〇〇三年五四歳の時であった。まだ、現役のサラリーマンだったので、勤続三〇年のリフレッシュ休暇を利用し、ツアー料金の安い一一月中旬に、初冬のヨーロッパに向け出発した。それから一七年間、世界の各地を旅するうちに、二〇一九年七〇歳になった年、訪れた国が百ヵ国になった。現役時代、会社帰りに成田空港で家族と落ち合い、背広を預けて、ハワイへ飛び立ったこともあった。女房は、六〇歳を過ぎてから不整脈が頻発し、カテーテル手術をして一旦収まったものの、旅行に出るときにはニトロは手放せない。義母の認知症が進み、自宅で見送るまで介護に専念した時期もあった。六〇代半ばの年金生活に入ってからは、旅行資金がショートしそうになり、あわててアルバイト程度ではあるが、職を見つけ再就職した。親戚や友人の仏事に出られず不義理したこともあった。などなど、紆余曲折《うよきょくせつ》があったが、今にして思えば、それらの仕事と家庭における諸事情をかい潜《くぐ》り、何とかかんとか百ヵ国にたどり着いたというのが正直なところである。

海外旅行の第一印象は「金がかかる」ということだ。だから、まとまった蓄えがない限り、到底、無理ということになる。確かに、住宅ローンがあり子育てにお金がかかる時期は、とてもそんな余裕はない。それに加えて、海外旅行は時間もかかる。ヨーロッパやアフリカ、南北アメリカに行くには、半日を要するので、少なくとも一週間~一〇日は必要となる。そんなに長く休めるのは、盆と正月くらいしかない。そう考えると、毎日、満員電車に乗って自宅と会社を往復し、経済的にも何とかやりくりして日々の生活をおくっている普通のサラリーマンにとって、海外旅行はまさに「高嶺の花」で、行きたい気持ちはあっても、とても叶《かな》わないように思えてくる。

ところが、サラリーマン生活の終盤戦になると、状況は違ってくる。まず、住宅ローンが終わり、子供が自立すれば、経済的に余裕が出てくる。トップシーズンぐらいしか休めなかった現役時代に比べ、第一次定年といわれる六〇歳を迎え、次に継続雇用の非常勤勤務、やがて六五歳過ぎの完全リタイアーと、年齢を重ねるとともに、時間的な余裕も出てくる。このように、お金と時間の問題は、シニア世代になれば段階的に解消していくのだが、ここで、留意すべきことは、年齢とともに自由な時間が増していく一方で、体力が徐々に低下していくという現実である。海外

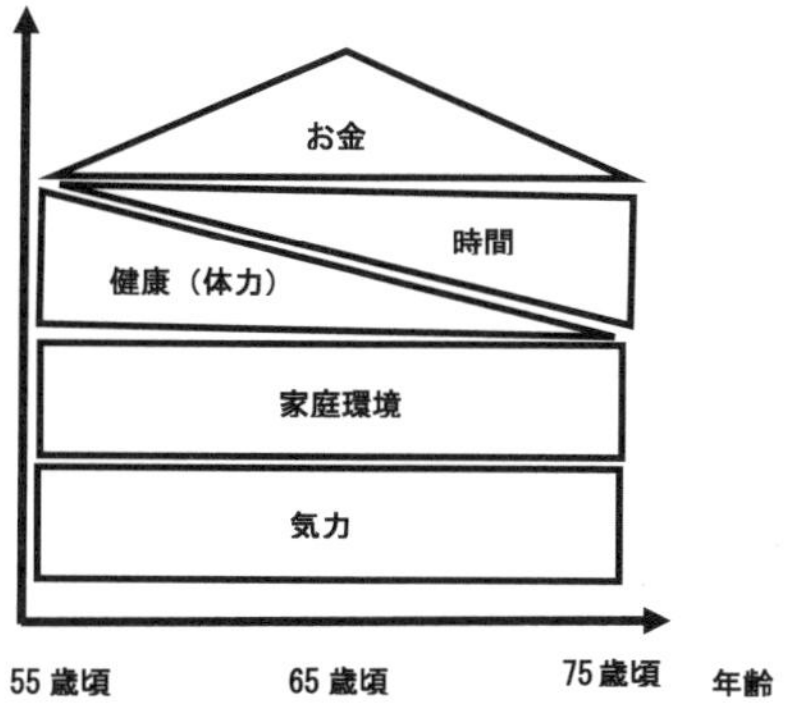

旅を可能にする５つの要素

旅行は、飛行機で仮眠を取りながら目的地へ行くだけでも、結構、体力を消耗する。ただし、五〇も半ばを過ぎれば、人間ドックで何も引っかからない人は稀《まれ》で、たとえ持病があったとしても、薬で調整して日常の健康を維持しているというのが実情なわけだから、自分の健康上の弱点がわかっていれば、あらかじめ予防薬を持参することにより、旅に備えることは可能である。総じてシニア世代になれば、お金、時間は年齢とともに自由度が増し、健康も自分の努力や工夫次第でクリアーできるはずだ。

しかし、これらの自分だけの問題以外に、旅に出る上での隘路《あいろ》となるものがもう一つある。それは、家を「留守にできない」ということである。愛犬、愛猫の場合もあるが、典型的なのが親の介護の問題である。お金、時間、健康の三条件が整っていても、親の介護のため旅に出ることを諦《あきら》めている人は少なくないのではないだろうか。しかし、この問題も、最近は介護施設も整備されてきて、旅に出ている間、親を施設に預けることも可能となりつつあるので、自分が気持ち的に割り切れれば、致命的な障壁とはならず、何とか乗り越えることができるようになってきたように思う。

それよりも、最近、旅を続けていく上で感じることは「旅に出よう」という気力がいつまで維持できるかどうかという点である。この気力が失せてしまえば、たとえ、お金、時間、体力があり、家族に問題がないとしても、決して旅に出ることはないように思う。現に、何らかの原因で落ち込んでいる時などは「家にじっとしていたい、他人と接したくない」という守りの姿勢になり、とても、旅に出る気にはならないものだ。つらつら考えるに、どうやらこの気力こそが、お金、時間、健康（体力）、家庭環境はどうあれ、理屈抜きに、無意識的に自分を旅に誘《いざな》う衝動の原動力になっているというのが真実のようだ。ならば「この気力の寄って来る《きた》ところは何か」ということになるが、それは一言でいうと「未知の世界を知りたい、見てみたい、触れてみたい」という好奇心に他ならない気がする。そんな好奇心に突き動かされて、性懲《しょうこ》りもなく旅を続けているというのが実態のようである。

もう一つ「旅の動機」とともに、友人の発した「旅の収穫物」についての疑問であるが、これに回答するには「旅に行く前と行った後で、何か心境の変化はあったか」と自分に問いただしてみるのが手っ取り早い。そう思い一七年間を振り返ってみると、訪れた国々の歴史や文化を知識としてある程度理解できたことはさておき、一番強く感じ入ったことは、これまで当たり前と思っていた自分の生まれ育った日本の環境が、決して普通ではなく、むしろ極めて特殊であるということである。そしてそれは、島国であったという地政学的な原因に負うところが大きいといえるのだろう。島国故に、海が外敵から身を守る自然の防波堤となり、外国からの侵略を防ぐことができたし、地続きの国々のような陣取り合戦も少なくて済んだわけである。そうなると、必然的に人種が入り混じる機会も少なくなるので、民族闘争や宗教対立に起因する、この世の不条理、不公平、差別、格差の生じる度合いも少なくて済むことになる。よく、日本人は宗教心が薄いといわれるが、宗教にすがり救いを求める必要性が低かったためだからだろう。自分の生まれ育った日本の特殊性を理解することにより、少しは自分のアイデンティティというか、平たくいえば育ちの違いというか、大げさにいえば世界における立ち位置といったようなものを、より客観視できるようになった気がする。これを「己を知る」と呼ぶならば、旅に出ることは「自分探し」に出かけることに他ならないのかもしれない。

最近、旅を重ねるうちに、よく旅仲間から「旅は楽しむもので、行った国数に拘《こだわ》るのは、旅の本筋ではなく邪道ではないか」と言われることがある。確かに、それも一理ある。徐々に未開の地に行くようになると、二百ほどの現在の国数に迫るような人たちに出くわすこともあるが、その中には、国数を自慢げに語る鼻持ちならない人も少なからずいるものだ。そんな時はいつも「旅が人を鍛え成長させる」なんてことは、まかり間違ってもいえないことを再認識することになる。ちょっと言い方は厳しすぎるかもしれないが、そういう人は、物理的な移動を惰性で繰り返し、国数を重ねているに過ぎないではないだろうか。そういう「旅マニア」が、旅慣れが高じて知ったかぶりと個人プレーが過ぎ、添乗員や同行者を困らせる「モンスター客」に変貌《へんぼう》している姿を往々にして見かけるものである。そうなると、もはや「旅の功罪」としかいいようのない事態である。何事もそうであるが、身の回りで起きた出来事を素直に受け止め、内省しない限り人は成長せず、まして、人格など向上しないのは自明の理である。

むしろ、百を超える旅をしているベテランの人たちに接すると、その前向きさと積極性に驚かされる半面、それぞれ、隠されたネガティブともいえる事情を背負った「訳《わけ》あり」の人が多いことに気づかされることが少なくない。不安で一人で家にじっとしていられず、日々の寂しさを押し殺して、駆り立てられるように、半ば何かに取りつかれたように、家を飛び出してくる人もいるようだ。いわば、寝付かれない時の睡眠導入剤みたいなもので、日本を脱出するのが、いつも自分を支配し捕えて離れようとしない元凶《げんきょう》から、自らを解放させるのに手っ取り早いからであろう。このように、現実から逃避するために、半ば強迫的に、やむにやまれず、旅に出ている人も少なくないのではないだろうか。ことほど左様に、国の数は、それ自体意味のないことは明白で、いわんやそれを自慢するなどは愚の骨頂といえる。ならば、翻《ひるがえ》って、自分の場合はどうかということになるが、弁解がましいかもしれないが、百に拘《こだわ》ると自ずと未開の地にも足を運ばざるを得なくなるので、そこで予想できなかったような世界や文化、そこで暮らす人々の生活にも、必然的に触れることになり、手前味噌ではあるが、視野が格段に広がったことだけは確かな気がする。結果論かもしれないが、百を意識しなければ、西アフリカやパプアニューギニアへ行くことは決してなかったであろうし、そこで肌で感じ取った感覚、臨場感は、他では得難いものであったことは間違いない。

旅の楽しみ方には色々あり、もとより、自分のスタイルを人に強要するものではない。しかし、自分の場合に限っては、やはり、異文化体験のない旅は面白みに欠ける。予期しなかった新鮮な驚きが感じられる旅の方がワクワクする。予想外のことに出くわすからおもしろいのである。心理学の用語に「セレンディピティー」という言葉がある。スリランカの王子が探し物をしていて、目的物とは違った、思わぬ「掘り出し物」を見つけるという逸話に基づくもので、何かを探し求めているうちに、予想をしなかった価値あるものを発見することをいうようだ。そんな予定調和でない意外性に遭遇した時、人は思わぬ感動に満たされるものである。まだまだ、訪れていない国、見知らぬ世界はたくさんある。これからも「掘り出し物」を期待して、好奇心が刺激される旅を、気力の限り続けてみたい。

なお本書は、訪れた百ヵ国のうち、後半の五〇ヵ国の旅について、詳細に記載したもので、前半の五〇ヵ国の旅については、冒頭に、ダイジェストとしてまとめるに留めることとした。ご興味のある方は、先に出版した「ジジ&ババの気がつけば！　50カ国制覇—働くシニアの愉快な旅日記」（牧歌舎）に詳しいので、ご一読いただければ幸いである。

100ヵ国制覇の歩み

2011	2012	2013	2014	2015	2016	2017	2018	2019
9月.スイス②・フランス②	8月.オーストリア・チェコ・ドイツ②・スロバキア・ハンガリー	9月.スペイン・フィンランド	5月.クロアチア・スロベニア・ボスニアヘルツェゴビナ	7月.フィンランド②・エストニア・ラトビア・リトアニア・ポーランド	6月.デンマーク・スウェーデン・ノルウェー 9月.ギリシャ・マルタ・キプロス	3月.コソボ・マケドニア・アルバニア・セルビア・モンテネグロ・ボスニアヘルツェゴビナ②	4月.フランス③・ドイツ③・ルクセンブルク・ベルギー・オランダ	5月.ルーマニア・ブルガリア
		8月.南アフリカ・ボツアナ・ジンバブエ・ザンビア	12月.チュニジア・モロッコ				2月.ブルキナファソ・コートジボワール・ガーナ・トーゴ・ベナン	
5月.ウズベキスタン	5月.ベトナム・カンボジア 9月.韓国	5月.インド	8月.インドネシア・シンガポール 9月.ヨルダン・アラブ首長国連邦(ドバイ)	1月.マレーシア・ブルネイ 9月.アゼルバイジャン・アルメニア・ジョージア 12月.タイ・ミャンマー・ラオス		9月.キルギス・カザフスタン・ウズベキスタン②・トルクメニスタン 12月.台湾	10月.バングラデシュ・ブータン・ネパール	
			11月.チリ(イースター島)・エクアドル(ガラパゴス諸島)	4月.ジャマイカ・イギリス(ケーマン諸島)・メキシコ・バハマ・アメリカ④(マイアミ)		1月.グアテマラ・ホンジェラス・ベリーズ・ニカラグア・エルサルバドル・コスタリカ・パナマ		2月.ソロモン諸島・パプアニューギニア 8月.キューバ・トリニダードトバゴ・ジャマイカ②・カナダ
2	3	3	5	5	2	4	3	3
1	7	7	11	16	6	16	11	7
19	26	33	44	60	66	82	93	100
62	63	64	65	66	67	68	69	70
		常勤			非常勤		再就職	
	飼犬死亡				母介護・他界			

50ヵ国発刊　世界旅発刊

ジジ＆ババの

西暦年		2003	2004	2005	2006	2007	2008	2009	2010
訪問国	ヨーロッパ 34カ国	11月ドイツ・スイス・フランス		8月.イタリア・バチカン					
	アフリカ 13カ国				8月.ケニア・タンザニア				
	中近東アジア 29カ国				11月.フィリピン	5月.中国（雲南省） 8月.モンゴル		5月.中国②（北京・西安・桂林・上海） 8月.トルコ	8月.スリランカ
	オセアニア南北アメリカ 24カ国		12月.アメリカ（ハワイ・ホノルルマラソン）				5月.オーストラリア 8月.ブラジル・アルゼンチン・パラグアイ・ペルー 12月.アメリカ②（ハワイ・ホノルルマラソン）		2月.アメリカ③（アラスカ）
年間旅行数		1	1	1	2	2	3	2	2
年間国数＊		3	1	2	3	2	5	1	1
累積国数＊		3	4	6	9	11	16	17	18
年齢		54	55	56	57	58	59	60	61
就労状況									
家庭環境				住宅ローン終了		三男就職	母施設入り		

＊既訪問国含まず

目次

50カ国ダイジェスト

スタートは海外旅行の定番から（二〇〇三年一一月〜二〇〇五年八月）

五〇代に入った頃、まだ三男は学生で、家のローンも終わっておらず、とても海外旅行に回す資金などなかった。時間的にも、ばりばりの現役真最中で、旅に行ける時期としてはゴールデンウィーク、夏休みなどのトップシーズンに限られていた。当然、旅行費用も割高となる。そんな我が身の置かれた状況を考えると「金銭的にも、時間的にも、どう考えても、海外旅行は当面は無理だし、行けるとしたら定年してからかな」などと半ば諦《あきら》めていた。そんなある日、身近な先輩がトップシーズン以外に休みを取り、海外へ行くという情報を小耳にはさんだ。他にも同じような人が何人かいて、いずれもリフレッシュ休暇を当てにしているようであった。「なるほど、その手があったか。リフレッシュ休暇ならば、大手を振って一〇日間ぐらいは休めるし、若干ではあるが報奨金もでるので、旅行費用の足しになる」と、千載一遇のチャンスが数年先に到来することがわかり「定年前に海外へ行ける」という喜びで、思わず浮足立つような心持であった。

二〇〇三年、五四歳の時、勤続三〇周年が訪れ、かねてより行ってみたかったヨーロッパへ、費用を抑えるためシーズンオフの一一月中旬に旅立った。ドイツのフランクフルトから入り、ロマンチック街道を下り、スイスアルプスを通過し、ジュネーブからＴＧＶでパリに至る九日間のツアーであった。続いて、翌々年の二〇〇五年八月には、これも海外旅行の定番であるイタリアを、夏休みを利用し旅した。ミラノから入り、ベネチア、フィレンツェ、ナポリ、ローマに至るイタリア縦断の旅であった。これらの旅を通じて、古代から現代に至るヨーロッパの歴史と文化の一端に触れることができた。ドイツのハイデルベルク、ローテンブルクの城郭都市、栄華を極めたパリのベルサイユ宮殿、イタリアベネチアのモザイク模様で飾られたサンマルコ寺院、ローマのコロセウムなどの建造物に接し、ダヴィンチの「最後の晩餐」や「モナリザ」、ミケランジェロの「最後の審判」など学生時代に教科書でしかお目にかかったことのない芸術作品の数々に出合うとともに、スペイン広場「真実の口」など、名画「ローマの休日」のロケ地にも立ち寄ることにより、西洋の歴史や文化に対する理解が、それまでよりも格段に深まったように思う。

また、海外ツアー旅行に行き始めて「海外旅行の良し悪しは、添乗員次第である」ということを痛感した。特に、初めのロマンチック街道の旅の添乗員は強烈な個性の持ち主で、毎朝ツアー客の部屋をノックして回ったり、帰国の便で空席が多いのを見るやいなや、全員が横になって寝られるように席を取り直す等、一切、手抜きをしない献身的で「添乗員の鏡」のような人だった。その身を粉にした孤軍奮闘ぶりは、今も鮮明に記憶に残っている。

「真実の口」の前で
(2005年8月イタリア：ローマ)

ローテンブルクの街角にて
(2003年11月ドイツ)

二つのヨーロッパ旅行の間の二〇〇四年は、アメリカのハワイへ行きホノルルマラソンに参加した。マラソンは、運動靴さえあればどこでもできる、金のかからない安上りなスポーツである。四〇代後半から始め、五〇代に入ってからは関東近郊の大会にしばしば参加していたが、かねてより機会があればホノルルマラソンへ行きたいと考えていた。一二月初旬、仕事を終え夜中に成田を経ち、現地は大会当日を含めて丸四日間だけ滞在し、直ちに帰国するというハードな旅であった。持病の腰痛が発症した上に直前に風邪をひき、女房は事故による怪我が完治しないという、二人とも絶不調のコンディションの参加であったが「good《グッド》.job《ジョブ》」の応援に助けられて、何とか二人とも完走することができた。帰国した翌日、何もなかったかのように、重い足を引きずりながら定時に出勤した。

ホノルルマラソン
（2004年12月アメリカ：ハワイ）

四大陸を摘《つま》み食い（二〇〇六年八月～二〇〇八年八月）

二〇〇六年、住宅ローンも終わり少し余裕も出てきたので、定番以外の所へも行ってみたくなり、丁度結婚三〇周年ということで、思い切って八月にアフリカのケニアへ行くことにした。ケニアは、子供の頃読んだ「少年ケニア」の印象が残っていたのと、小学校高学年から大学まで慣れ親しんだボーイスカウトの発祥のきっかけとなった地と聞いていたので、昔から、興味を抱いていた（確か、イギリスの軍人がアフリカで少年兵を伝令に使ったのがボーイスカウト創立のきっかけのはずだ）。朝夕、動物が活動するのを待って、ライオンやチーターを探しジープを走らせるサファリは、まるで、草原の中で「動物とかくれんぼ」をしているようで、

マサイ族の村で
（2006年8月ケニア）

童心に帰り予想以上に楽しむことができた。少人数のツアーであったが、ブランド品目当ての客もいるヨーロッパツアーとは、明らかに客層が違い、ツアー客の中にはサンダル履きの人もいるくらいで、身なりはラフそのものであった。驚いたのは、その中に八四歳のおばあさんが孫と一緒に来ていたことである。ヌーの川渡り見たさに、おむつ持参とのことだった。宿泊したロッジで、豪快にビールを飲み干す姿を見ていると、気力さえあればいくつになっても海外へ出かけられるように思え、大いに励まされた。

このように、本格的に海外旅行を開始した丁度その頃から、それまで旅先から子供たちに定期的にその様子を電話で聞いていた一人住まいの義母の認知症が進み、しばらく、すぐに帰国することのできない遠方への旅は難しいという状況になってきた。数日間の近場となると必然的にアジアということになり、ケニアの旅以降、二〇〇六年は一一月にフィリピン、二〇〇七年は、五月に中国（雲南省）、八月にモンゴルと、行き先をアジア諸国に絞ることにした。このうち、雲南省の奥深くシャングリアに住む少数民族を訪ねた中国の旅は、添乗員付きのツアーであったが、フィリピンとモンゴルは、日程的に丁度良いツアーがなかったため、添乗員抜きの現地ガイドのみの旅ということになった。どちらの旅も、現地に着いてみると、客は我々二人しかおらず、世界最小のサル「ターシャ」に会いに行ったフィリピンでは二人だけのリバークルー

梅里雪山を背景に（2007年5月中国：雲南省徳欽）

世界最小のサル「ターシャ」（2006年11月フィリピン：ボホール島）

ズを、モンゴルではマンツーマンの乗馬指導を受けるなど、現地ガイドを独占するという贅沢《ぜいたく》な旅であった。フィリピンの現地ガイドは、がらっぱちの陽気な女性、モンゴルは寡黙《かもく》な若い男性とタイプは違っていたが、いずれも苦労して日本語を学び、アジアの先進国日本への憧《あこが》れを持っていた。添乗員を介しての会話ではないので、現地の生の情報が得られ、いかに日本人がアジアの優等生として羨望《せんぼう》の眼で見られているかなど、現地の人の気持ちが直《じか》に伝わってきた。

二〇〇八年に入ってから、義母の認知症がさらに進み、もはや、一人暮らしは難しい状態になり、その年の四月に施設に入ることになった。これにより、夜中に呼び出されることもなくなったので、しばらくぶりにアジア以外に行ってみようということになった。「思えば、五大大陸の内、ユーラシア大陸（ヨーロッパ、アジア）、アフリカ大陸（ケニア）には行ったが、そのほかの大陸にはまだ足を踏み入れていない」ということで、手始めに春のゴールデンウィークは比較的近いオーストラリアへ行き、夏休みには往復に時間を要する南米に行くことにした。オーストラリアでは、古代から現代に迷い込んだような、ぼさぼさ頭に髭面《ひげづら》のアボリジニの子孫に遭遇した。これが、農耕に適した肥沃《ひよく》な大地に生まれた者と、乾燥した大地ゆえに四万年もの間、文明が発達せず、狩猟生活を余儀なくされた者との差というものか。自然環境が違えば攻守逆転してい

草原の乗馬
(2007 年 8 月モンゴル)

アボリジニの子孫
(2008 年 5 月オーストラリア：
ブルーマウンテンズ)

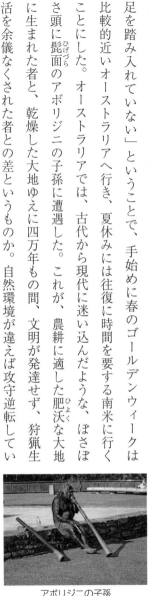

たかもしれない。伝統音楽を奏《かな》でるその初老の男の仕草をみていると、思わずそんな思いにかられずにはいられなかった。南米の旅は、ブラジルから入り、アルゼンチン、パラグアイ、ペルーを周遊する一二日間のツアーであった。轟音《ごうおん》をとどろかせながら幾筋もの水流が雪崩《なだれ》落ちるイグアスの滝は、見るものに恐怖心を起こさせるに十分な迫力があった。霧の中から浮かび上がった天空都市マチュピチュ遺跡は、五百年前まで、そこで暮らしていたインカの人々の生活の匂いが漂ってくるようだった。ブラジルのリオデジャネイロでサンバ、アルゼンチンのブエノスアイレスでタンゴ、ペルーのクスコでフォルクローレに聞き入るという、陽気なラテン民族のリズムに彩《いろど》られ、それまで行ったヨーロッパの近代文明にはない古代文明の魅力に初めて出合った旅であった。

海外旅行にトラブルはつきもので、世界の各地を回り始めてから、様々なトラブルに遭遇した。ケニアでは、サファリ前日の夜、女房が旅の疲れと水分不足で高熱を出したり、自分も最終日に不用意にも色々な動物の肉を食したため腹を壊してしまった。フィリピンでは、帰国便が欠航となり、余裕日をとっていなかったため一日欠勤を余儀なくされた。中国の旅では、帰国の際、靴の乾燥材が手荷物検査で引っかかり、女房が別室に呼ばれ厳しく取り調べられたこともあった。南米では、イグアスの滝のボートツアーでカメラが水につかり壊れてしまい、帰国後、何とか保険で直す羽目に陥ってしまった。思えば、これらのトラブルはいずれも海外旅行では起こりかねないもので、スケジュール、健康、手荷物などに関するリスクを事前に洗い出し、それに対する対処法を心得ておくことの大切さを思い知った体験であった。

イグアスの滝の「悪魔の喉笛《のどぶえ》」
（2008年8月アルゼンチン）

テーマのある旅、個人旅行もまた良し（二〇〇八年一二月〜二〇一一年九月）

二〇〇三年に初めて二人でヨーロッパを旅してから五、六年の間、世界を摘《つま》み食いするかのように、ヨーロッパ、アジア、アフリカ、オーストラリア、南米を旅してきた。しかし、いずれの旅も、初めに何か確固たる目的を持って行ったというよりは、その地へ行くのが先決で、そこで何をやるかは二の次であった。どの国も初めてだったので、見るもの聞くものすべて物珍しく、それだけで構わなかったのかもしれない。しかし、一通り四大陸を巡って一息つくと、ダーツの旅のような行き当たりばったり現地へ行き、そこでの偶然の出会いを楽しむのも良いが、旅の本来の姿は、何か、それなりにテーマとか、目的をもったものではないかと思えてきた。目的が明確ならば、同じ所へ二度、三度と行っても、また違った新鮮な見方ができるはずである。そんな思いから、まず再度、行ってみようと思ったのがハワイである。アメリカ（ハワイ）は二回目であったが、今度は、息子夫婦と孫二人と連れ立っての旅であった。

以前より、海外旅行で留守の間、飼い犬の面倒や、郵便物の処理、それに、一人暮らしをしていた義母の様子を、息子たちに見に行ってもらったりしていた。勿論、それなりに、いつも土産は買ってきたが、度重なると「それだけで済まされるというものではない」と思えてきて、日頃のお礼のつもりでいつか一緒に海外に連れて行こうと思っていた。二〇〇八年一二月その機会が訪れ、息子の勤めの関係で三泊五日と前回以上にきつい日程であったが、何とかスケジュー

孫と行ったホノルルマラソン
（2008 年 12 月アメリカ：ハワイ）

ル調整し二度目のホノルルマラソンに家族六人で参加することができた。

中国も雲南省の旅に続いて二度目であったが、二〇〇九年五月、一通り中国の代表的な観光地は抑えておこうと思い、上海、桂林、西安、北京を五泊六日で回る弾丸ツアーに参加した。漓江《りこう》の川下り、兵馬俑《へいばよう》、万里の長城、どこへ行っても観光客で溢れかえり、人波をかき分け回った駆け足旅行であった。さすが一四億の民を擁する中国だけあって、外国人よりも圧倒的に中国人の方が多かった。二〇一〇年二月には、直行便が運航したということで、オーロラ見たさに四泊六日の日程でアラスカに行ってみた。結局、四回トライしたが、オーロラは見られず、以前、イタリアの旅の際、波が高く「青の洞窟」に入れなかったのを思い出した（自然現象は如何ともしがたく、運不運はつきものである）。同年八月には、八〇頭の象が行列する「ペラヘラ祭り」を見にスリランカまで足を延ばした。着飾って行進する象たちとともに、全国からキャンディに集まった踊り手たちが、まるで「よさこい祭り」のように、太鼓のリズムに合わせて踊り狂う姿を二時間近く見物した。

兵馬俑
（2009年5月中国：西安）

スノーシューを履いて
（2010年2月アメリカ：アラスカ）

ペラヘラ祭り
（2010年8月スリランカ：キャンディ）

キリスト教、仏教に並ぶ世界三大宗教の一つイスラム教の文化にも接してみたいという衝動から、二〇〇九年八月にトルコ、二〇一一年五月に中央アジアのウズベキスタンへ出かけてみた。トルコは、日本語の堪能なトルコ人ガイドが「実は、自分は蒙古の血筋である」と告白したように、東洋と西洋の文明の入り混じったエキゾチックな独特の文化が醸《かも》し出されている国だった。ウズベキスタンは、どこのメドレセ（神学校）やモスクも、イスラムブルー一色のタイルで塗り固められており、そこで学び、祈祷《きとう》する人々の様子から、戒律の厳しい厳粛なイスラムの世界を垣間見ることができた。

トロイの木馬
（2009年8月トルコ）

イスラムブルーのカラフルな壁
（2011年5月ウズベキスタン：ヒヴァ）

それまで添乗員付きのツアー、現地ガイドのみの旅は経験したが、現地ガイドもいない全くの個人の旅はしたことがなく、現地ガイドのみのツアーの延長戦上と考えてよいものかどうか、一度体験してみたいと思っていた。丁度その頃、仕事で海外へ度々行く機会に恵まれ、中には同伴できそうなものもあったので、気の合う同僚と申し合わせ、個人旅行を企《くわだ》てた（自分一人では心細いが、仲間がいれば何とかなりそうだ）。二〇一一年九月、スイスのダボスで仕事があり、仕事帰りにパリに立ちより、オペラ座で「タンホイザー」を見て、時間が空いたので、思いつきでオランジェリー美術館へ行き、思いがけずモネの「睡蓮」を鑑賞することができた。個人旅行は、確かに、ホテルや移動手段を自分で段取る必要があるので手間を要するし、いくつかの観光地を巡ることを想定すると効率的でない面がある。また、現地に精通した人がいないので、女房がベルニナ急行でサンモレッツまで小旅行をした際、危うく遭難しそうになるなど、リスクが高まるのも確かである。しかし、その一方で、予定を自分で思い通りに組むことができるので、自由度が増し予想外の収穫が得られることもある。後に、同じ仲間と連れ立って、二〇一二年に韓国、二〇一三年にスペインへ行ったが、ソウルの明洞《みょんどん》でバイタリティー溢れる「NANTA」のショーを見たり、バルセロナのサッカー観戦で思いがけずメッシのハットトリックを目撃するなど、ツアーでは得難い、個人旅行ならではの体験も積むことができた。

ベルニナ急行
(2011年9月スイス:サンモレッツ)

守門将交代式
(2012年9月韓国:ソウル)

サッカー観戦
(2013年9月スペイン:バルセロナ)

見落としていた世界遺産の穴埋め（二〇一二年五月〜二〇一四年八月）

添乗員付きツアー、現地ガイドのみのツアーの他に個人旅行も体験し、それぞれの得失もある程度わかってきたので、海外旅行の行き方の選択肢が増えた。それに、いくつかのトラブル経験から、それなりの旅のノウハウも身に着いた。「今なら、行く先やその時の懐具合に応じた適切な旅の計画が立てられるので、先進国、開発途上国問わず、どこへでも行くことができる」という自信がつき、改めて全世界を見回すと、ポピュラーな海外旅行先であるにも拘《かか》わらず、まだ、行ったことがない国がまだまだあることが気がかりになってきた。そこで、時間と費用の許す限り、今まで見落としていた世界遺産を片端《かたはし》から穴埋めするように回ることを計画した。早速、二〇一二年五月に、アンコールワットを見に、ベトナムとカンボジアを回る旅に出た。ベトコンの塹壕《ざんごう》のあるクチ市は、逞《たく》ましくも、それを観光資源の一つとして利用しており、アメリカからベトナム戦争の名残を見にツアー客が大勢来ていた。カンボジアの現地ガイドは、ポルポト派により父と姉を殺され、母親に女手一つで育てられた苦労人であった。ガイドの身の上話を聞いていると、報道を通じてしか知らなかった戦争の現実の悲惨さを

アンクル・トム遺跡
（2012年５月カンボジア）

ドナウ川クルーズ
（2012年8月ハンガリー：ブダペスト）

目の当たりにするようであった。その年の八月には、オーストリアから、チェコ、スロバキア、ハンガリーへ抜ける中欧を旅した。旅の間、モーツアルトの楽曲をミニコンサートの会場で聞くだけでなく、移動するバスやドナウ川クルーズの船上で、ヨハンシュトラウスの「美しき青きドナウ」やスメタナの「わが祖国―モルダウ」などの聞き覚えのあるクラシック音楽を味わうことができた。

二〇一三年五月には、白亜の城タージマハールを見にインドを訪れた。早朝、ベナレスのホテルから徒歩でガンジス河の畔《ほとり》まで行くと、お世辞にも清潔とはいえない川に身を沈め沐浴《もくよく》する老若男女の姿を見ることができた。島国の温室育ちの我々では伺《うかが》い知ることのできない、様々な価値観の交錯する混沌とした世界が、そこにはあるようだった。同年八月には、久しぶりにアフリカの地を踏み、世界三大瀑布《ばくふ》の一つビクトリアの滝の雄大な姿にお目にかかった。マンデラの描いたアパルトヘイトのない世界の実現は、まだ道半ばということなのだろう、南アフリカのヨハネスブルグの一角には、何をするでもない黒人たちが屯《たむろ》していた。二〇一四年五月に訪れたクロアチアで見た、青いアドリア海を背にした橙色のドブロヴニクの古城は、まさに絵になる光景であった。同年八月行ったインドネシアのバリ島では、野外劇場へ行き、若者たち

ビクトリアの滝
(2013年8月ジンバブエ)

ガンジス河の畔にて
(2013年5月インド：ベナレス)

ドブロヴニクの古城
(2014年5月クロアチア)

の一糸乱れぬ「ケチャダンス」をバックコーラスにした、役者たちの迫真の演技を観劇することができた。

南海の孤島で五〇ヵ国制覇（二〇一四年九月～二〇一五年四月）

二〇一四年九月になり、状況が一変した。勤めが今までの常勤から非常勤になったのである。「これで、ゴールデンウィークや夏休みのトップシーズンだけでなく、何の気がねもなしに長期に海外へ出かけることができる。オーロラを見たり、マラソンに参加するために、土日や祭日を挟んでとんぼ返りしたり、仕事に託《かこつ》けて夫婦で海外へ行く必要もなくなる。義母は既に施設に入っており、飼犬も二〇一二年にこの世を去ったので、家を留守にしても今のところ心配ない。それに、勿論、常勤からは大幅ダウンだが、何がしかの給与もでるようだ。時間、金、家庭環境、全てＯＫのゴールデンタイムが訪れた」と、まさにチャンス到来という気分になった。この機を逃さず、これまで行きたかったけれど時間が取れずいけなかったところに集中的に行こうと思い、早速、二〇一四年九月に中近東のヨルダンとドバイへ行くツアーに申し込んだ。丁度その頃は、イスラム国（ＩＳ）と称する過激派テロ集団が台頭してきた時期で、どうなるか心配したが、その分人数も少なく、映画

ケチャダンス
（2014年8月インドネシア：バリ島）

ペドラ遺跡の宝物殿
（2014年9月ヨルダン）

「インディジョーンズ」の舞台ともなったペドラ遺跡の宝物殿を仰ぎ見たり、死海での浮遊体験などを通じて、古代からここに暮らす砂漠の民の歴史や生活ぶりを伺《うかが》い知ることができた。翌一一月には、遠路、南米のイースター島とガラパゴス諸島まで二週間近い旅をした。絶海の孤島ゆえに生き延びられたか弱き動物たち（ゾウガメやイグアナ）と接し、夕日を背にしたモアイ像を見ていると、閉鎖空間で生きる宿命を背負った人々の悲哀が身に染みるようであった。さらに翌一二月には、チュニジア、モロッコを旅した。巨大迷路のようなメディナの喧騒《けんそう》と、それと対照的な砂漠の静寂さをラクダに跨《また》り味わいながら、マグレブと呼ばれる北アフリカに位置するアラブ諸国の、紀元前後のローマ時代から現代に至るまで辿《たど》った覇権の歴史に思いをはせずにはいられなかった。

中近東、アフリカや南海の孤島などの未開国へ行くと、それなりにリスクが高まるのも確かである。イースター島へ行ったときは、アメリカのロスアンゼルス経由でチリのサンティアゴまで行ったが、スーツケースを壊され、その場で航空会社に新品と取り換えてもらわざるを得なかった。おまけに、久々のシュノーケリングが祟《たた》ってか、帰り便の機内で、気圧の変化が原因で航空性中耳炎にかかってしまい、帰国後、治るまでに一〇日余りを要してしまった。これらのトラブルは、まだ運航する航空会社が未熟で、サービスが行き届いていなかっ

夕日を背にしたモアイ像
(2014年11月イースター島)

サハラ砂漠にて
(2014年12月モロッコ)

たことや、遠方の未開国ゆえに、行き着くまでにどうしても乗り継ぎ回数が多くならざるを得ないことが原因であった。また、ヨルダンの旅とチュニジア・モロッコの旅で、後日、高額国際通信料の請求がきたことには閉口した。いずれも、現地の非提携事業者に自動的に繋がってしまったのが原因で、帰国後、提携会社と交渉しことなきを得たが、肝を冷やした体験であった。

年が明け、二〇一五年の一月は、アジアのイスラム教国、マレーシアとブルネイを訪ねた。行き交うムスリムの女性はスカーフを頭に巻いただけで、中近東よりは戒律も緩やかなように見受けられた。そして、その年の四月、初めてであったが、アメリカのマイアミから入り、ジャマイカ、ケーマン諸島（イギリス領）、メキシコ、バハマと、キューバの周りを一回りするクルーズに参加した。クルーズは、まるで洋上のディズニーランドのようで、日常生活に必要な設備は完備しており、毎日、趣向を凝らしたショーやイベントが催されていた。この旅で丁度、五〇ヵ国に到達したので、最後に立ち寄った陽光降り注ぐプライベートアイランドで「50ヵ国」の横断幕をかざした。

キャノピーウォーク
(2015年1月マレーシア:ボルネオ)

プライベートアイランドにて
(2015年4月カリブ海)

1 虐《しいた》げられし人々の暮らす平原

フィンランド（二回目）・エストニア・ラトビア・リトアニア・ポーランド

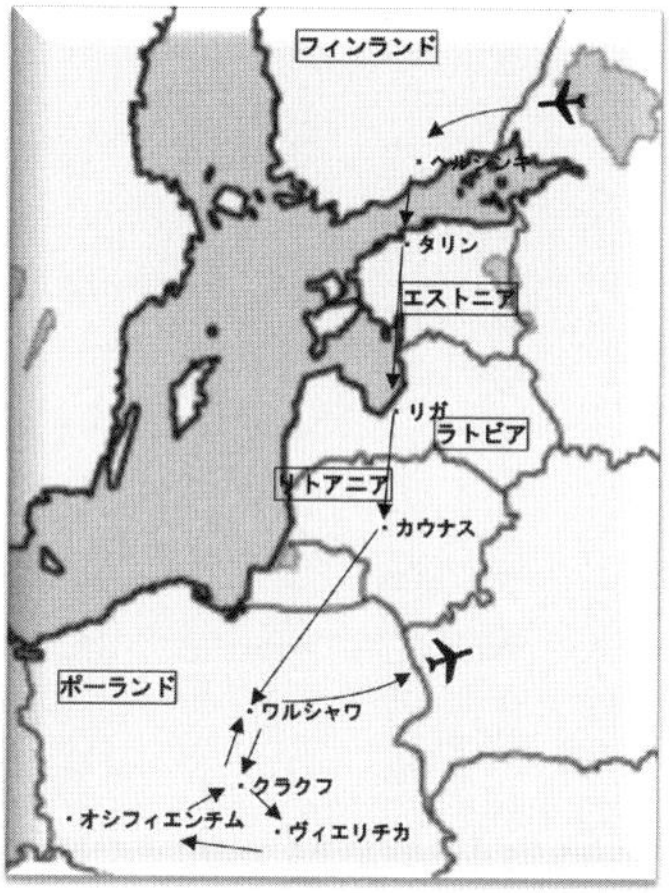

ルート図

インターネットチェックイン

五〇ヵ国を回った後何処に行くか、まだ、行っていない国は山ほどある。時期としては、五月の連休と八月のトップシーズンは避け六、七月頃として、厳冬の冬場には行けない地域が良いだろう。それに、百ヵ国

旅程 2015年6月29日～7月8日

日数	日付	訪問国	都市	観光
1	6/29(月)	出国 フィンランド	成田 ヘルシンキ	
2	6/30（火）	エストニア	タリン	トームペア城・歌の広場
3	7/1（水）	ラトビア	リガ	三人兄弟・リガ城・十字架の丘
4	7/2（木）	リトアニア	カウナス	杉原千畝旧領事館
5	7/3（金）	ポーランド	ワルシャワ	ワジェンキ公園・ショパンの生家
6	7/4（土）	ポーランド	ヴィエリチカ・オシフィエンチム	岩塩坑・アウシュビッツ強制収容所
7	7/5（日）	ポーランド	クラクフ	バベル城・シンドラー工場
8	7/6（月）	ポーランド	カルヴァリア	修道院
9	7/7（火）	ポーランド	ワルシャワ	
10	7/8（水）	帰国	ヘルシンキ経由成田	

を目指すなら、年金生活の始まる前の、ここ一、二年にポイントを稼いでおきたいので、一度に複数国を回る周遊ツアーが良い。そんな条件を重ね合わせた結果、エストニア、ラトビア、リトアニアのバルト三国とポーランドを回る周遊ツアーを選定した。出発一週間前になるといつも通りツーリストから書類が送られて来たが、その中に見慣れないものが一枚含まれていた。よく見ると「インターネットチェックインの御案内」と書いてある。日航が最近始めた出発時間の七二時間前からＷｅｂで自宅から座席が予約できるシステムである。これならば、良い席を取るために空港に集合時間より一足早く行く必要もない。早速、このシステムを利用し最後列の二人並びの席を確保した。

六月二九日（月）一日目、間違いなく座席指定されているか少し不安を抱きながら、最寄りの駅からリムジンバスに乗り込んだ。朝一番の五時二〇分発だったので、乗客も四、五人いるだけであった。その中に、髪の毛を束《たば》ねた、スーツとキャリアバックを持った背の高いキャビンアテンダントらしき女性も交じっていた。道も空いており、一時間半位で、集合時間より少し早く、成田空港に着いた。いつものようにツアーデスクでＥチケットを受け取る必要もないので、先に、事前電話で言われた通りに少額をポーランド紙幣に両替し、スーツケースを預けるために、日本航空のクイックカウンターへ行った。手筈《てはず》通り指定した座席が確保されており、便利なシステムであることを実感した。集合時間になると、同行するツアー客が集まりだした。このところ一〇人前後の少人数のツアーが続いたので、総勢二一名でも多く感じる。少し大柄の上下白いスーツ姿の、どちらかと言うと厳《いか》つい感じの添乗員が現れ、挨拶と説明が始まった。初対面同士、お互い距離を置いて聞いていたので、声が通らないと見て取ったその添乗員「皆さん、怖がらなくても良いですからもっと近づいてください」と、訛《なま》りのある口調で呼びかけ、まず手始めにツアー客の笑いをとった。

機内に入り座席に着き驚いたのは、いつもと違う座《すわ》り心地の良さである、ＪＡＬが今年から導入した新機種らしく、エコノミー席として何か賞を受賞したらしい。心持ち前後の余裕があり、それに最後尾なので遠慮なく座席を倒すこともできる。どうやら、ヘルシンキまでは窮屈《きゅうくつ》さを感じずに行けそうだなと思いながら、キャビンアテンダントの差し出すおしぼりを受け取った。少し間をおいて、思わず女房と顔を見合わせた。「どこかで見たような人だ。もしかして」。半信半疑ではあったが、ウェルカムドリンクを持ってきたとき尋《たず》ねてみると、リムジンバスで一緒だったその人だった。早朝とはいえ、ＪＡＬ便は世界の各地に飛んでおり、偶然の一致とは恐ろしいものだ。何やら思わぬ出来事との遭遇を予感させる旅の幕開けであった。

一〇時間ほどのフライトで、現地時間一五時頃ヘルシンキに着いた。夕食までの時間を利用し、二年前の旅行で立ち寄った時に購入したお気に入りのグラスを求めて、ホテルから地下鉄を利用し中央駅まで行き、後は地図と記憶を頼りに、その店を探しに行った。首尾よく店が見つかり、旅の早々からガラス製品を持ち歩くのはどうかと少し戸惑ったが、リュックサックの奥にしまえば何とかなると思い、ｉｉｔｔａｌａ《イッタラ》製のグラスを四セット購入した。

十字架だらけの弱者の聖地

六月三〇日（火）二日目、七時半初のフェリーに乗りバルト海を渡り、二時間ほどでエストニアのタリンに着いた。午前中、五年に一度国内の各地から三〇万人ほどが集まるという歌の広場や一三世紀に建てられたトームペア城などを見学した。昼食を済ませ、一路、ラトビアのリガへ向けて、約六時間バスを走らせた。驚いたことに乗っているバスにもＷＩＦＩが装備されており、既に、マイナンバー制度も導入されているようで、日本よりもずっとＩＴ化が進んでいるようだ、しかし街を離れると、車窓から見える景色は畑と草原ばかりで、時折、見える家々も木造の古びた平屋建てで、先端技術が普及している国家からは想像できないアンバランスな風景が広がっていた。

歌の広場（エストニア：タリン）

七月一日（水）三日目、午前中、三人兄弟と呼ばれる住居やリガ城、ドイツ人が支配的であったギルドに対抗しラトビア人商人が建てたという屋根の上に猫の像のある家、鶏、猫、犬、

ブレーメンの音楽隊
（ラトビア：リガ）

十字架の丘
（リトアニア：シャウレイ）

杉原千畝《ちうね》の家
（リトアニア：カウナス）

驢馬《ろば》の顔をあしらったブレーメンの音楽隊のモニュメントなどを見学した。昼食後、今度は、四時間余りをかけて、リトアニアのカウナスへ向かった。途中、シャウレイという所で、十字架の丘に立ち寄った。草原の中の一角が、大小織り交ぜたおびただしい数の十字架で無造作に埋め尽くされており、ある種、異様な光景である。一九世紀初め、ロシアに対する蜂起《ほうき》の後、処刑や流刑された人々のために建てられたもので、その後、何回か撤去されたが、その度に何処からか新たな十字架が建てられ、今では聖地的存在として、世界の各地から十字架を持ち込む人が絶えないそうである。

七月二日（木）四日目、外交官として、ナチスドイツの迫害から逃れようとするユダヤ人に対して、自らの責任の下にビザを発行した杉原千畝《ちうね》の旧日本領事館を訪れた。一五分の説明ビデオを見た後、執務室などを見学したが、前日のカウナスへ向かうバスの中で、添乗員が、千畝《ちうね》の妻の残した手記の朗読を聞かせてくれていたので、展示してあった書簡などの意味合いを容易に理解することができた。

思わぬ検問で足止め

カウナスの市内観光を終え、リトアニアを出てワルシャワに向かう途中、国境を過ぎた辺《あた》りで、バスが検問に引っかかった。大してスピードを上げていたわけではなかったので、不思議に思ったが、どうやら勤務状況に関する抜き打ち検査のようであった。警察官がバスに乗り込んできて、盛んに運転席周辺を物色《ぶっしょく》している。そのう

バスドライバーと（ポーランド）

ちＵＳＢメモリーを持ち出し、走行記録を吸い上げて、一旦バスを離れ、止めてあったパトカーの中でプリントアウトしているようだ。添乗員の弁によると、この国だけでなく、ＥＵ諸国では運転手の過重労働に関する規制が厳しく、約二時間運転すると一五分の休憩、次の二時間の後は三〇分の休憩をとることが義務付けられているそうだ。表向きは、安全管理がその理由のようだが、実際は、人件費の安いバルト諸国などに仕事が流れ、雇用が喪失《そうしつ》するのに歯止めを掛けようとするドイツやフランスなどの先進国の思惑《おもわく》が働いているとのことだった。結局、一ヵ月前まで遡《さかのぼ》り調べられ、その中に一時間ほど休憩時間が少なかった事実があることが分かり、運転手は罰金として約一〇万円をその場で払わされていた。出発まで一時間位足止めを食い、ツアー客は、近くにあった工事用の仮設トイレで用を足す羽目《はめ》になってしまった。

ショパンと女つぶやきシロー

七月三日（金）五日目、午前中は半日、ワルシャワの市内を見て回った。ショパンの銅像のあるワジェンキ公園を見た後、ショパンの心臓が壁の中に埋め込まれているという聖十字架教会を訪れた。ショパンが創作に耽《ふけ》ったという家の前で、代表作の中で広く親しまれている「子犬のワルツ」の優雅な旋律を、なんとベンチが奏《かな》でていた。旧市街の人魚像のある広場近くの

ワジェンキ公園
（ポーランド：ワルシャワ）

ショパンの心臓の入った柱
（ポーランド：ワルシャワ）

レストランで昼食を済ませた後、ポーランド第二の都市クラクフへ向けて出発した。ツアーも中日《なかび》となり気心が知れたのと、昨日の検問で団結心が高まったのを見計らって、添乗員が自らの生い立ちを語り始めた。イントネーションが芸人の「つぶやきシロー」に似ていると会った時から思っていたが、栃木ではなく福島の生まれだという。添乗員になってから一〇数年で、その前は普通のＯＬで経理をしていたそうだ。ほとんどの添乗員がそうであると前置きした後、一呼吸おいて「実は、自分も派遣社員である」と告白した。添乗を始めた頃の失敗談を一頻《ひとしき》り続けた後「どういう性格の人が添乗員に向いているか」というくだりになって持論を展開した。「心配性の人は向いていない。初めてでも知ったかぶりが出来る人」と言ってツアー客が思わずほくそ笑むのを見て取って「お調子者で、要は、煽《おだ》てると木に登る人です」と結んで、車内を爆笑の渦《うず》に巻き込んだ。「女性版つぶやきシロー」の漫談を聞くうちに、時間が経つのも忘れ、あっという間にクラクフのホテルに到着した。

アウシュビッツを熱く語る男

七月四日（土）六日目、午前中にホテルからバスで三〇分ほど走ったところにあるヴィエリチカ岩塩坑を見学した後、アウシュビッツのあるオシフィエンチムへ向かった。運よく、一人しかいない日本人専属ガイドの予約が取れたとのことで、その人の書いた書物の一節を添乗員がバスの中で聞かせてくれた。アウシュビッツに着くと、浅黒いがっちりした体格の見るからに清閑《せいかん》な男が待っていた。ぶれない信念の人に相応《ふさわ》しく、単にアウシュビッツの悲劇を過去の事として説明するだけでなく、現在の難民問題や政治社会問題と照らし合わせながら、熱っぽく語った。その日は太陽の照り付ける暑い日であったが「この地で味わったユダヤ人たちの辛苦《しんく》に比べれば、なんて自分は恵まれているのだろうと思う」と言うその人の言葉を聞くと、皆、弱音を吐くわけにはいかないという気持ちで、黙々と列になって施設の中を見て回った。

ヴィエリチカ岩塩坑
（ポーランド）

アウシュビッツ強制収容所
（ポーランド：オシフィエンチム）

二時間ほど見学した後、クラクフへ折り返し、夕食のレストランへ向かった。路上でバスから降り、徒歩でレストランまで行き着くと、添乗員が一瞬立ち止まり「ありえない。うそでしょ」と首を傾《かし》げこちらを振り返った。その店が予約を受けていないというのだ。名前が似ていたので、現地ツーリストが間違え、違うレストランの地図を渡したらしい。添乗員は慌《あわ》ててバスを呼ぼうとしたが、時遅し、その時に限って、運転手の携帯番号を控えた書類をバスの中に置いてきてしまっていた。正解のレストランまでは、とても歩いて行ける距離ではない。ツアー客全員が「もはや万事休す」かと思ったとき、目の前を、七、八人用の観光用のトラムが通り過ぎた。藁《わら》をもすがる思いで、それを止め、運転手に連絡を取ってもらい、さらに二台呼んで、三台のトラムに乗って市内観光をしながら、何とか予約を入れていたレストランにたどり着いた。我々が食事をしている間、添乗員はバスの運転手との待ち合わせ場所まで、取るものも取りあえず慌《あわ》てて走って出て行った。

ポーランド版ゴルゴタの丘

七月五日（日）七日目は、バベル城、シンドラーの工場、織物会館を訪れたり、ダヴィンチの「白テンを抱く貴婦人」などを鑑賞するなど、ゆっくりとクラクフの市内を観光して回った。七月六日（月）八日目、朝クラクフを経ち、途中、ポーランドのエルサレムと呼ばれる、修道院とゴルゴタの丘を見立てた小高い山のあるカルヴァリア・ゼブジドフスカを散策した後、ワルシャワまで七時間かけてバスを走らせた。車中では、添乗員が客を飽きさせないように、十八番の業界裏話をたっぷり聞かせてくれた。夕食後、街に出てショパンの生演奏を三〇分ほど聴く機会を得た。音楽アカデミーの教授という演奏者にとって、我々のようなクラシックの「ク」の字もわからないような観光客の前で腕前を披露するのは不本意であったかもしれないが、三曲、力を込めて演奏してくれた。

ほとんどが平原で周囲に侵略の障壁となる山々が一切ないという地理的・地政学的理由から、歴史的に、スウェーデン、ドイツ、ロシアなどの強国から支配され続け、虐《しいた》げられてきた領域に位置する弱小国を巡る旅であった。訪れた場所は、侵略と戦争の傷跡を残す所も多く、ともすると神妙になりがちな面があったが、福島弁で繰り出される、巧みな話術に助けられ、硬軟《こうなん》織り混ざった思い出深い旅となった。七月七日（火）九日目、昼前に空港に向かうと、スマートフォンで前々日予約した通りに、ヘルシンキから成田まで、来た時と同じ最後尾の座席が確保されており、つくづく便利なシステムであることを再認識した。

ポーランド版ゴルゴタの丘
（ポーランド：
カルヴァリア・ゼブジドフスカ）

2 民族の誇りと確執

アゼルバイジャン・ジョージア（グルジア）・アルメニア

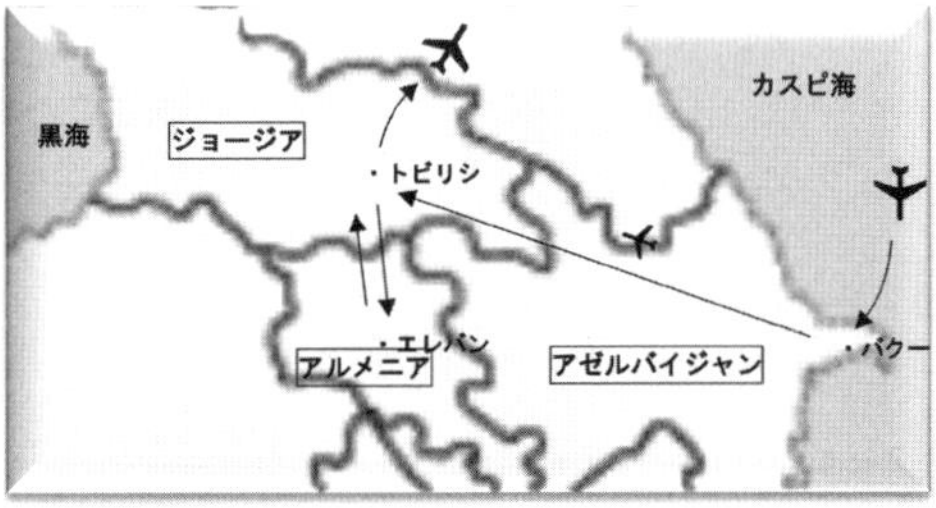

ルート図

三二名のマンモスツアー

毎月送られてくる旅行パンフレットをめくっていると、ここ一、二年、雪を頂く高山を背景に古びた修道院がひっそりと佇《たたず》む美しい情景を、しばしば見かけるようになった。アゼルバイジャン、ジョージア（グルジア）、アルメニア

旅程 2015年9月24日～10月1日

日数	日付	訪問国	都市	観光
1	9/24(水)	出国	成田	
2	9/25（金）	アゼルバイジャン	ドーハ経由バクー	シルバンシャフハーン宮殿・乙女の塔
3	9/26（土）	アゼルバイジャン	バクー	コブスタン遺跡・拝火教寺院
4	9/27（日）	ジョージア	トビリシ・ムツヘタ	スヴェティツホヴェリ大聖堂・アナヌリ教会
5	9/28（月）	アルメニア		ハフパト修道院
6	9/29（火）	アルメニア	エレバン	アララト山・ホルヴィラップ修道院 エチミアジン大聖堂・ゲガルト洞窟修道院
7	9/30（水）	ジョージア	トビリシ	セバン湖
8	10/1（木）	帰国	ドーハ経由成田	

からなるコーカサスの国々を巡るツアーである。コーカサスといっても名前だけは聞いたことがあったが、そこが黒海とカスピ海に挟まれたカフカース山脈とそれを取り囲む低地を指すことは、正確には知らなかった。少し興味がわき本屋へ行って見ても、この三国を紹介している旅行雑誌はほとんど見当たらなかった。ツアーの予定を調べてみると、七~九月は週に一、二回の頻度で組まれていることがわかり、何はともあれ行かないことには何もわからないということで、内陸地域なので寒くなる前の、九月末のツアーに申し込むことにした。

九月二四日（水）一日目、集合時間に丁度よい最寄駅からのリムジンバスがないので、荷物を先に送り、久しぶりに日暮里からスカイライナーに乗り成田に向かった。参加人数はなんと三二名で、そのうち一人参加が二〇名と聞いていたが、成田空港のツーリストカウンターへ行くと、既に行列ができていた。旅慣れた年配者が多いようで、あらかたの国は回っていて、残された未訪問国の一つとしてコーカサスの国々を選んだに違いない人たちばかりのようであった。成田を夜半に経ち、一時間半のフライトで、九月二五日（木）二日目の早朝、中継地点のドーハに着いた。関空からの参加者も合流し全員そろったところで、参加者から見れば子供か孫ともいえる年格好の眼のくりっとした添乗員が、明るい声で挨拶とともにツアーの説明を始めた。一人参加が多いということで、バス席に余裕がなく相席になること、相部屋希望の人に対しても、できるだけ組み合わせが不公平にならないように配慮することなどを付け加えた。事前にスタディーしてきたようで、旅行期間中、バスの前後と中間に座る時間が公平になるように三班編成とし、用意周到にも、どの班が前列からスタートするかを決めるくじ引きも準備してきたようだった。誰とでもうまくやれる人ばかりではないので、組み合わせを間違えるとツアー客同士の仲違《なかたが》いが生じ、旅の雰囲気を悪くしかねないリスクがある。一人参加ならではのひと苦労である。こうして久々の大所帯のツアーがスタートを切った。

　その心配が、早々と的中したのは、ドーハからアゼルバイジャンのバクーへ向かう飛行機の中であった。隣の席に座った顎鬚《あごひげ》を生やした年の頃七〇代後半の一人参加の男性が、丁度、前の座席に座った関空経由で合流した若干若い一人参加の男性に、何とはなしに「どこかでお会いしましたね」と声をかけた。すると「あなたは鬼門だから話したくもない」というぶっきら棒な返事が即座に返ってきた。言われた方は心当たりがないらしく、きょとんとしていたが、一瞬気まずい雰囲気が辺《あた》りに流れた。後で分かったが、他の参加者の中にも、今回のツアーで同行するのが二回目、三回目という人もいるようであった。まだ、旅のほんのとば口の出来事で、こんなことに度々出くわすのかと思うと、先が思いやられた。ドーハから一時間半ほどのフライトで、バクーの空港に昼頃到着し、ホテルに行かずに、そのまま市内観光となった。日本への留学経験もある、敬語も上手く使いこなす、やや大柄な若い女性ガイドの案内で、アゼルバイジャンの二つの世界遺産の一つ、一六世紀に造られたシルバンシャフハーン宮殿と、旧市街のシンボルともいえる高さ三〇メートルの乙女の塔と呼ばれる石造りの要塞を見て回った。どこも観光地としてはまだ充分整備されていないようで、周囲には観光客の残したと思われるゴミも散らかっていた。その日

乙女の塔
（アゼルバイジャン：バクー）

は運よく天候に恵まれ、波もなかったので、夕食前の時間を利用し、一時間ほどカスピ海クルーズを楽しんだ。

それぞれが辿《たど》った歴史の影

九月二六日（土）三日目、当初予定にはなかったが、現地ガイドのはからいで、バクーのランドマークである炎の形を真似た三つの近代的なビルの近くにある、ソ連やアルメニアとの戦争で犠牲になった市民の墓碑が連なる「殉教者の小道」を訪れた。アゼルバイジャンに限らず、ジョージア（グルジア）、アルメニアも含めたコーカサスの国々は、古来から数多くの民族が行き交う交通の要衝で、イラン、トルコ、ソ連などの大国の支配に幾度となくさらされてきた。

一九九一年のソ連崩壊後、それぞれやっと独立を勝ち得たわけだが、オスマントルコに占領されて以来イスラム教徒が大半のアゼルバイジャンと、キリスト教を貫き通したアルメニアとは、ナゴルノカラバフ戦争など領土問題で紛争が絶えず、直接国境を行き来できないだけでなく、民衆レベルでも相手国の話になると顔をしかめるほどの犬猿の仲とのことだった。

バクー市内から一時間ほど北方に車を走らせた郊外に、もう

殉教者の小道
（アゼルバイジャン：バクー）

炎の形をした３つのビル
（アゼルバイジャン：バクー）

一つの世界遺産コブスタン遺跡があった。人気《ひとけ》のない殺風景な野原の一角に小高い岩山があり、その岩肌に紀元前五千年〜二万年前に古代人が刻んだという動物や狩人の岩絵が多く残っていた。「余り知られていないが、同時代の岩絵は珍しく、世界でも数カ所しか発見されていない貴重なものだ」と現地ガイドが説明してくれた。一時間ほど遺跡内を散策した後、夕刻、バクー空港からアゼルバイジャンを離れ、一時間半位でジョージア（グルジア）のトビリシに着いた。早速、トビリシの街が一望のもとに見渡せるレストランへ向かい、地元の家族連れでごった返す中、民族音楽を聞きながら郷土料理サジ（鍋焼き）の夕食をいただいた。帰りがけに、ワインの発祥地ジョージア（グルジア）の記念にと、レストランのオリジナルという赤と白のワインを手に入れた。

コブスタン遺跡の岩絵
（アゼルバイジャン）

宗教よりも重きぞ民族

九月二七日（日）四日目、九時にホテルを出て、古都ムツヘタを目指した。車窓から見えるのは山林や畑、それに牧草地ばかりで、ジョージア（グルジア）は、豊富な石油資源により近代化の道を歩むアゼルバイジャンに比較し、まだ、一時代前の牧歌的な雰囲気の漂う山国という印象である。一時間位で小高い丘の上に立つジュワリ教会に着くと、丁度ミサの真最中で、軍服を来た兵士たちも

ジュワリ教会
（ジョージア；ムツヘタ）

訪れていた。「アゼルバイジャンとジョージア（グルジア）では民族も違い、顔形もちがうのか」と添乗員に聞くと「コーカサス三国は民族が違い顔形を見れば区別がつきます。ジョージア人であるかどうかは、鼻を見れば一目瞭然です」と言うので、まじまじと兵士たちの鼻をみると、確かに「鷲鼻《わしばな》」である。昨日のアゼルバイジャンの若い女性ガイドがジョージア（グルジア）出身と聞いていたが、その時、初めて合点がいった。その教会から川を挟んで眼下に見下ろせるジョージア（グルジア）最古の教会といわれるスヴェティツホヴェリ教会も訪れた。この教会だけはスカーフを頭に巻くだけでなくロングスカートをはく必要があり、女性陣は持参したスカートを、トイレでパンツの上に重ねばきして教会内に入った。見学を終え帰りがけに、額縁に入った絵画を露店で購入した。

スヴェティツホヴェリ教会
（ジョージア：ムツヘタ）

その後、ロシアからトビリシまで二二〇キロを縦断する軍用道路を走り、途中、典型的な要塞建築といわれるアナヌリ教会に立ち寄った後、昼前にトビリシへ戻ってきた。昼食後は、市内にある教会や公衆浴場（ハマム）などを見学した。これまでの旅で外観は見たことはあったが中へは入ったことのないユダヤ教の教会を意味する「シナゴーグ」内にも立ち入った。祭壇を背に、二二歳という若干日本語がたどたど

ハマム
（ジョージア：トビリシ）

ユダヤ教会シナゴーグ
（ジョージア：トビリシ）

しい現地ガイドは「ジョージア（グルジア）人のほとんどはキリスト教徒だが、これまで少数派のユダヤ教徒やイスラム教徒を迫害したことはなく、共存して生きてきた」と、ジョージア（グルジア）人の民族としての寛大さを、誇らしげに何度も繰り返し熱っぽく語った。市内観光を終えた後、ホテルに帰る前にスーパーに立ち寄り、名産の赤ワインと蜂蜜の瓶詰《びんづめ》などを買い求めた。

孤高の山上修道院

九月二八日（月）五日目、ホテルから南へ一時間半ほど走ったところに、アルメニアとの国境があった。スーツケースを三百メートル引きずりながら国境を越えアルメニアへ入った。

既に、小柄な見鼻立ちのはっきりした現地ガイドの女性が待ち受けていて、入国審査や現地貨への両替を手伝ってくれた。国境から四〇分ほどの小高い山の上にあるハフパト修道院を見学した後、近くのレストランでバーベキューの昼食をとった。昼食後、幾つかの峠を越え、一路、アルメニアの首都、現存する世界最初の都市の一つといわれているエレバンを目指した。車内では「一九一五年、第一次大戦当時、アルメニア人が大虐殺されてから今年が丁度百年目にあたり、その式典が先だって世界から要人を招いて行われた」と、車窓からその記念塔を指さしながらガイドが説明した。一九九一年のソ連からの独立以降、現在まで尾を引いている隣国との確執については匂わすだけで「アゼルバイジャン」という言葉を口にすることは最後までなかった。

ハフパト修道院
（アルメニア）

途中、トイレ休憩も兼ねてスーパーによったり、アルメニア文字公園で写真を撮ったりしながら、夕刻エレバンのホテルに到着した。

九月二九日（火）六日目、いつもより早く八時過ぎにホテルを出発し、パンフレットで見たあの光景が見えることを期待しながら、市街を出て西へバスを走らせた。一時間半ほど行くと、次第にアララト山が大きくなり、ついに、それを背景にして小高い山の上に超然《ちょうぜん》と建つホルヴィラップ修道院の姿が見え始めた。バスを降りると、そこにはブドウ畑の向こうにパンフレットと同じ情景が現出していた。修道院を見学した後、市街地に引き返す途中に「ノアの箱舟の破片」とキリストの脇腹を刺したという「槍」が展示されているアルメニア最初の教会エチミアジン大聖堂を訪れた。確かに「破片」と「槍」はガラス越しに確認できたが「これが本物だという証拠はどこにあるのか」と思い、その真偽のほどを聞いてみたくなったが、研究者でもない一ガイドにそれを問うのは酷《こく》なことだし、いくらガイドとツアー客の関係だからといって、敬虔《けいけん》なクリスチャンを前に興味本位だけでそれを問い詰めることは、いかにも不遜《ふそん》の極《きわ》みの様に思えてきて、その場は確《しか》と写真に収めるに留めることにした。

大聖堂を後にし、エレバン市街地を通過

アララト山を背景にした
ホルヴィラップ修道院
（アルメニア）

エチミアジン大聖堂の「キリストを刺した槍」と「ノアの箱舟の破片」
（アルメニア）

し東へ向かうと山岳地帯に入り、一時間ほどでガルニ村に着いた。そこで昼食となり、日本の和食とともに、その焼き方が世界遺産に登録されたという焼きたてのラバッシュ（薄いパンのようなもの）をいただいた。昼食の後、近くにあるガルニ神殿を見学し、さらに東に進み山間地に分け入り、一三世紀に洞窟を掘り抜き造られたという、断崖に囲まれた峡谷に建つゲガルト洞窟修道院を訪れた。懐中電灯片手に、一時間位洞窟内を回った後、再びバスに乗り、エレバン市内に引き返した。夕食までの時間を利用し、旧ソ連時代に建造が始まり、独立後のアルメニアの経済状況の悪化が原因で、途中で建設が中断されているカスケード（巨大な階段）を見学した。その日は旅の最後ということで、民族音楽をバックにトルマと呼ばれるロールキャベツのような郷土料理を食した。

ゲガルト洞窟修道院（アルメニア）

ガルニ神殿（アルメニア）

旧ソ連時代のカスケード
（アルメニア：エレバン）

旅慣れの功罪

九月三〇日（水）七日目は、八時にホテルを出発し、途中セバン湖畔の教会に立ち寄った後、再びジョージア（グルジア）との国境をスーツケース片手に徒歩で通過し、夕刻トビリシの空港を飛び立ち、ドーハ経由で一〇月一日（木）八日目の早朝、成田に到着した。三つの異なる民族からなる国々を巡る旅であったが、これまであまり知られていなかったせいもあってか、既に主だった国は行きつくした人が多く、しかも男女含めた一人参加の人数の方がペア参加よりも多いというのは初めての経験であった。大人数であったが、旅慣れている人ばかりだったので、添乗員としても世話を焼くことが少なく楽な面もあったかもしれない。その一方で、好奇心が強いあまり質問を立て続けにしてガイドを独り占めしたり、バスや飛行機の席取りやトイレの順番など、すばやく立ち回り有利なポジションを確保するのに抜け目のないところも身についており、顧客同士の関係については、相当気を使ったのではないだろうか。ツアー仲間と楽しい旅をするには、旅慣れるほど、案外譲り合いの精神を忘れがちで、気を配るべき点も多いことに改めて気づかされた旅でもあった。出発早々、気まずい関係になった七〇代後半の二人の男性の様子を、旅の期間中、それとなく観察していたが、最初から最後まで言葉を交わすことも隣席に着くことも一切なかった。

セバン湖畔の教会（アルメニア）

3 仏陀を祀《まつ》る国々を巡る手作りの旅

タイ・ミャンマー・ラオス

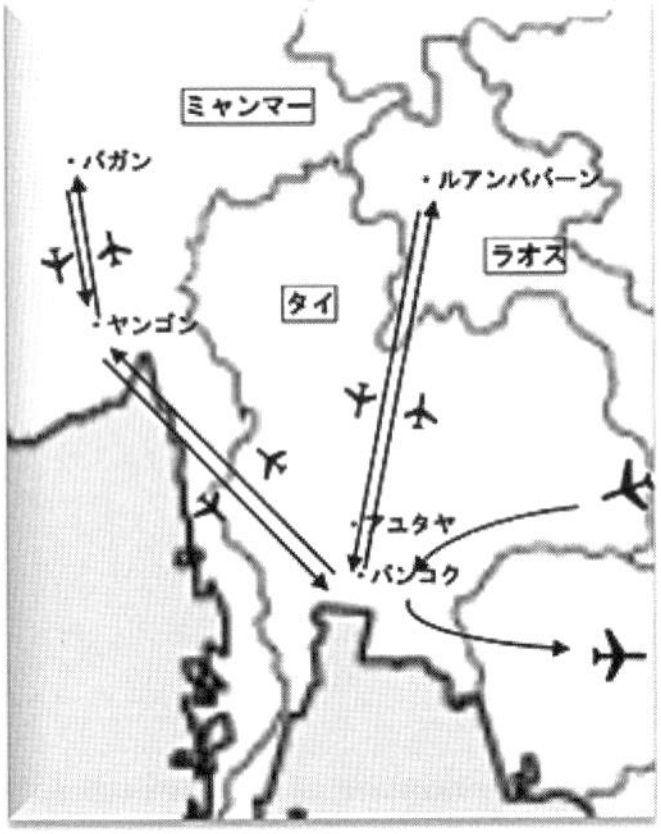

ルート図

マイレージ活用の手作り旅行

間近に迫ってきた年金生活を考えると、ツアーだけに頼るのではなく、マイレージなどを利用した個人旅行にも慣れておく必要がある。かといって、アフリカ、中近東、南米など遠い国は、やはり不安である。

旅程 2015 年 12 月 4 日～ 12 月 13 日

日数	日付	訪問国	都市	観光
1	12/4(金)	出国	羽田	
2	12/5（土）	タイ	バンコク	ワットアルン・アユタヤ遺跡・象乗り
3	12/6（日）	ミャンマー	ヤンゴン	シュエダゴンパヤー・民族舞踊
4	12/7（月）	ミャンマー	ヤンゴン	ゴールデンロック
5	12/8（火）	ミャンマー	バガン	アーナンダ寺院・夕日観賞
6	12/9（水）	ミャンマー	バガン	馬車・リバークルーズ
7	12/10（木）	ラオス	ルアンパバーン	ナイトマーケット
8	12/11（金）	ラオス	ルアンパバーン	托鉢体験・タートクアンシー滝
9	12/12（土）	ラオス	ルアンパバーン	ワットシェントーン・モン族の祭り
10	12/13（日）	帰国	羽田	

その点、東南アジアならば、近いし、同じお米を主食とする民族なので、生活習慣も似通っており、いざとなったら身振り手振りで通じるような気がする。というよりも、条件の良いこのエリアでトレーニングを積まない限り、後々、もっと厳しい異国の地での個人旅行など到底できるはずがない。そんな気持ちで、お互い四～五万マイル貯まったマイレージを利用し、東南アジアに出かけることにした。東南アジアの中で、これまで夫婦で行ったことがない国の中に、タイ、ミャンマー、ラオスのインドシナ諸国があった。

早速、マイレージ会員対応の国際線予約デスクに電話を入れると、バンコク～ヤンゴン間、バンコク～ルアンパバーン間は、アライアンスを組んでいる航空会社が運航しており、マイレージの利用が可能だという。「ならば、バンコクを拠点に何とか三ヵ国を一度に回れるのではないか、試しにスケジュールを組んで見よう」という気がわいてきた。ネットで、それぞれの区間の運航時刻を調べ、行きたい観光地、乗り継ぎ時間などを考慮し、一〇日間で三ヵ国を周遊するスケジュールを作成し、数日後、再度同じ窓口に航空便の予約を依頼した。出発日の三ヵ月ほど前だったので、首尾よく羽田～バンコク間、バンコク～ヤンゴン間の往復の予約は取れた。しかし、バンコク～ルアンパバーン間は、既にマイレージ枠がないという。よく聞くと、マイレージ利用以外ならば空いているかもしれないという返事が返ってきた。やむなく、少しコストがかかるのは仕方ないとして、格安航空券を扱うネットサービスを利用し、何とかこの間の航空券も確保した。後のホテルと現地ツアーはネットを使い難なく予約することができ、ミャンマーのビザも直接大使館へ出向き一両日で取得することができた。

それから約二ヵ月後の一二月四日（金）一日目、全て手筈《てはず》通りにいくかどうか、いつものツアー旅行とは違った緊張感と期待を抱きながら、最寄駅から羽田行きのリムジンバスに乗った。ところが、首都高に入ると渋滞が始まり、やむなく一旦、一般道に下りた所で、今度は急病人が発生し、救急車を呼ぶことになってしまった。付き添いも含め三人の乗客がバスから降り、ビルの陰で救急車を待っているのが窓越しに見えた。直ぐに来ると思った救急車が待てど暮らせど来ず、時間のない乗客たちは徐々にしびれを切らし始めた。こちらも、出発三時間前に到着するバスだったので一時間ほど余裕があったものの、救急車が来るまでバスを出せないルールのようなので仕方ないとはいえ、運転手が手をこまねいているように見え、少し焦りを感じ始めた。結局、三〇分以上待ってやっとバスが動き出し、再び高速道路に乗り、何とか一時間弱の遅れで羽田に到着した。出発早々これまで経験したことのないハプニングに遭遇し、先が思いやられる旅立ちであったが、搭乗手続きを済ませ、予定通り、羽田発一一時の便でバンコクへ向け飛び立った。

アユタヤ遺跡からのスタート

七時間ほどのフライトでバンコクに到着し、入国手続きを済ませ、空港の外に出た。旅行ガイドに書いてあった通り客引きのタクシーは避け、エアポートタクシーの乗り場に向かうと、既に長蛇の列ができている。早くホテルに着きたかったので、三倍ほど料金は高くなるが旅行ガイドに安全だと記載してあったので、千四百バーツ前払いし、リムジンタクシーを利用することにした。ところが、高速道路に入ると金曜日の交通渋滞に巻き込まれたらしく一向に動かない。運転手は客に気を使ってか、急に「お富さん」を歌いだした。結局、途中で一般道におり、渋滞をかい潜《くぐ》るようにして一時間半ほどかかってホテルに到着した。タクシーを降りようとするやいなや「チップください」と運転手がすかさず切り出した。（道中、言葉の端々から「チップ」という単語が耳に入ってきたので、高額なリムジンでもチップをとるのかと思っていたが、やはり、あからさまに要求してきたか）。到着早々、良い気分はしなかったが、百バーツ手渡した。その日は、ホテル近くの一般食堂で食べられそうなタイの野菜炒めをつまんで、早々に床に就いた。

一二月五日（土）二日目、朝食を済ませ、あらかじめ日本で申し込んだ「バンコク三大寺院とアユタヤ遺跡一日観光ツアー」の現地ガイドを、ロビーで待った。しばらくして、待ち合わせ時間丁度に、サングラスをかけた上背のある浅黒くたくましい男が姿を現した。バンに乗り込み市街に出ると、そこかしこに黄色いＴシャツを着た市民の姿が目についた。ガイドに聞くと、丁度、国王の誕生日に当たり、今の国王は人気が高く、国民がそれを祝って統一した色彩の服を着ているとのことだった。そう裕福でない育ちのガイドは、反骨精神もあるようで「高齢の今の国王がなくなったら皇太子は人望がないので、王政でなくても良い気がする。そうなれば、国王が所有する広大な土地や、皇族が事業を通じて得ている莫大な富は国のものになり、もっと、国民が必要とするものに振り向けることができる」と熱弁した。午前中に、三島由紀夫の小説の題材にもなった暁の寺（ワット・アルン）と全長四六メートルもある涅槃仏《ねはんぶつ》寺院（ワット・ポー）などの市内の主だった寺院を見て回った。

午前の予定を終えると、昼食会場で若い男女合わせて四人の客と

涅槃仏《ねはんぶつ》寺院（タイ：バンコク）

合流し、バンコクから八〇キロほど離れたアユタヤ遺跡に向かった。遺跡に着くと、既に諸外国から来た大勢の観光客で賑《にぎ》わっていたが、意外と日本人は少ない。来る前にガイドブックを見てどうしてもこれだけは見たかった、ワットマハタートの仏像の頭部だけが木の根の間から顔を覗《のぞ》かせている異様な姿を確認し、二時間ほどかけていくつかの寺院を散策した。この国では、誰しも一生のうちに一度は、たとえ短期間であっても仏門に入り修行するらしく、その日は、白い袈裟を纏《まと》った女性たちを多く見かけた。「中国やモンゴルで馬に乗り、モロッコではラクダにも乗れたが、まだ象だけは乗っていない」という女房のリクエストに応えて、象乗りも体験した。二人一組で乗ったが予想以上に左右に揺れ、象使いの男がカメラを構えると、かけ声に合わせて、象が鼻を大きく上に挙げ丸めてポーズをとったところで、写真に収まった。帰り際、ガイドがタイ式マッサージを勧めるので、丁度、肩が凝っていたので、二人で一時間位もんでもらい、二〇時過ぎにホテルに着いた。その日はもう遅くて外へ出る気もしなかったので、ホテルのレストランでアラカルトの夕食をとった。

相乗りと雲助

一二月六日（日）三日目、ミャンマーへの移動の日である。来る時、空港から

ワットマハタート（タイ：アユタヤ）

アユタヤ遺跡（タイ）

象乗り（タイ：アユタヤ）

ホテルまで乗ったリムジンバスで嫌な思いをしたので、前日、ホテルにタクシーを頼んでおき、それに乗って朝九時にホテルを出た。日曜日のせいか高速道路も空いていて、予定より早く一〇時前に空港に到着し五百バーツ支払った。搭乗手続きを済ませ、出発ゲート近くにプライオリティーパスで入れるラウンジがあったので、そこでサンドウィッチの昼食を取った後、一四時前の便でバンコクを経ち、一時間半ほどで、ヤンゴンの空港に到着した。ミャンマーのタクシーはメーターが付いていないので、騙《だま》されないように、エアポートタクシーのデスクで値段（八千チャット）を決めてもらい、指定されたタクシーに乗り込もうとすると「方向が同じなので相乗りでもよいか」と聞いてきた。待つのも嫌なので「ＯＫ」を出し、その代り、七千チャットにまけてもらい空港を出た。三〇分ほど走った所にあるホテルで客の一人が降り、二人だけになりしばらく行った路地で、背の高い白人の女性が道に迷ってキョロキョロしているのに出くわした。それを目ざとく見つけたドライバーは、すかさず声をかけ、我々にお構いなしに空いた席にその女性を招いた。狭い路地を数百メートル行った所でその女性を降ろし、至極当然の様に数千チャット受け取っていた。このようにして余禄《よろく》を稼ぐのが常套手段《じょうとうしゅだん》と心得ているようだった。

その日は一六時頃にはホテルにつける計算だったので、ヤンゴンに来たからにはシュエダゴンパヤーを見て、民族舞踊を見ながら夕食をとろうと来る前から決めていた。ホテルに着き荷物を置くと、早速、ディナー会場にホテルから予約を入れてもらい、徒歩で一〇分ほどのシュエダゴンパヤーに向かった。近いはずだが、横断歩道や歩道橋がないので、辿《たど》り着くのが一苦労である。いくつかあるシュエダゴンパヤーの入口の中で、外国人用だと言われた所でチケットを買い、靴と靴下を脱ぎエスカレーターで上部まで上がった。上りきった所に黄金に輝きそびえ立つ巨大な塔があり、その周りには、曜日ごとの動物を祀《まつ》った仏壇が備えられていた。地元の人は、それぞれ自分が生まれた日の曜日の所へ行き、お祈りを捧げている。こちらも同じようにしようと思ったが、日本人の場合、誕生日の曜日をほとんど覚えていない。旅行ガイドには確か早見表があったが、うっかり見てくるのを忘れてしまった。仕方なく行き交う人混みをかき分け、一周してみることにした。時折、係の人が一列になり箒《ほうき》を持って塵《ちり》を払っている。回ってみるとどの景色も似ており、気がつくと不覚にも現在地点を見失ってしまった。次のディナー会場に一八時に行く約束なので、そろそろ帰らねばと、一周したと思われる降り口から坂を下ることにした。しばらくすると「おかしい、来た道と違う」と女房が言い出した。よく見ると、来た時にあったエスカレーターが見当たらない。慌《あわ》てて元来た道を上り、もう少し塔の周りを回った先でエスカレーターのある降り口を見つけ、急いで靴を脱いだところまで下った。ロスした分だけ時間がなくなり、一八時まで一五分位しか余裕がなくなっていた。

外に出ると、待ってましたとばかりにタクシードライバーが声をかけてきた。「幾らか」と聞くと一万チャットだという。空港からホテルまでの道程《みちのり》と比べ圧倒的に近いので、高いとは思ったが、時間がなく暗くなってもきたので乗ることにした。一五分ほど走ってディナー会場の入口近くに着き、一万チャット手渡そうとすると、一人一万チャットなので合計二万チャットだと言い出した（どこにでも雲助はいる

シュエダゴンパヤー
（ミャンマー：ヤンゴン）

ものだ）。「ふざけるな」という気持ちで、首と手を大きく横に振り、手に握った紙幣をその場に置いて「長居は無用」と急いでタクシーを降りた。急な予約であったため、席は後ろの方であったが、入れ代わり立ち代わり登場する少数民族の踊りを一頻《ひとしき》り観賞し、クライマックスの象のぬいぐるみの踊りが終わった所で早めに切り上げることにした。今度は受付でタクシーを呼んでもらい、五千チャット払って二一時過ぎにはホテルに戻った。ツアーと違い個人旅行では、スムーズに移動するのに随分気を使うものだとつくづく感じた一日であった。

ディナーショーの会場で
（ミャンマー：ヤンゴン）

摩訶不思議な黄金岩と女房の発熱

一二月七日（月）四日目、ミャンマーへ来て二日目の朝、ロビーで「ゴールデンロック日帰り観光ツアー」の現地ガイドを待った。俄《にわ》かに見当たらないので、ホテルの外へ出てみると、浅黒い小柄な女性が丁寧《ていねい》な日本語で話しかけてきた。後で分かったが、読み書きもできるその女性は、普段は人材派遣会社で日本語の教師をしており、その日はアルバイトでガイドをしているということだった。その人の案内で、ヤンゴンから三二〇キロほど離れた目的地まで、乗用車（トヨタクラウン）に乗り、猛スピードで突っ走った。途中、昼食を取った場所で、ガイドが女房の両頬と

「タナカ」をつけて
（ミャンマー）

腕に「タナカ」を塗ってくれた。日焼け止め用らしく、ひんやりするようで気持ちよさそうである。徐々に気心が知れると、車中で身の上話が始まった。驚いたのは、そのガイドの御父さんは六〇歳の定年になると、なんと出家したというのである。来世で快く迎えられるために善行をなすためだそうで、この国では決して珍しくないことのようだ。平均寿命が六七歳と聞いたので、それもわからないでもない気がした。ちなみに「認知症」について尋《たず》ねると、それはなんのことかと聞き返された。そうこうするうちに車は山の麓《ふもと》の集落まで到着した。そこで、数十人乗れるように荷台を改良したトラックに乗り換え、急こう配の巻道をエンジンを唸《うな》らせながら三〇分ほど上った。終着点から少し歩いた所に入場券売場があり、靴と靴下を脱いだ。裸足になり少し行くと、霧がかかった向こうに、黄金色の大きな岩が、崖の端にいかにも不安定に置かれているさまが見え始めた。その岩は近づけば近づくほど大きさを増し、同時にその不安定さも増してくるようであった。女人禁制というゲートを潜《くぐ》り、代表してその岩肌に金粉を数枚貼り付け、その黄金色のゴールデンロックをバックに写真に納まった。土産屋などを散策した後、また元来た道を引き返し、山をトラックで下り、如何にも待ちくたびれた表情のドライバーの運転する乗用車に乗り換え、三時間近くハイスピードで飛ばし、一八時過ぎにホテルまで戻ってきた。

ガイドに別れを告げ、部屋に行こうとすると、女房が寒気がすると言い出した。熱を測ると三八度近くある。見るからに辛そうで、少し前から我慢していたようだ。咄嗟《とっさ》に思いついたのは、ゴールデンロックから徒歩で帰る途中、腹には自信があった女房だけ、ガイドの勧めで、露店で平たい「きしめん」に似た生のソーメンのようなものの入った飲み物を、うっかり紙コップ一杯飲み干してしまったことだ。帰りの車の中でお腹の辺《あた》りがしくしくしだしたと言っていたので、おそらくそれが原因だろう。明日は、朝六時二〇分発の国内線でバガンへ行くので、三時起きで荷物をまとめ四時にはホテルを出なくてはならない（よりによってこんな日に熱が出るなんて）。いずれにしろ、少しでも寝る時間をとって、体調を回復させるしかない（一〇年ほど前、ケニアで同じような状態になったことがあったが、その時は、一晩寝て熱が下がった、今回もそうなってほしい）。そう願いながら、急いで持参した風邪薬と正露丸を飲ませ、風呂にも入らずに、二一時過ぎには床に就いた。

ゴールデンロック
（ミャンマー）

夕日観賞と女房の復活

一二月八日（火）五日目、女房の様子を見ると、少し熱は引いたようであったが、やはり気分が優れないようで、空港に着きホテルで用意してくれた弁当を開けた時も、バナナ一本食べるのがやっとだった。一時間半ほどのフライトでバガンに着くと、元気のある清閑《せいかん》な男が日本語で書かれたペーパーを掲げて待っていた。その足で空港近くの寺院へ行ったが、朝早いせいか、観光客は誰もいない。その後、ヤンゴンのシュエダゴンパヤーの見本になったといわれるシュエズイー

シュエズイーゴンパヤー
（ミャンマー：バガン）

ゴンパヤーや、バガンを代表する寺院の一つアーナンダ寺院などを見て回った。今、世にいわれている仏陀は実は四代目であること、仏陀は五五〇の動物に生まれ変わったことなどを、仏塔の壁に描かれたフレスコ画を指さしながら、ガイドが熱心に説明してくれた。女房は相変わらず浮かない表情で、村の市場を見た後、レストランで食べやすいと思い麺類を注文した時も、テーブルに突っ伏す状態で食欲もなかった。昼食後、ホテルにチェックインし、夕日観賞までの時間、身体を休めることにした。ホテルに着き、薬を飲んで二時間ほど休み、集合時間の一五時前になり声をかけると、まだ熱が下がらないようで眼がうつろである。確か、ケニアでも体力回復のため朝のサファリをキャンセルしたことがあったことを思い出し、やむなく女房を置いて、一人で夕日観賞に出かけた。

二、三の仏塔や寺院を見て回った後、少し夕日まで時間があると見て取ったのか、ガイドが「近くに第二次世界大戦で日本軍が破れた時の戦没者の慰霊碑がありますが行きますか」と聞いてきた。ガイドに促されるままに寺院の裏手に回ると、ひっそりと大小幾つかの石碑があり、その時命を落とした兵隊たちの所属していた歩兵隊の名前が刻まれていた。墓石の前で拝礼し手を合わせていると、寺のものらしい人が線香に火を付けて持ってきてくれた。「丁度、ここの高名な住職がいますが、会ってみますか」とガイドが言うので、さほど広くはない境内を横切り普通の住居と変わりない二階建ての建物の階段を上ると、車椅子にえんじ色の袈裟を纏《まと》った老僧が腰かけていた。まだ七〇代後半のようであったが、この国では長生きの方で、糖尿病を患《わずら》っているらしく、草履《ぞうり》から出た両指がむくんでいるように見えた。昨年、日本へ行った時、何処へ行ってもゴミが見当たらず奇麗で驚き、今度は是非新幹線に乗ってみたいと語っていた。寺を出て、日が落ちるまでは、まだ少し時間があったが、場所を確保するため、早めに背の高いシュエサンドーパヤーと呼ばれる仏塔に上がった。落日が迫ると大勢の観光客がカメラを片手に塔に上ってきた。完全に日が暮れると、観光客でごった返し下るのに手間取りそうだし、さっきから女房のことが気になっていたので、まだ、日が落ち切る前に塔を下り、ホテルに戻った。帰り際、このまま、熱が下がらなかったら、夜間、現地の医者にかかることも想定し、ガイドに話して会社と自宅の電話番号を教えてもらった。恐る恐るドアをノックすると「ハーイ」という元気な声が返ってきた。少し寝て、どうやら復活したようだ（これで旅行を中断しなくて済む）。食欲も出てきたようであったが、その晩は大事をとって持参したお粥をいただくことにした。

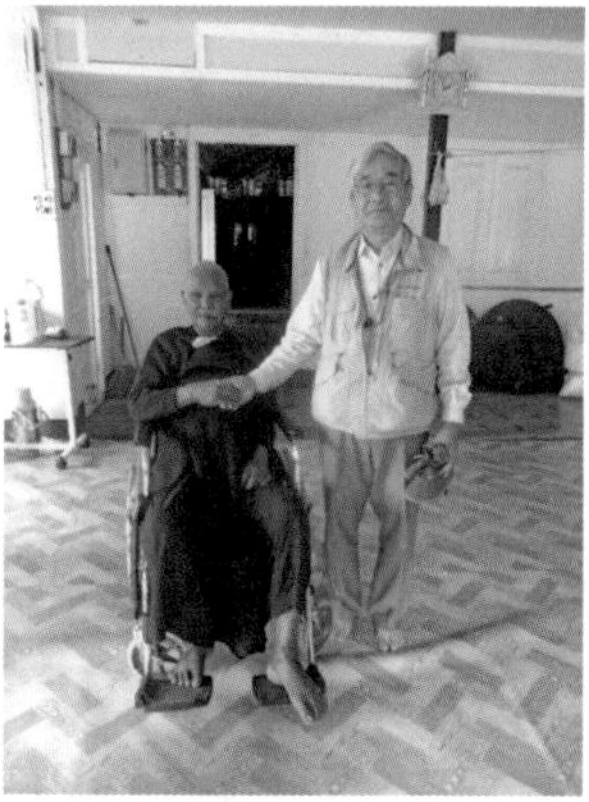

日本人墓地のある寺の住職と
（ミャンマー：バガン）

バガン遺跡の夕日
（ミャンマー）

勉強家の苦労人ガイド

一二月九日（水）六日目、ホテルの屋上にある朝食会場に行くと、朝焼けの中、幾つもの気球が浮かび上がるのを、間近に見ることができた。女房も普通の食事ができるまで回復しており、いつもの元気が戻っていた。九時にホテルをチェックアウトし、バガンの街が一望のもとに見渡せる展望台に上った。昨日、高台に上れなかった女房にも、パンフレットに描かれている四千ともいわれる仏塔の立ち並ぶバガンならではの情景を見せることができた。一般市民の自宅も訪ね、牛舎、井戸、台所などを見て、織物、糸紬《いとつむぎ》なども実演してもらった。漆塗《うるし》りの工房にも立ち寄り、土産用に竹を編んだ上に漆《うるし》を施《ほどこ》した茶碗やお盆を購入した。川の畔《ほとり》の景色の良いレストランで、ミャンマー式エビカレーの昼食を取り、空港へ行くまでの間、馬車やボートを楽しんだ。近くにガイドの自宅があるらしく、聞くと、子供が三人いて長女は今年から大学生だという。ホテルのフロント係をしている時、見様見真似で日本語を覚え、通信教育で苦学して大学を卒業したというガイドにとって、子供に学歴だけは付けさせようと思っているのだろう。日本へも一度行きたいが、子供が一人前になるまでは、お預けのようであった。以前、カンボジアでも親一人子一人で苦学してガイドになったという話を聞いたことがあったが、この地域のガイドは、ほとほと苦労人が多い。空港での別れ際に、記念にと、日本から持参した多機能ボールペンを三つ手渡した。夕刻一八時近い飛行機でヤンゴンに戻り、同じホテルに着くと、ボーイは赤い帽子をかぶり、レストランはいつのまにかクリスマスモードに様変わりしていた。

托鉢《たくはつ》という富の分配システム

一二月一〇日（木）七日目、ヤンゴンを一〇時半の飛行機で経ち、バンコクを経由してラオスのルアン

糸紬《いとつむぎ》の手ほどき
（ミャンマー：バガン）

馬車で寺院を回る
（ミャンマー：バガン）

パバーンに夕刻到着した。初め、バンコクでの乗り継ぎ時間や、荷物が上手くルアンパバーンに届くかどうか心配であったが、何とか手筈《てはず》通りことが運んだ。ルアンパバーンの空港からホテルまでは、車で二〇分程度で、バンコクやヤンゴンのようにチップを要求されることもなかった。ホテルは裏通りに面しており、ロビーも狭かったので「これはハズレか」と心配したが、部屋は二部屋あり、バスタブもついており、シャワールームとトイレも別で、予想以上に快適に過ごせそうであった。早速、フロントで明日朝六時の托鉢《たくはつ》体験を予約し、街に散策に出かけた。一〇年ほど前に世界遺産に認定された街らしく、外国人、特に、欧米から来た白人が多く、自転車やバイクをレンタルしている観光客もいるようであった。ナイトマーケットに出かけると、竹細工、バックや衣類などの布製品など、様々な土産用の小物が陳列されていた。売り子は愛想がよく、これまで巡った東南アジアの国々と違うのは、買う素振りを見せても、決して、しつこく売りつけようとしないことだ。「今日は、一通り見るだけにして、明日、その中から気に入ったものを買うようにしよう」と思い、その日は何も買わず、途中、洋食レストランで無難なピザを注文し夕食を済ませ、ホテルに戻った。

翌日一二月一一日（金）八日目、六時の托鉢《たくはつ》に間に合うように五時過ぎに目を覚まし、着替えをしてホテルの前に行くと、ゴザの上に竹で作ったお櫃《ひつ》が二つ用意されていた。我々に気がつくと、昨日と同じフロント係がやってきて、托鉢《たくはつ》のやり方をレクチャーしてくれた。「要は、小さいこぶし大にもち米を摘《つま》み、僧侶がお鉢《はち》の蓋《ふた》を開けたタイミングで、その中に入れるだけだが、二百人もの

托鉢《たくはつ》の風景
（ラオス：ルアンパバーン）

僧侶に公平に行き渡るだろうか、原則、僧侶は料理をしないようで、托鉢《たくはつ》が唯一の食料を手に入れる手段と聞いたが」。そんなことを心配しながら、その時が来るのを待った。よくみると、我々観光客以外に、地元の人も自宅の前で、夜明け前の薄暗闇の中、行列が来るのを待っている。二、三〇分待ったであろうか、既に日が昇り、遠くまで見通せる一本道の向こうから、オレンジ色の集団がこちらに向けてひたひたと歩んで来るのが見えてきた。遅れてならじと、ゴザの上に用意された座布団に座り、僧侶たちを待った。近づいてくると、意外と歩くスピードは速く、もち米がうまくほぐれず、瞬時にこぶし大に摘《つま》むのは、中々、忙しい作業である。初めはそれに夢中で、とても僧侶の表情を伺《うかが》うゆとりもなかったが、第二集団が来た時には、少し余裕もでき、しげしげと彼らの様子も観察できた。先頭は明らかに大人であるが、ほとんどは中高生といったところであろうか、皆、神妙《しんみょう》な顔で、沈黙したまま、流れに身を任せ、施《ほどこ》しを受ける度に炊いた白米が乾かないように、金属製のお鉢《はち》の蓋《ふた》を開け閉めしている。中を見ると、ご飯以外にお菓子もあり、混ぜこぜになっている。行列は、初め、連《つら》なってくるものと思っていたが、寺ごとの集団になっているようで、途切れ途切れにやってきた。それを先導するかのように、ついて来る野良犬たちも、朝食にありついているようであった。その様子を見ているうちにあることに気がついた。僧侶は、食物を受け取るだけでなく、お鉢《はち》の中から、お菓子類を傍《かたわ》らにあるかごに戻しているのである。思えば、我々と同じ観光客が多くなると、鉢《はち》の中はすぐに一杯になってしまうはずだ。子供たちは、それを初めから期待していて待っているようだ。聞く

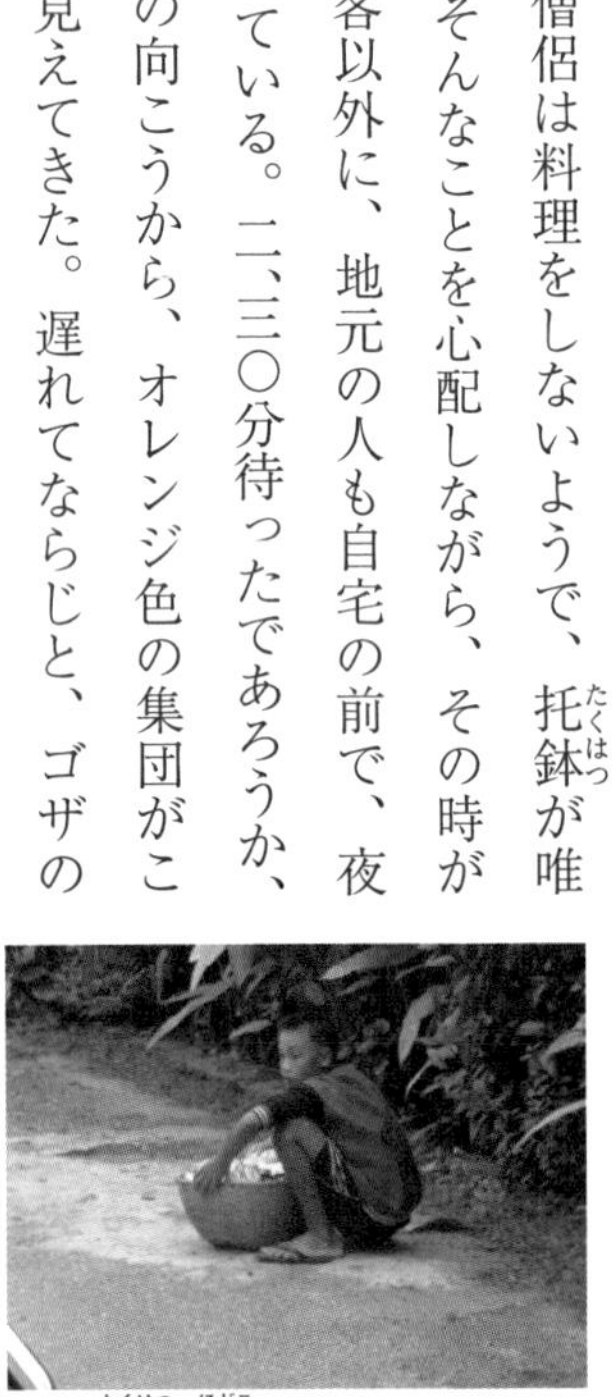

托鉢《たくはつ》の施《ほどこ》しを受ける子供
（ラオス：ルアンパバーン）

ところによると、それは、子供だけでなく、貧しい人々にも分け与えられるそうだ（なるほど、僧侶が行う托鉢《たくはつ》という行為を介して、富が分配されるというわけか）。

日本人と見たがうほどのママさんガイド

托鉢《たくはつ》体験を終え、中庭に用意されたテーブルでパンとフルーツの簡素な朝食を済ませ、ロビーで現地ツアーのガイドを待った。待ち合わせ時間の九時丁度に、バンがホテルの前に横付けになり、若くて元気の良い小柄な女性が降りてきた。自分の顧客であることを確認すると、自己紹介し、直ぐに車に乗るように促した。乗って数分走った所に船着き場があり、そこからメコン川クルーズがスタートした。客は、白人が三、四人いるだけで、ほとんど貸し切り状態であった。中ほどのテーブルにつくと、ガイドがルアンパバーンの日本語マップを持ってきて、ルアンパバーンの位置と、その日のメコン川クルーズのルートについて説明しだした。途中、話題提供のつもりで、それを遮《さえぎ》るように「自分の知人で、ラオスが気に入り、生前、メコン川の畔《ほとり》に墓を造り、今、そこに眠っている人がいる」と話すと、少し、びっくりしたようで、怪訝《けげん》そうな顔になった。「死ぬ前に墓を造るの」と問いかけてきた。その年の夏に父親を亡くしたばかりだったので、放っておけない心境のようであった。すかさず女房が「日本では家ごとの墓があり、原則、長男が跡継ぎになり、代々、墓守をするのが習わしになっている」と説明した。すると、きょとんとした表情で「それじゃ、写真はどう

メコン川クルーズ
（ラオス：ルアンパバーン）

するの」と聞いてきた。今度は、こちらの方が何を言っているのか俄《にわ》かにはわからなかったが、どうも、ラオスは墓に写真を記《しる》すのが通例となっているため、生前に自分の墓を造ること自体ナンセンスということのようであった。

三〇分ほど上流へ行った所で船を止め、酒造りと織物の村を見学した。陸路でも来られるようだが、船の倍近くかかるそうだ。コブラやサソリがそのままの姿で瓶詰《びんづめ》になった酒や、赤米のワインなどがあり勧められたが、これまでの旅行で買った酒類も人にあげない限り残っている有り様なので、丁重《ていちょう》にお断りした。それよりも、手織りの布が安いのには女房も驚いたようで、なんと一ドルこっきりでショールを買い求めた。三〇分ほど小さな村の中を散策し、再び船に戻って、心地よい川風に吹かれながら、さらに上流のパークウー洞窟《どうくつ》を目指した（移りすぎる景色は、一昔前の日本の農村風景が再現されているようだ）。

船内で現地ガイドと
（ラオス：ルアンパバーン）

切り立った崖に着くと、何隻もの小舟が横付けされて、そこから観光客が上陸している。断崖の中腹まで狭い道を上ると、崖をくり抜いた洞窟《どうくつ》があり、薄暗い洞内に大小様々な数え切れないほどの仏像が安置されていた。懐中電灯を片手に洞内を一巡し、また、ボートに乗り、元来た道を市街までメコン川を下った。

船内でラオス料理の昼食をとった後、少し時間があったので、ラオスの地図と一緒に用意してくれたルアンパバーンのマップ

パークゥー洞窟
（ラオス：ルアンパバーン）

の中で気になっていた、民族舞踊つきのディナーレストランについて予約出来ないかと、ガイドに聞いてみた。すると「会社を通すと高くなるので、帰りがけに直ぐ近くで降ろしますのでご自分で予約された方が宜しいかと思います。日本人がオーナーなので、会話も問題ないと思います」という返事が返ってきた（普通なら、会社を通せば自分のポイントを稼《かせ》げるはずだが、顧客本位というか、がつがつしていない。このガイドと話していると、少し前にトヨタの会長が来た際に通訳をしたぐらいなので、日本語が堪能なのはわかるが、顔形、醸《かも》し出す雰囲気が、まるで日本人のようで、外国人であることを、ふと忘れそうになる）。女房も、どこか学生時代の友人に似ていると言い出した。そのガイドとよもやま話をするうちに、行きよりも早く一時間足らずで船着き場に戻った。

そこから、また、車に乗り換え、今度は、山間にあるタートクアンシーの滝を目指した二〇分位走った所で、途中にあるモン族の村に立ち寄った。細い一本道の両脇に人家があり、道端で、色とりどりの刺繍《ししゅう》を施《ほどこ》したバックなどの小物を、幼い女の子が売っていた。男の子は、ほとんど見かけない。自分もモン族の出身だと言っていたガイドに聞くと、モン族では幼いころから女の子は働くように教えられ、自分も躾《しつけ》けられたという。ふと傍《かたわ》らを見ると、見るからに若い母親が乳飲み子に乳を与えている。しげしげと見ると、子供が子供に乳をあげているようだ。どう見ても小学校高学年か中学校低学年にしか見えない。ガイドに聞くと、この国では女性の結婚適齢期は一九歳前後で、一六、七歳で母親になる女の子も珍しくはないそうだ。「夫と年の差がある

少女の売子
（ラオス：ルアンパバーン）

のは普通で、私は現在二六歳だが、一九歳の時に結婚し、夫とは一〇歳離れています」と付け加えた。夫の兄弟も含めた大家族で暮らしているようで、仕事の時は一人息子は義父母に面倒を見てもらっているようだ。大分気心が知れてきたようなので、モン族の村を出てタートクアンシーの滝に行く道すがら、気がかりになっていた明日の予定について尋《たず》ねてみた。「明日の午前中の市内観光もご一緒いただけるときいたのですが、午後、飛行機が飛ぶ一七時までの間、何かうまい過ごし方はないだろうか」と聞くと「我が意を得たり」とばかりに目をキラッと光らせ「それならば、丁度、私の住んでいる村の祭りがあるので、見に来ませんか。そうすれば今度は『本物』に出合えますよ」と誘ってくれた。ホテルからの往復と空港までの足も、知り合いのトゥクトゥクのドライバーに電話し段取ってくれた。

タートクアンシーの滝は、欧米やアジアから来た大勢の外国人で賑《にぎ》わっていた。車を降りた場所から徒歩で川沿いの木陰の道を遡《さかのぼ》ると、所々に棚田のように琥珀《こはく》色の水を湛《たた》える場所があり、白人の若者が水飛沫《しぶき》を上げていた。そこから一〇分ほど上ったところに滝があり、清流が滝壺《つぼ》に飛沫《しぶき》を上げて流れ落ちる姿をバックに写真に納まった。「いつも日本人観光客を案内する時にそうしています」と前置きして、近くにある池に行き、大きな鯉や小魚たちに、餌用に持ってきた食パンをちぎって与えた。帰りは、川に沿っ

タートクアンシーの滝
（ラオス：ルアンパバーン）

た舗装された道を駐車場まで下り、一時間ほどかけてルアンパバーンの街に戻ってきた。早速、ラオス舞踊つきのレストランで予約をとり、歩いてホテルまで帰った。夕食までの時間を利用し、ホテル近くのスパでマッサージをしてもらった。約一時間入念に揉《も》んでもらっても一〇ドルかからない安さである。女房が着替えを済ませチップを渡そうと待ち構えていたようだが、マッサージしてくれた二人の若い女性は、仕事が済むといつの間にか部屋に引っ込んでしまったようだ（他の東南アジアの国々では考えられない振る舞いだ）。一九時に約束のレストランへ行き、舞踊を見ながら夕食をとった後、ナイトマーケットに行き、前日、目星をつけておいた、開くと立体の切り絵が現れるポストカードとスリッパを、土産用に買い求めた。

踊り子と記念撮影
（ラオス：ルアンパバーン）

女盛りの恥じらい

翌日一二月一二日（土）九日目、毎日繰り返される托鉢《たくはつ》の様子を見た後。朝食を取り、支度をしてロビーに下りると、もう、昨日のガイドが待っていた。車に乗り、まず、大胆に湾曲した急こう配の屋根が特徴のワットシェントーンを訪れた。早朝のため、ほとんど人気《ひとけ》がなく、外壁や本堂の壁に掘られた金の彫刻も、たっぷり時間をかけ観察することができた。再び車に乗り、ルアンパバーンのもう一つの名勝ワットマイを訪れた。入口を入りトイレまで行く途中

ワットシェントーン
（ラオス：ルアンパバーン）

で、若い僧侶が水汲みをしているのを見かけた。托鉢《たくはつ》のことで昨日から気になったことがあったので、ガイドに聞いてみることにした。「この国では、僧侶は一生独身を通さねばならないと聞いたが、まだ、物心がつくかつかないうちに、それが決定づけられるのは、何か残酷な気がするが」と尋《たず》ねると「実際は、一定の年齢になると、その中でやる気があり周りから認められたものだけが僧侶となり、大方は、他の仕事に就《つ》くことが多く、そのために、お寺ではお経以外に通常の学校で教えるような授業もあります。幼くして僧侶になっているのは、学校へ行くお金のない子供達ばかりです」と教えてくれた（なるほど、出家というと煩悩《ぼんのう》を払い自らが悟りを開くことのみが目的のように思っていたが、この制度自体が、格差社会を是正するシステムとして機能しているというわけか）。

ワットマイ
（ラオス：ルアンパバーン）

その寺院を出て、今度はかつて王宮だったという国立博物館へ向かった。市街地は路地が多く車一台がやっと通れる狭さの所も少なくない。向かいの車と行き来できないことも間々ある。そんな時感心させられたのは、けして我先にと通るのではなく、相手の車が先に来るのをじっと待っていることである。この街では、けたたましくクラクションが鳴るのをほとんど耳にしない。寺院へ着き、靴を脱ぎ中へ入り順を追って各室を回ると、ベトナム戦争が終結する二〇世紀後半まで続いた王朝の栄華を物語る数々の品々を見ることができた。博物館を出て、真向いにあるプーシーの丘に上った後、ルアンパバーン最後の見学場所である、伝統芸術民族センターを訪れた。センターの中には、ラオスの民族の構成、各民族の暮らしぶりや風習などに関する資料や模型が展示されていた。見て回るうちに、女房がベビーベッドらしきものを見つけ、その確認のためガイドに尋《たず》ねると、逆にガイドの方から少しためらいがちに質問してきた。「ラオスでは子供は肌身離さずに寝ますが、この前、日本のお客さんから、日本では寝る時、別の子供用ベッドに寝かせると聞きましたが、なぜ?」と聞くので「多分、寝ている間に、特に、上の子がいる場合などは、うっかりその上に乗ってしまったりするからだと思う」と女房が応えると「ほんと、邪魔だからじゃない」と少し恥じらいながら答えた。初め何のことを言っているのか分からなかったが、そのうち、そのガイドが、顔を赤らめたので、やっとその意味が分かり、首を横に振り笑って返した（まだまだ、二〇代半ばの女盛りである）。「主人はキリスト教のボランティアをしていて、四時間かけてバイクで通っているので、いつも心配しています。子供はもっとほしいけれど、ラオスには保険がないので、今のうちにお金をためないと」と、さらっと言ってのけた。あどけない表情をしているものの、なんのその「しっかりママさん」である。

本物のモン族の暮らし

民族センターを出てホテルに帰る途中、頼みついでに、その日の夕刻のバンコク行きの便のリコンファームを頼み、ガイドと別れた。昼食は、お勧めマップに載っていたホテル近くの一般食堂に行き麺類で済ませ、ホテルに荷物を預けて、ガイドに頼んでおいた迎えのトゥクトゥクが来るのを待った。約束の一三時半前にホテルのロビーを出ると、ホンダのバイクに屋根付きのリヤカーをつけたようなトゥクトゥクに乗って、サングラスをかけた浅黒い男が現れた。ガイドの名前を告げると納得したようで、トゥクトゥクに乗り、早速、モン族の村に向けて出発した。クッションという面では、勿論、車より劣るが、周りを眺めながら風を切って走るこの乗り物は、意外と快適である。市街地を抜けしばらく走った所で降ろされ、四〇～五〇分後にここへ戻ってくることを約束し、祭りの会場に歩いて行くことにした。徐々に、人混みが激しくなり、民族衣装で着飾った若い女性たちと行き交うようになってきた。モン族にも色々あって、それぞれの部族で衣装も違うようだ。会場の中心に入ると、日本の祭りと同じ様に色々な露店があり、射的に似た的の風船を割るゲームや、子供用のバルーンなども見かけた。「ラオスでは、女性の方からプロポーズするわけにはいかないので、祭りの時に行われるボール投げゲームで、意思を伝える習わしがある」とガイドが教えてくれたので、どこかで、そのボール投げゲームを見られないかと探すと、なるほど、幾つかの集団が男女入り混じってボールのなげっこをしている。ただし、使っているのはテニスボールである。観光客は、我々以外誰一人おらず、当然、土産品を売りつけるものもいない。皆、我々にお構いなしに、祭りを楽しんでいる（これがガイドが言った「本物」という意味か）。しばらく、決して観光地では見られないモン族の素《す》の暮らしの断片を味わいながら、約束時間に間に合うように、祭り会場を後にした。トゥクトゥクに乗るとドライバーにガイドから電話があり、代わると、飛行機の出発時刻に変更がないとのことだった。本人は、これから、民族衣装に着替え、祭りに参加するので「もう帰るのか」と言いたげな口調だったが、世話になったお礼を

トゥクトゥク
（ラオス：ルアンパバーン）

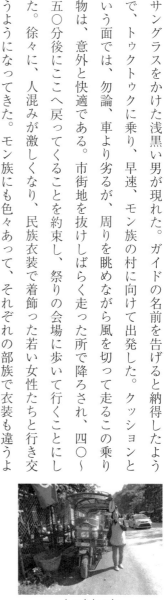

述べ電話を切った。ホテルに戻り、一旦、預けたスーツケースを積み込み、同じトゥクトゥクで空港まで送ってもらい、約束の二〇ドルを支払い、空港内に入った。夕刻の一八時前にラオスを飛び立ち、トランジットのバンコクのラウンジで夕食を取り、一二月一三日（日）一〇日目の朝六時に羽田に無事到着した。

ビザの獲得から始まり、飛行機の手配、宿泊や観光まで、全て自分で企《くわだ》てた初めての個人旅行であった。タクシーでの移動や女房の食あたりで苦労したこともあったが、食事時間も自由、マッサージなど思いついたことが直ぐに実現するなど、個人旅行ならではの醍醐味も味わうこともできた。特に、現地ガイドを独り占めできるので、現地の生の情報、とっておきの情報や本音の話が聞けたのが何にもまして得難い経験であった。情景も人心も、自分が育った頃の日本のようで、子供の頃にタイムスリップしたような、何かほっとさせられる仏陀を祀《まつ》る国々を巡る旅であった。

民族衣装の少女たち
（ラオス：ルアンパバーン）

求愛のボール投げゲーム
（ラオス：ルアンパバーン）

4 北欧のロマンに満ちた列車と船の旅

スウェーデン・ノルウェー・デンマーク

観光資源としてのノーベル賞

六月二日（木）一日目、一五時半発のリムジンバスで、最寄駅から成田に向かった。昨年（二〇一五年）末、インドシナを旅してから

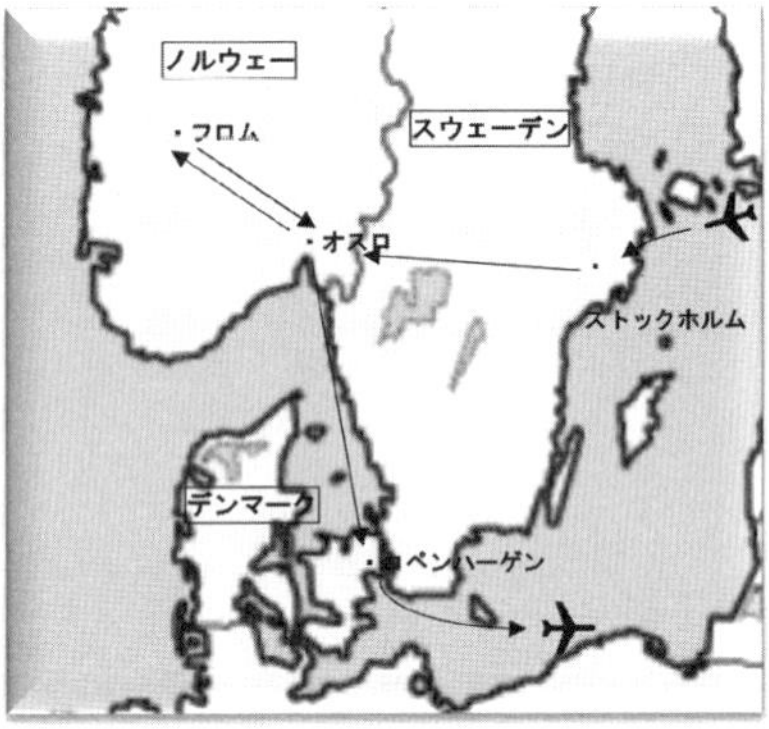

ルート図

旅程2016年6月2日～6月9日

日数	日付	訪問国	都市	観光
1	6/2(木)	出国	成田	
2	6/3（金）	スウェーデン	ストックホルム	市庁舎・ノーベル博物館・ガムラスタン
3	6/4（土）	ノルウェー	オスロ	国立美術館・フログネル公園
4	6/5（日）	ノルウェー	ミュールダール・フロム	ベルゲン鉄道・フロム鉄道・フィヨルド
5	6/6（月）	ノルウェー	オスロ	大型客船
6	6/7（火）	デンマーク	コペンハーゲン	人魚姫の像・救世主教会・チボリ公園
7	6/8（水）	デンマーク	北シェラン島	フレデリクスボー城・クロンボー城
8	6/9（木）	帰国	ドーハ経由成田	

半年ぶりの海外旅行である。今年（二〇一六年）は、八年間施設に預けていた義母を自宅で介護するつもりで、一年間程度は海外旅行は難しいと踏んでいた。ところが、正月明けに施設で誤嚥《ごえん》肺炎を起こし、急遽《きゅうきょ》治療のため入院し、その後自宅に連れてきたところ、思ったより早く一ヵ月足らずの三月中旬に老衰のため息を引きとった。葬式の後、五月の連休前に四九日も済ませ、それから一ヵ月ほど経ち少し落ち着いたところで、海外旅行を再開することにした。まずは、手始めに一週間程度の短いものと決め、この時期、各旅行会社が頻繁《ひんぱん》にツアーを組んでいる北欧の中で、まだ夫婦で行ったことのない、スウェーデン、ノルウェー、デンマークを巡るツアーに参加して見ることにした。成田に着くと、丁度、北欧はベストシーズンで価格も手頃であったせいか、三四名の大所帯のツアーであった（昨年の秋に行ったコーカサスの旅と違い欧州はやっぱり夫婦連れが多い）。添乗員は、口調は穏やかであるが、メリハリの効いた話し方の、年の頃三〇前後というところであろうか、細身で面長の顔つきの女性であった。

二二時過ぎに成田を経ち、中継地ドーハで昨年（二〇一五年）秋からプライオリティーパスで入れるようになったオリックスラウンジで二時間ほど過ごし、六時間のフライトで、翌日六月三日（金）二日目の昼前に、スウェーデンのストックホルムに到着した。入国手続きを済ませ空港を出ると、年の頃、六〇前後の

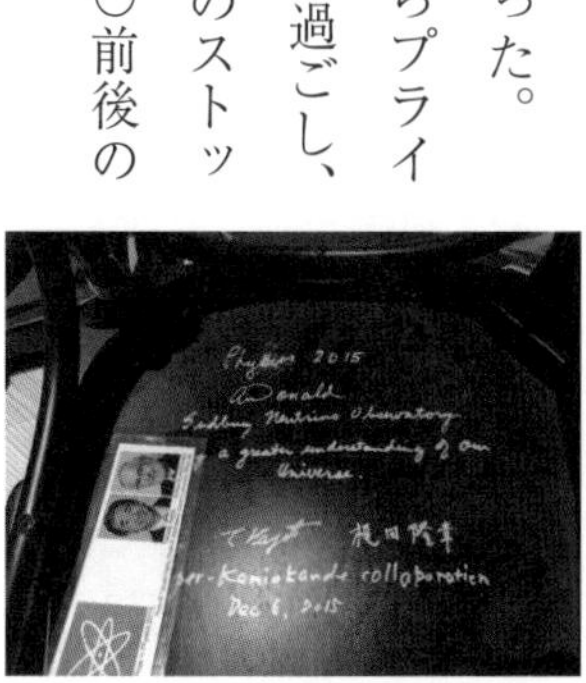

ノーベル賞受賞者のサイン
（スウェーデン：ストックホルム）

市庁舎をバックに
（スウェーデン：ストックホルム）

ストックホルム市庁舎
（スウェーデン）

日本人女性ガイドが待っていた。名字でなく名前で紹介されたことから、国際結婚していることは容易に察しがついた。天気が良く日差しが思ったよりきつく、長袖を着ていると少し汗ばむくらいである。早速、ノーベル賞の祝賀晩餐会が行われるという優雅な佇《たたず》まいの市庁舎を訪れた。庁舎内を一巡した後、中世の面影を残しているガムラスタンに向かった。バスを降り石畳を行くと、その中心部にノーベル博物館があり、椅子の裏に記《しる》された受賞者のサインを確認した後、そこでしか販売していないというノーベルの肖像入りのチョコレートを土産に買い求めた。その日は、三〇分ほど街中を散策した後ホテルに行き、寝不足のこともあり、夕食後、早々に床に就いた。

幻想のムンクとリアリティーのヴィーゲラン

六月四日（土）三日目、八時過ぎのオスロ行きの高速列車に乗るため、早朝七時にホテルを出発した。土曜のせいか、中央駅は人影が疎《まば》らで、我々と同じ団体の観光客ばかりが目についた。列車内にはカフェラウンジもあり、物珍しさに任せて、列車内を行き来するうちに、あっという間に四時間余りが経過した。オスロ到着後、レストランで昼食を済ませ、市内観光がスタートした。まず、中学生の頃、美術の教科書の中で、その極端にディフォルメされた人物の異様な形相《ぎょうそう》が、強烈な印象として残っている、名画「叫び」を見に、国立美術館へ向かった。「生来、虚弱な幼少期から、肉親との別れを通じて、常に死を身近に感じていた」というムンクの幻覚がモチーフのその絵は、室内の

ムンクの「叫び」
（ノルウェー：オスロ）

中央に飾られていた。前日のガイド同様、国際結婚したと思われる五〇代の現地日本人女性ガイドが、時折、冗談を交えながらそう説明してくれた。美術館内には、ムンクの作品以外に、モネ、セザンヌなどの印象派やピカソなど著名な芸術家の作品も数多く展示されていた。美術館を出てしばらく行った郊外に、フログネル公園があった。そこには、海外では余り知られていないが、国内では圧倒的知名度のあるヴィーゲランの手による作品群を見ることができた。幾体もの人が複雑に絡《から》み合った高さ一七メートルの塔モノリスや、噴水を取り囲んで順に並べられた人間の一生を描いた作品群は、リアリティーがあり、大変見応えがあるものだった。中でも一番人気は裸の幼児が顔をしかめ、両手を挙げたポーズの「怒りん坊」という作品だと、現地ガイドが教えてくれた。その日は、ホテルへの到着が早かったので、夕食までの時間を利用し、徒歩で王宮までの道程《みちのり》を往復した。北欧の夜は長く二二時を過ぎても部屋の窓からは薄明かりがさしていた。

「アナと雪の女王」の世界

六月五日（日）四日目、今回の旅行のハイライト、フィヨルドクルーズの日である。ホテルを前日同様七時に出て、ベルゲン鉄道の出発地点ヤイロを目指して、二五〇キロ近くバスを走らせた。車は徐々に山岳地帯へ入り、途中、スキー場のあるゴールという街で弁当を積み込み、昼過ぎ、ヤイロに到着した。そ

ヴィーゲランの「怒りん坊」
（ノルウェー：オスロ）

ヴィーゲランの彫刻の前で
（ノルウェー：オスロ）

こでベルゲン鉄道に乗り換え、ミュールダールを目指した。車窓には、一昨年（二〇一四年）大ヒットしたディズニー映画「アナと雪の女王」のモチーフになったといわれる、残雪と凍てついた湖の織りなすファンタジックな光景が広がっていた。終点のミュールダールからフィヨルドの出発地点フロムまでは、山岳鉄道で、九百メートルの標高差を、螺旋《らせん》状の急こう配の路線に沿って、一気に下った。二〇余りのトンネルを抜けるたびに、深緑の山河と山の頂から流れ落ちる滝が目に飛び込んできた。中でも、途中、列車を止め見学したショースフォッセンの滝は、水量も多く怒涛《どとう》のような流れは圧巻で、水飛沫《しぶき》を浴びながら、必死にシャッターを切った。この地方に言い伝えられている男を誘惑するという妖精が、岩陰から現れ舞うという演出にも、運よくお目にかかれた。

　フィヨルドクルーズは、船以外の交通手段を持たない航路途中の住民の足も兼ねていたが、乗客のほとんどはフィヨルドの壮大さを味わいに世界中から集まってきた人たちであった。添乗員が「今回のお客様は晴れ男と晴れ女の方たちばかりですね」と言ったように、雲一つない快晴に恵まれ、甲板へ出ても少しも寒さが感じられないぽかぽか陽気である。船は、太古の時代から長年月かけて形成された氷河の爪痕に沿って、波ひとつないコバルトブルーの水面を静かに航行していった。時折、両岸の切り立った千メートルクラスの山々の岩盤の切れ目から細長く筋状に水流が落下していくのが見えた。途中、逆Ｙ字の形で枝分かれした地点で、そ

ショースフォッセンの滝
（ノルウェー：ミュールダール）

フィヨルドクルーズ
（ノルウェー：フロム）

れまでのアウルランフィヨルドから航路を折り返し、ネーロイフィヨルドに入り、二時間半ほどで、迎えのバスの待つグドヴァンゲンに到着した。その日は、そこからバスで一時間半ほど走った所にある牧歌的な雰囲気の漂うハダンゲルフィヨルドの畔《ほとり》に面した、見晴らしの良いホテルに宿をとった。

六月六日(月)五日目、ノルウェーからデンマークへの移動日である。それには、一五時までにオスロまで戻り、コペンハーゲン行きの大型客船に乗る必要があるため、早朝七時過ぎにホテルを出発した。昨日、鉄道を乗り継いできたルートを、今度はバスで三四〇キロ走り、途中、昼食とトイレ休憩をとり、何とか一五時前にオスロの港に辿《たど》り着いた。ぎりぎりセーフの乗船であった。大型客船クルーズは、昨年（二〇一五年）四月のカリブ海クルーズで経験済みだったので、乗船の要領は分かっていたが、一泊のみだったせいか、乗船直後の避難訓練もなく、荷物チェックも余り厳しくなかった。船内には、デューティーフリーのマーケットがあり、夕食までの時間を利用し、家族の土産用に、デンマーク王室ご用達のロイヤルコペンハーゲンブランドの皿やカップの陶器を購入した。

氷に覆《おお》われた大地
（ノルウェー）

人魚姫の像の憂き目

六月七日（火）六日目、朝五時前には明るくなっていたそれまでと違い、内側船室で窓がなかったせいか、久しぶりに七時近くまでぐっすり眠った。ビュッフェ形式の朝食を済ませ、身支度をして、一〇時前に下船した。バスに乗ると、現地ガイドは、またしても、国際結婚した日本人妻であった。ただし、これまでのどっしりタイプと違って、人はよさそうだが、思いついたことを次々と口に出す、忙《せわ》しなく落ち着きのない「あわてん坊」タイプである。「初めに、実物を見て落胆しないように」と前置きして、心無い人に二回も首を切られ修復したという、人魚姫の像の悲惨な歴史を語り始めた（なるほど、観光客でごったがえす人混みの中から遠目に見える人魚姫の像は、幼い頃、アンデルセン童話で慣れ親しんだロマンチックなものとは、だいぶかけ離れたイメージである。その表情は、けして健康的な女性のものではなく、どちらかというと、頬はこけどこか悲しげである）。

コペンハーゲンへ向かう船上
（デンマーク）

人魚姫の像
（デンマーク：コペンハーゲン）

アンデルセンの家
（デンマーク：コペンハーゲン）

運河沿いの家並み
（デンマーク：コペンハーゲン）

自然保護、物価高、社会保障

デンマークは環境に厳しいお国柄と聞いていたが、コペンハーゲン市内の道路は、車道と歩道の間に自

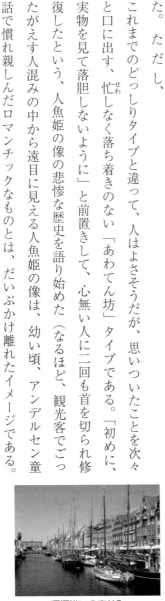

転車専用道が整備されていて、猛スピードで地元の人が行き交っていた。中心街のクリスチャンボー城の前には白熊が串刺しになったモニュメントがあり、その横で若者が自然保護を訴えハンガーストライキをしていた。一通り市内観光をした後、ホテルのチェックインまで時間があったので、市の中心部のストロイエ通りでバスを降り、個別に昼食を取ることにした。時間がないこともあり、集合場所のすぐ横のカフェテラスに入り、サラダと、サンドウィッチ、それにコーラを注文すると、パサパサしてとても最後まで食べる気がしない代物《しろもの》であるにも拘《かか》わらず、なんと値段は四百クローネ（約八千円）だという。後で、現地ガイドに確認すると、やはり物価は日本より高く、そのかわり給与は決して悪くないが、税金が高く共稼ぎでないととても生活はできず、車などは「高嶺の花」とのことだった（自転車の利用が盛んなのは、環境問題もさることながら、そんな経済的な事情にもよるのかもしれない）。「ただし、社会保障は充実していて、公立は小学校から大学まで学費はただで、六五歳位まで働けば、老後の心配はいりません」と、そのガイドは付け加えた（なるほど、だから高い税金でも文句がでないわけか）。

白熊を串刺しにしたモニュメント
（デンマーク：コペンハーゲン）

　午後の一四時にホテルのチェックインを済ませ、エレベーターで一九階の部屋まで上ると、見晴らしが良く、コペンハーゲンの街が一望出来た。地図で見ると、ぐるりと一回りしても五キロ程度である。「これならば、いつもの夕食後、ダイエットのために自宅の周りを散歩する距離と変わらない」。そう思って、夕食前の時間を利用し、市内の散策に出かけることにした。初め、ホテルから一キロほどの所にある、一七世紀に建設された高さ九〇メートルの、先端のねじれた螺旋《らせん》階段が特徴の救世主教会に上ることにした。狭くてすれ違いもままならない木製の階段を四百段上ると、塔の外側の螺旋《らせん》階段に出られ、コペンハーゲンの市街を見渡すことができた。塔の先端に平場がなく行き止まり状態だったので、記念撮影をした後、早々に、元来た階段を下りることにした。

教会を出て、手渡された地図を頼りに、午前中の市内観光で訪れた建物を横眼に見ながら、歩行者天国のストロイエ通りを西へ進み、夕刻、市民の憩いの場といわれている「チボリ公園」へ行きついた。決して安くない一人百クローネ（約二千円）の入場料を払い中へ入ると、日本のディズニーランドというよりは後楽園ほどの広さである。乗り物やレストランはいくつかあることはあるが特別なものはなく、取り立てて興味をそそられるようなアトラクションも行われていなかったので、一時間足らずで一周し、ホテルに引き返すことにした。ホテルに着き夕食時となったが、歩き疲れたのと、昼食が予想以上の出費となったこともあり、その日は、持参したお湯を注ぐだけのインスタントのご飯で夕食を済ませることにした。

六月八日（水）七日目、朝八時頃、ゆっくりとした朝食をとり、バスの配車ミスで予定より一時間近く遅れて、一一時半頃ホテル

救世主教会
（デンマーク：コペンハーゲン）

フレデリクスボー城内に
展示された明仁上皇の盾
（デンマーク：シェラン島）

を出発し、コペンハーゲンから北に三六キロほど行った北シェラン島を目指した。一時間位走った所にフレデリクスボー城があり、城内には、各国の要人が訪れた際の記念の盾が展示されており、菊の紋の入った明仁上皇が皇太子の時に訪れた時のものも飾られていた。そこからさらに三〇分ほど走った所に、ハムレットの舞台となったといわれるクロンボー城があった。対岸にスウェーデンの国土が望める所で記念撮影をし、予定より時間が遅れていたので、早々に、城を後にした。途中、少し渋滞があり心配したが、何とか予定の一時間遅れの一六時過ぎに、コペンハーゲンの空港に到着した。

クロンボー城
（デンマーク：シェラン島）

欲をかくとしっぺ返しを食う

一週間ほどの列車と船を乗り継ぐ駆け足の旅であったが、ヨーロッパの歴史の中心西欧、芸術で彩《いろど》られた煌《きら》びやかな中欧、開放的な南欧、旧ソ連邦の色合いを今も残す東欧とはまた違った、深緑の大自然の中で素朴にひっそりと佇《たたず》むロマンに満ちた北欧の全体像は、おぼろげながらつかめた気がした。

旅の最後に、改めて反省させられることがあった。ドーハから成田までの飛行機は好運にも空席が目立ち、一人三席分を確保できそうな空き具合だったので、添乗員の働きかけもあり、早速、それ以上乗客が来ないのを見計らって、後方から二列目の三人席に移動した。同じ様に、他の客も移動し始めた。落ち着いたところで、試みにひじ掛けを上げようとすると、なんと、上がらないではないか。同じ様に移動した女房が不思議そうにこちらを見ている。これからの一〇時間を考え、思わず、キャビンアテンダントに問いただすと「No《ノー》, you《ユー》 can《キャン》 not《ノット》」という強い調子の英語が返ってきた。「これならば、席を移動しない方がましだった」と思っても、後の祭りである。既に空き席はなく、時遅しである。よくみると、その席だけ椅子の構造が違っていた。「何事も、欲をかくとしっぺ返しを食うものである」と戒められた旅の最後の一幕であった。

5 神話と太古の世界へのチャレンジ旅行

ギリシャ・マルタ共和国・キプロス共和国

危機一髪、日本脱出

これまで、南欧（イタリア）、中近東（ヨルダン）、北アフリカ（チュニジア・モロッコ）などで、紀元前後のローマ帝国の盛衰の足跡を少な

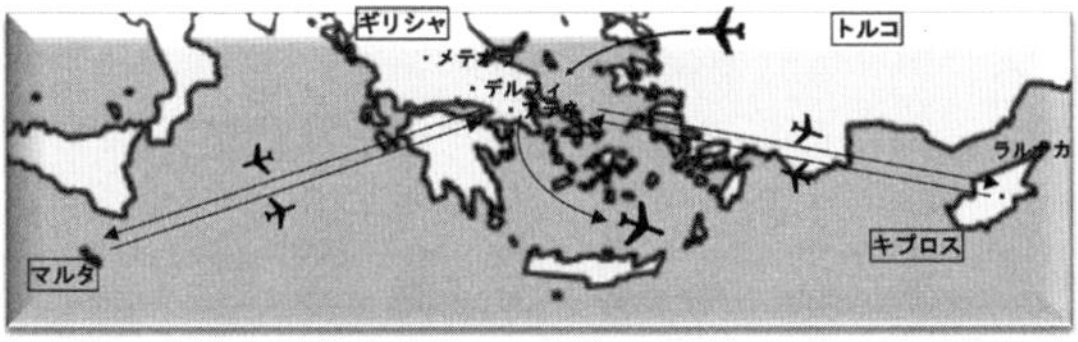

ルート図

旅程 2016 年 8 月 29 日～ 9 月 9 日

日数	日付	訪問国	都市	観光
1	8/29(月)	出国	成田	
2	8/30（火）	ギリシャ	アブダビ経由アテネ	
3	8/31（水）	ギリシャ	デルフィ	遺跡・博物館
4	9/1（木）	ギリシャ	メテオラ	メガロメトオロン修道院・他修道院
5	9/2（金）	ギリシャ	アテネ	アクロポリス遺跡・国立考古学博物館
6	9/3（土）	マルタ	ヴァレッタ	青の洞門・聖ヨハネ大聖堂
7	9/4（日）	マルタ	ゴゾ島	アズールウインドー・シュガンティーヤ神殿
8	9/5（月）	マルタ	スリーマ	
9	9/6（火）	キプロス	ラルナカ	要塞・考古学博物館・聖ラザロ協会
10	9/7（水）	キプロス	ラルナカ	海水浴
11	9/8（木）	キプロス	ラルナカ	
12	9/9（金）	帰国	アテネ・アブダビ経由成田	

からず見てきたが「それ以前の地中海に広がる豊かなギリシャ文明を知らずしてヨーロッパは語れないのではないか」と漠然と感じていた。そして、どうせ行くなら、ギリシャよりさらに前の太古の巨石文明の痕跡を残すマルタ共和国、キプロス共和国も一緒に回れないかという欲張った計画を思いついた。しかし、調べてみると、ギリシャ単独、マルタ＋キプロスというツアーはあるのだが、三国を一遍《いっぺん》に回るツアーはどこにも見当たらない。それに、今年は、順番制で地区の班長を拝命しており、月に二回（一〇日と二五日）回覧を配布しなければならないという義務があり、旅行へ行くとすれば、その間しかない。そんな理由で、思い切って個人旅行で三ヵ国を巡る計画を出発の三ヵ月前に企《くわだ》てた。航空便、現地ツアー、ホテルなどを順にネットで予約し、一二日間の旅程を組んだ。

ところが手筈《てはず》通りにはいかないのが世の常で、出発の間近になって、一旦、大東島まで南下した台風が、前代未聞、折り返し、その勢力を増しながら北上し、関東地方に上陸する気配が見えてきた。「もし命中すれば、当然、欠航となり、その後のスケジュールは変更せざるを得ない。新たな航空便の確保、ホテルや現地ツアーのキャンセルを自分一人でやらなければならないわけか。ツアーならば、旅行会社に任せればよいだけなのだが」。そう思うと気が気ではなく、出発の数日前から、気象庁の台風情報を二、三時間おきに食い入るようにチェックしていた。

八月二九日（月）、出発当日の朝、航空会社の営業開始時間を待って、早速、電話を入れた。「関東地方が暴風圏内に入るのは、翌日の午前中なので、今晩、定刻通りに運航予定です」と聞いて、胸をなでおろした。その日の二一時過ぎ、ぎりぎりセーフで、危機一髪、特大台風に追いたてられるようにして日本を脱出した。普段、乗り慣れた航空会社だと帰国日の成田到着時間が深夜近くになるので、それを避けるために、今回初めて、ドバイ、ドーハでなくアブダビ経由の航空会社を選んだ。成田からは一日一便しか飛んでいないせいか、日本人のツアー客は見当たらず、個人旅行らしき日本人が少しいるだけで、後は様々な国からの乗客が入り混じっているようだった。席に少し余裕があり、隣の席を利用し横になることもできた。日本食も用意されており、これまでの外国の航空会社と比較し、脂っぽくなくヘルシーで意外と食べやすい。一二時間のフライトでアブダビ空港に着き、プライオリティーパスで入れるラウンジで三、四時間過ごした後、五時間ほど飛んで、翌日八月三〇日（火）二日目の昼過ぎ、アテネ空港に到着した。

空港を出ると日差しはきつかったが、湿気が少なくカラッとした気候で、早速、タクシーでホテルに向かった。あらかじめ、前に並んでいた乗客に料金を確認し、一律三八ユーロと聞いていたので、もしも、それより高い料金を請求して来たら文句を言ってやろうと身構えていたが、ホテルに着くとすんなり定額を要求してきたので、チップとして二ユーロを上乗せし四〇ユーロ渡し、タクシーを降りた。翌々日の列車で行くメテオラ観光に便利なように、出発駅に徒歩で行けるホテルをとったが、エレベーターは内側ドアがなく、小さいバスタブはあったものの、部屋は狭く、二人分のコップもないという状況で、普段ツアーで利用するホテルよりだいぶ劣る印象であった。「明日から二日間とも、朝八時から一九時過ぎまで観光で出かけ、ホテルは寝るだけなので、まあいいか」と自分を納得させ荷物を置くと、早速、ラリッサ駅の下見に出かけた。インターネットで送られてきた切符を駅員に見せ、間違いないことを確認した後、周辺を散策したが、ピザ屋ぐらいで適当なレストランがない。やむなく、ホテル前のスーパーで水と野菜を仕入れ、その日は、持参した携帯用電気鍋で米を炊き夕食を済ませた。

ギリシャ神話を語る「大阪のおばちゃん」

八月三一日（水）三日目、ホテルのロビーでツアーガイドを待っているのだが、定刻七時四五分になっても一向に姿を現さない。「定刻一〇分過ぎても来ない場合は所定の電話番号に連絡する」とツアー説明書に書いてあったので、いよいよ拙《つたな》い英語で電話をかけてみるかと半ば覚悟を決めていた矢先に、ホテルの向かい側に大型バスが止まった。赤いシャツを着た大柄の白人男性が降り、こちらを向いてさかんに手をふっている。近づいてみると、間違いなく迎えのバスのようで、乗り込むと既に色々な国から来た観光客たちが座っていた。そこにも、日本語ガイドらしき姿はなかった。「そうか、現地で待っているということか」と自分に言い聞かせているうちに、バスは数カ所のホテルで客をピックアップし、ほぼ満席になってきた。しばらくして、市街を離れる辺《あた》りでバスが路肩に停まり、白いワンピースの東洋人の小柄なおばさんが乗り込んでくるやいなや、日本語で声をかけられ、最後尾の席に一緒に来るように促された。「これから、日本語で説明を行うので、他の人に迷惑にならないように」とのことだった。それからデルフィ遺跡に到着するまでの約三時間、その小柄な身体からは想像できない力強い口調で、機関銃のように、次から次へ止めどなく、洪水のように言葉が飛び出してきた。同年輩のそのガイドは、大学時代に初めてギリシャを訪れ、魅せられて、何回か来るうちに伴侶を見つけ、子供を育て、既に四〇年余り、この地に暮らしているという。生まれは兵庫とのことだったが、現地の人に語りかける調子は、言葉こそ違え、まさに「大阪のおばちゃん」そのものである。

デルフィ遺跡は、バスでアテネから西へ三時間ほど走った、山の急斜面にあった。紀元前四～六世紀に建造されたという神殿跡は、これまで見たローマ時代の遺跡に比べ、一時代前ということもあってか、列柱や床の部分が残されているのみで、いずれの建造物も原型を留めていない。ガイドが、直射日光を避け木陰に入った所に案内し、ゼウスをはじめギリシャの神々に纏《まつ》わる神話の数々を熱っぽく聞かせてくれるのだが、予備知識の乏しい者にとっては、第一、名前が覚え辛い。それに、現代人からは想像できない、肉親同士のアブノーマルな絡み合いや、欲望の権化が勝利するみたいなストーリーばかりなので、浪花節や「最後は必ず正義が勝つ」といった時代劇慣れした日本人にとっては、俄《にわか》にはピンとこず、問い正すこと頻《しき》りで、記憶にとどめることが難しい。辛うじて頭に残ったのは、この神殿で「父を殺し母と交わる」といった神託（神のお告げ）があったという「オイディプス王の悲劇」くらいであろうか。学生時代に読んだフロイトの精神分析学の本の中で見た「オイディプスコンプレックス」という言葉が記憶に残っていたからかもしれない。遺跡見学の後訪れた隣接する博物館には、ギリシャ時代の神話に纏《まつ》わる数々の出土品が展示されていた。

博物館を出て、遺跡に近いレストランで遅い昼食を済ませ、一路、アテネを目指し、途中、トイレ休憩を挟んで三時間近くバスを走らせた。こちらは、昼

デルフィ遺跡全景
（ギリシャ）

アポロンの神殿
（ギリシャ：デルフィ）

のビールが効いたらしく、うとうとしていたが、その間中、ガイドと女房は身の上話と世間話に花を咲かせていたようで、アテネ市内のレストランに夕食に連れて行ってもらう約束も取り付けたようだ。バスがアテネ市内に入った所で、ガイドの提案で、旧市街を散策しながら徒歩でレストランへ行こうということになった。バスを降り、古代アゴラ、アクロポリス遺跡を横眼に見ながら、露店が立ち並ぶ石畳の道を行くと、土産物屋があった。昔、化粧品のセールスをやっていたという日本人妻の女店主が待っていて、その人の勧めで、オリーブの純度の高い石鹸、ハンドクリームと歯磨き粉を購入した。レストランは、そこからほどない所にあり、ギリシャ料理の中で比較的日本人の口に合うということで、くり抜いたトマトの中に味付けした米を詰めたスタッフドベジタブルという料理と、イカフライを頼んだ。夕食の後、ライトアップされたパルテノン神殿を眺め、アクロポリ駅から地下鉄に乗った。途中、二つ目の駅でガイドに別れを告げ、五つ目のラリッサ駅で下りてホテルに二一時過ぎに戻った。予想以上に歩いた一日で、疲れたこともあり、風呂に浸かり、早々に床に就いた。

博物館入口のモザイク
（ギリシャ：デルフィ）

ナクソス人のスフィンクス
（ギリシャ：デルフィ）

奇岩上の天空修道院

九月一日（木）四日目、ギリシャ観光ガイドのトップページを飾る一番の目玉、奇岩の上に修道院を乗せたような、非現実的にも映る絵柄のメテオラ観光の日である。ホテルを出て始発のラリッサ駅に着くと、既に、大勢の乗客がホームに集まっていた。しばらくすると、ホームに列車が滑り込んできた。「ここで違う列車に乗ってしまったら大変なことになる」と、念には念を入れて、ホームにいた駅員に切符を見せ、この列車で間違いないか確認してから、列車に乗り込んだ。予約していた先頭の一等車（アップグレード料金は一人二千円弱）に行くと、六人掛けのコンパートメントには、中年の地元の婦人と、偶然にも三〇代前後の若い日本人カップルが既に腰かけていた。ギリシャは二度目で、サントリーニ島で数泊してきたようだ（いずれにしろ、個人旅行の場合、異国の地で日本人と出くわすことは、何となく心強いものだ）。しばらく話したり、持参した本を読んだりしているうちに、二時間余りが経過した。少し小腹がすいたので煎餅でもと思ったが、バリバリと音も出るし匂いもする。やはり、閉鎖空間では憚《はばか》られるので、頃を見計らって隣接する食堂車へ行くことにした。食堂車には、ほとんど人がおらず、コーヒーを一杯だけ頼んで、煎餅と一緒に昨晩用意した握り飯を頬張《ほおば》った。しばらくそこで過ごした後、座席に戻り、忘れないうちにと旅の記録を綴《つづ》っているうちに、終点カランバカ駅に到着した。

向かいに座った日本人カップルも「ジョージ」という人が待っていると聞いたので、てっきり六、七人乗りのワゴン車かと思っていたら、普通乗用車のタクシーで二人とは別のようだった（ここには、同姓の人が多いのか、はたまた「ジョージ」はドライバーの通称か）。現地ツアー会社の説明書によると、四

メテオラ行きの列車
（ギリシャ：アテネ）

つある修道院の中のリクエストした二つに行けるとあったので、あらかじめ決めておいた修道院の名前を言おうとすると「その日に入れる修道院を順番に全部回る」と、タクシーに乗り込むやいなや、小太りの大柄なドライバーが言い放った。「時間内に回りきれるならそれに越したことはない」と思い「ＯＫ」を出し、修道院巡りがスタートした。奇岩の間の曲がりくねった道を、縫うようにして、車は徐々に高度を増していった。ほどなく、パンフレットにあったように、そそり立ついくつかの奇岩の頂上に修道院が乗っかった姿が見え始めた。アギオス・ニコラオス、ヴァルラーム、メガロ・メトオロン、アギオス・ステファノスの四つの修道院を、三時間ほどかけて順番に回った。どれも高低差があり、上り下りすると汗が噴き出て、上り口にある売店でペットボトルを購入し、何回も水分補給しながら往復した。「メテオラ」とは、ギリシャ語で「空中に浮かんでいる」という意味だそうだが、俗世との関わりをたち厳しい戒律を守るとはいえ「よくもまあ、よりによってこんな所に造ったものだ」と思うのは、俗人の浅はかな考えであろうか。

メテオラの奇岩上の修道院
（ギリシャ）

奇岩上の修道院をバックに
（ギリシャ：メテオラ）

四つ目の修道院を見た後、急に小雨が降りだし、急いで、前日のガイドから夕食にと勧められたギロピタ（薄いチキンやポークの肉と、スライスしたタマネギ、ポテトフライをピタに包んだもの）を駅前で買

い求め、一七時半発の列車に乗り込んだ。車内で、別れ際にドライバーから「記念に」と渡された袋を開くと、絵葉書と一緒に「ジョージ」と書かれた名刺が入っていた。通称と勘違いしていたようで、何となく申し訳ない思いにおそわれた。海外ではよくあることだが、列車はアテネのラリッサ駅に約一時間遅れで到着し、ホテルに着いたのは夜中の零時近かった（こういうこともあるので、駅から徒歩で行けるホテルにしておいて良かった）。

紳士然とした政府公認ガイド

九月二日（金）五日目、約束の八時半にホテルのロビーに下りると、スマートな初老のギリシャ人と思われる男性が腰かけていて、我々に気づくと、日本語で話しかけてきた。昨日の日本人のおばちゃんガイドが一目置いていた政府認定の公認ガイドだ。物腰の柔らかな、いかにも「紳士然」とした風貌《ふうぼう》の持ち主である。早速、規定の四時間を効率よくフルに使えるよう入れ知恵された、初めアクロポリス遺跡を見学し、その後、アクロポリス博物館、国立考古学博物館を回るコースを持ちかけた。すると「少しタフですが」と前置きして、快く引き受けてくれた。あらかじめ、一昨日買っておいた地下鉄切符を一枚ガイドに渡し、最寄りのラリッサ駅からアクロポリ駅に向かった。駅に着くと、眼の前のチケット売り場に行列ができているのを見て取ったガイドは、遺跡のフェンス沿いに石畳の道を左方向に歩きだした。迂回する形で空いていた西側のもう

パルテノン神殿
（ギリシャ：アテネ）

一つの出入り口に向かい、そこでチケットを買い求め入場した。石畳の坂道を少し上るとアクロポリスの丘に上がることができた。そこからは、三六〇度アテネの街が一望できた。「この自然の要塞ともいえる高台に神殿を造るとは、さすが、古代人は先見の明がある」と思えてくる。パルテノン神殿は、いつも補修・改修を繰り返しているようで、周りには、その時を待ついくつもの出土品が山積みされていた。

神殿の周りを一周した後、丘を下り新アクロポリス博物館へ行くと、パルテノン神殿を飾っていた様々なレリーフや彫像を見ることができた。中には世界の各地で開催されている展示会へ出張中の作品もあり、台座の上にその旨明記されていた。突然、ライオンが牛を捕獲しているレリーフの前に来た時、ガイドが「昔、ギリシャに本当にライオンがいたと思いますか?」と、問いかけてきた。我々が思案しているのを見て取って「よくみてください。このライオンには鬣《たてがみ》とお乳があります。昔からここには、ライオンがいなかったので、猫を真似て描写していました」と、ユーモアを交えて教えてくれた。

博物館を出ると、ガイドがタクシーに乗る前に上質のオリーブ油の売っている土産屋に案内すると言うのでついていくと、何とそこは、一昨日、日本人おばちゃんガイドに連れていかれた店と同じだった。しかし、中に入るとおばちゃん店主はおらず、違うギリシャ人の主人が待っていた(客の国籍に合わせて、店主が変わるというシステムなのだろうか)。ガイドに一昨日も来たことを伝え、オリーブオイルとギリシャ神話の日本語版の冊子のみを購入し店を後にした。そこから、タクシーを拾い国立考古学博物館を目

ディオニソス劇場
(ギリシャ:アテネ)

指した。道すがら、ギリシャ神話が難解で理解が難しいのは何も外国人に限ったことではないように思え「ギリシャ人は、神話のストーリーを、幼い頃から聞かされ、皆、知っているのだろうか」と尋《たず》ねてみると「子供には、必ずしも、教育上好ましい話ばかりではないので、我々も、ガイドになる時に詳しい内容を勉強しました」という返事が返ってきた。たぶんそうだろうと予想はしていたものの、何かほっとしたような気分になった。丁度、タクシーがアテネ大学前を通過した際、若い時、日本の青山学院に留学したこと、二人の子供がアテネ大学に通っていることを、自慢げに話してくれた。

国立考古学博物館には、ギリシャ全土の遺跡から集められた出土品が収められていた。旅行へ来る前、少しはギリシャ文明のことを知っておこうと、上野の東京国立博物館で開催されていた「古代ギリシャ展」に行って見たが、勿論、展示品の数は比べものにならないが、同じように、紀元前三千年〜三〇年位までの出土品が時代別に展示されていた。黄金のマスク、ポセイドンのブロンズ像、それに左腰を突きだしS字の姿勢を取った均衡のとれたいくつもの青年の彫像を見ることができた。その中の一つの美形の青年の彫像の前で立ち止まると、ガイドが、またしても、問いかけてきた。「これは誰だと思いますか?」。その像をまじまじと見ていた女房が、すかさず「たぶん、バッカスだと思う。頭にブドウのツタを巻き付けているから」と答えると「正解です」と言って、ガイ

ポセイドン
(ギリシャ:アテネ)

馬に乗る少年
(ギリシャ:アテネ)

ドは軽く手を叩いた。ギリシャ神話の予備知識のない普通の日本人にとっては、一つひとつの作品を見ても、ただ、唖然《あぜん》とするしかないが、気を使ってか、その後も、このようなクイズ形式の質問をいくつか投げかけてきて、我々の理解を助けてくれた。

贅沢《ぜいたく》なアテネの半日観光を終え、ホテルで預けていた荷物をピックアップし、ガイドの知人というタクシーに乗り空港を目指した。空港のラウンジで少し遅い昼食をとり、プロペラ機に乗り二時間ほどで、夕刻一七時、マルタ島のルナ空港に着いた。空港からホテルのあるスリーマまでは、タクシーで三〇分位であった。

バッカス
(ギリシャ：アテネ)

紺碧《こんぺき》の海原に浮かぶ蜂蜜色の島

九月三日（土）六日目、朝食を済ませ、約束の九時にロビーに下りると、小太りのハイヒールを履いた日本人のガイドが待っていた。九時にホテルを出発し、まず、午前中は波が静かということで、島の南端の「青の洞門」を目指した。通り過ぎる家々は、ここで採れる薄褐色の石灰岩を積み上げて造られており、街並みはそれ一色に染まっていた。ガイドに言わせると「蜂蜜色」ということで、暖かい落ち着いた色合いだと、誇らしげに語った。見渡しても山や川はないので「水はどうしているのか」と聞くと「飲み水は海水を淡水化しており、日本の技術が導入されており、その他にも、毎年、島をあげての花火大会が開かれますが、「日本からその指導に花火職人が来ています」と、日本とマルタとがいかに関わりがあるかを強調した。途中、リビアなど北アフリカからの難民の住む地域も横切ったが、マルタは早くから受け入れ人数を制限しており、社会経済面で問題は起きていないということだった。

青の洞門へ着き、人が数人集まったところで、小舟に乗り込んだ。以前、ツアー仲間から、こちらの方がイタリアの青の洞窟よりも素晴らしいと聞いていた。イタリアの時は、天気は良かったが風が強くて入ることができず悔しい思いをしたので、今回はリベンジのつもりで臨んでいた。しかし、確かに景色は奇麗で快適ではあったが、全く別物で、どちらかというと伊豆の堂ヶ島遊覧に似ていて、何か肩透かしを食ったような気分になった。遊覧の後、ヴァレッタの街を散策しに出かけた。一五六五年のトルコ軍に対する大勝利の後、マルタ騎士団の守護人ヨハネにささげられた聖ヨハネ大聖堂には、騎士の出身国別に八つの礼拝堂があり、床には四百ともいわれる騎士たちの墓碑が敷き詰められていた。美術館には、先日、上野の国立西洋美術館で展示会のあったガラヴァッジョの「聖ヨハネの斬首」が飾られていた。

昼食は、海辺の漁村マルサシュロックで鯛《たい》のシーフードをいただいた。停泊する極彩色の漁船の先端には魔

マルサシュロックの漁村
（マルタ）

ヴァレッタの街をバックに
（マルタ）

青の洞門
（マルタ）

除け用の一対の眼が施《ほどこ》されていた。昼食の後、紀元前三千年の太古の時代に建てられたという、小高い丘の上にあるハジャー・イム神殿を訪れた。接着剤や器具を使わず、ここで採れる巨石を積み上げただけのもので、中に入ると、祭礼室、懺悔《ざんげ》の間、神託の間などが巨石の壁で仕切られていた。その日は、観光が一六時過ぎに終えたので、ホテル近くのスーパーに連れて行ってもらい、周囲に食欲をそそられるレストランもなかったので、水、きゅうり、桃とスイカを仕入れ、またしても、ホテルで米を炊いて自炊することにした。

巨人女性を崇《あが》めた巨石神殿

九月四日（日）七日目、スリーマから島の西端にあるフェリー乗り場まで車を走らせた。ガイドは、昨日と同じママさんガイドであった。両親とも英語の教師だったので自然と英語ができるようになり、大学卒業後、語学力を活かして添乗員になり、世界のあちこちを回ってきたが、プライベートでマルタ島に来て、この島が気に入り、何回か来るうちに夫と知り合い、今は、二人の子がいるという。平均給与は高くはないが、気候が良く、教育費もただで、老後の心配もないとのことだった。このどちらかというと姐御肌《あねごはだ》のガイドとよもやま話をするうちに、五〇分ほどで港に着いた。乗客は、ほとんど外国人で、日本人は二、三人見かけるだけだった。出航し「浮かぶ舟」で有名になったコミノ島の横を通って三〇分ほどでゴゾ島に到着した。

女性ドライバーの運転で、アズールウィンドーと呼ばれる景勝地に向かった。ゴゾ島は、マルタ島よりも比較的緑に恵まれ、耕地も見受けられ、リゾート地といった雰囲気だ。アズールウィンドーでは、風と波の浸食により石灰岩がアーチ状に造形され、その間から、青い空と紺碧《こんぺき》の海原を見通すことができた。近くに水深が六〇メートルある地点もあり、既に、大勢のダイバーたちで賑《にぎ》わっていた。ガイドに聞くと、地中海は塩分濃度が高いため浮かびやすく、重しを付けないと中々潜《もぐ》れないそうだ。

海岸近くの塩田を見た後、ゴゾ島の中心部にあるヴィクトリア（ラバト）の街に行くと、一七世紀に、度重なるオスマントルコや海賊の侵攻に備えて築造されたという大城塞があり、屋上に上ると三六〇度ゴゾ島の全貌《ぜんぼう》を望むことができた。城を出て、エビ、ムール貝、たこなどのシーフードパスタ（ちなみに、蟹は沢蟹ぐらいしかいないので食さないそうだ）を食べた後、紀元前四千年に築造されたというシュガンティーヤ神殿に向かった。ここは、巨人女性崇拝の発祥地ともいわれ、伝説によれば巨人女性サンスーナがこの神殿を造ったということだった。マルタへ来て一六キロ太ったというガイドが、展示された巨人女性の想像模型を見て「私も人のことは言えませんけど、夫には騙《だま》されたなんて、言われています」と冗談を放っ

巨人女性サンスーナ
（マルタ）

シュガンティーヤ神殿
（マルタ）

アズールウィンドー
（マルタ）

た。神殿の内部をよくみると、一つひとつの巨石が、壁や門など、用途に応じて精巧に加工されており、地中海文明の初期の頃に、既に、それなりの加工技術を獲得していたことが伺《うかが》えた。神殿を見た後、一六時前のフェリーでゴゾ島をたち、一七時過ぎにホテルに到着した。

突如、到来した最大のピンチ

九月五日（月）八日目、キプロスへの移動日である。朝食を空港のラウンジで済ますつもりで、七時にホテルを出て、前日予約したタクシーに乗り空港に向かった。チェックインカウンターの係が不慣れだったせいか、スーツケースをトランジットのアテネでピックアップせずキプロスのラルナカ空港までスルーするという手続きに少々手間取ったが、予定通りラウンジで朝食を取り、定刻九時半発のプロペラ機でアテネに到着した。そこで、アテネからラルナカ行きの航空券を受け取り、昼飯をラウンジで済ませ、一七時前の飛行機でアテネを飛び立った。ラルナカ空港へは予定通り一八時半に着いたのだが、誤算だったのは、ギリシャとキプロスは時差は同じだが、キプロスの方が東に位置しているため、日没は一時間近く早いことであった。アテネなら日没まで、まだ一時間半位あるのだが、ラルナカ空港に着くと、既に日が陰り始めていた（日が暮れないうちにレンタカーを借り、ホテルまで行くつもりであったが、もう余り時間がない）。空港を出てネットで予約したレンタカー屋を探すのだが、幾つもあって、中々見つからない。何件か回るうちに、窓口は見つかることは見つかったのだが、車は空港から少し離れた場所に置いてあるらしく、他の客とバンに同乗するよう促された。あたりは暗くなり始めて気が気ではなかった。

空港を出て五分ほどで、レンタカーの駐車している場所に着き、国際免許証を見せ手続きを済ませ、慌《あわ》ただしく車に乗り込むと、今度は「エンプティーなのでガソリンを入れていけ」と言う（日本では、満タンで返すのが常識ではないか。第一、ガソリンスタンドはどこにあるのか）。そうこうするうちに、心配が的中し、辺《あた》りはすっかり暗くなってしまった。「ガソリンスタンドの場所がわからない」と言うと「先導するから後について来い」ということで、ぶっつけ本番でハンドルを握り、空港近くのスタンドへたどり着いた。そのまま、置き去りにしようとするので、逃してはなるまいと、慌《あわ》てて「ガソリンの入れ方がわからない」と迫り、一〇ユーロ渡して、操作してもらった。次は、どうやってホテルに行くかである。先導したドライバーに聞くと「そんな名前は知らない」と言う。事前にグーグルで調べコピーしておいたラフな地図を見せると、それでもわからず「一五分位走った辺《あた》りにあると思うが、行ってみないとわからない」と繰り返すだけだ。やむなく、時計を見ながらその方向に行ってみるしかないと覚悟を決めたが、まず初めの第一歩である、このガソリンスタンドからホテルの方向へ行く主要道に出る方法が皆目わからない。「ここで逃げられたら、途方にくれてしまう」と思い、急いで車に乗り込もうとするドライバーを引きとめ、主要道への行き方をしつこく問いただし、何度も確かめた。

疑心暗鬼のまま、時計を見て一五分位走った所で聞けば、すぐに分かるだろうと腹をくくって、ガソリンスタンドを出発した。途中のサークル交差点も、マルタ島で頭の中でシミュレーションしたように、右側優先を意識しながらクリアーし、しばらくすると地図にあった塩湖が見えてきた（どうやら、方向は間違っていなさそうだ）。しかし、真っ暗闇で、車も疎《まば》らで、ひとっこ一人《ひとり》歩いていない。一〇～一五分走ったところで、行き過ぎてはまずいと思い、右折して明かりのついていた雑貨屋に入り、ホテルへ行く道を聞いてみることにした。レジのおばさんの返事は「はっきりとはわからないが、多分、ポリボックスを右折した方向だと思う」というものだった。しかし、少し走ってみたがポリボックスは見当たらない。やむなく、少し道幅のある道路との交差点を右折してみたが、徐々に暗くなるばかりで、とてもその先にホテルがあるようには思えない。仕方なく来た道に戻り、空港の方向へ引き返すことにした。数百メートル行ったところで、バイクの販売店らしき店があり、人影が見えたので、再度、尋《たず》ねてみることにした。すると「二つ目の信号の先のもっと空港よりを左に曲がったところ辺にある」と言う。その通りに走ってみるのだが、左に曲がる道は見つからず、もう少しで空港に戻りそうになってしまう。再度、街の方向に引き返し、ガソリンスタンドで給油している人を見つけ聞いてみたのだが、地元でないのでわからないと言う。

斯《か》くなる上は、同業者ならきっと知っているだろうと踏んで、向かい正面にあった「ＨＯＴＥＬ」の文字の灯《とも》る建物に行って見ると、おかみさんらしき中年の女性が、奥から家事の手を休めてわざわざ出てきてくれた。しかし、ホテルの名前を言っても首をかしげるので、コピーしてきたホテルのパンフレットに記載された電話番号を見せ、そこから電話してもらうことにした。電話が通じたので、確かにホテルはあることは確認できたが、どこかがわからない。おかみさんに行き方を聞いてもらい、その場で地図を書いてもらった（今度こそ見つかるに違いない）。お礼を言い、手書きの地図の通りに二つ目の信号のすぐ先の路地を左に曲がってみたが、そこは行き止まりであった。他に、曲がる道は、ありそうにない。しつこいと思われてもしょうがないと思ったが、再度、そのホテルまで引き返し、今度は、聞き違いがないように女房にも聞いてもらい、曲がり角を地図上で確かめた後、再び車を走らせた。しかし、目を凝らして左折する道を探したが、さっき曲がった道以外、どうしても見つからない。さすがに三度目はどうかとも思ったが、この際、恥も外聞も構っていられない状況なので、藁《わら》にも縋《すが》る気持ちで、再度、そのホテルに引き返した。必死の形相《ぎょうそう》で中に入ると、それを見て気の毒に思ったのか、そのホテルのおじいちゃんが車で先導してくれることになった。後をついていくと、二つ目の信号を過ぎ、しばらく空港方向に行ったところに斜め左に入る細い道があり、そこを行くと、曲がりくねった道の先に、そのホテルはあった。通りに面していない住宅街の中のホテルのようだ。とても、貰《もら》った地図だけでは行けそうもない所だ。お礼にと二〇ユーロ渡そうとしたが、そのおじいちゃんは首を横にふって受け取らず、車をUターンさせ帰っていった。二人して、車の過ぎ去る方向に、深々と頭を下げた。時刻は、もう二一時を回っており、二時間近くホテルを探し、彷徨《さまよ》っていたことになる。ホテルは、空港に近いという条件で選んだが、滞在型のアパートメント型式で、寝室の他に、居間と自炊できるキッチン、バルコニーがあり、確かにスペースは広かったが、簡素な作りで、ギリシャのホテルよりもさらに劣る感じがした。

その日は、心身ともに消耗し、夕食を食べる気にもならず「明日のことは少し寝てから、また考えよう」と、シャワーを浴びベッドに入った。マルタ島のガイドが、キプロスでレンタカーで移動すると話した時「チャレンジングですね」と言った意味が、身に染みるようであった。先行きを考えると、とても眠れる心境ではなかった。

滞在型への切り替え

来るまでは、キプロスは日本と同じ左側通行なので、サークル交差点さえ慣れれば、問題ないと思っていた。しかし、よく考えれば、航空便、ホテルや現地ツアーでおきるトラブルに比べ、車の運転は「事故」という次元の違う大きなリスクがあるのは、自明のことである。昔、若い頃、二人でアメリカのラスベガスからサンフランシスコまで千キロ余りを、レンタカーを借りて走破したことがあった。しかし、それから倍の年月が経過している。もう、りっぱなシニアである。「ここは、年寄りの冷や水にならないように、日本人ガイドがたった一人しかいないというこの国で、万が一のことを考えると、自粛《じしゅく》するのが賢明かもしれない」と思えてきて、翌日九月六日（火）九日目の朝、女房とも話し、一二〇キロ先のパフォスへのドライブはやめることにした。車のナンバーが４９９であったことも引っかかった。早速、フロントでパフォスのホテルをキャンセルしてもらい、満足とはいえないが、今更、別のホテルを探すのも億劫《おっくう》なので、ここに三泊することにした。ホテルで地図をもらって見ると、ラルナカにも片道二、三キロの所に博物館や観光名所はある。それならば、普段、夕食後に腹ごなしに散歩するよりも短い距離なので、車をホテルの前に置き、徒歩でラルナカの市内観光をすることにした。

身支度をしてホテルを出ると、周りは昨晩の暗闇の中の景色とは打って変わって、五、六階建てのマンションが立ち並ぶリゾート地といった感じの所で、直ぐ近くに飛行場も見えた。確かに、大通りからは少し奥まってはいるが、とても行き先が分からず、二時間近く彷徨《さまよ》った所とは思えない。二百メートルほど歩くと、海辺へ出ることができた。遠浅の海には、ちらほら海水浴を楽しむ人の姿も見えた。海沿いの道には遊歩道が整備されており、日差しは徐々にきつくはなってきたが、街路樹の木陰に入ると、思いのほか涼しいくらいである。海風に吹かれながら二キロほど行くと、一方通行になり、その先に中世の砦《とりで》、ラルナカ要塞《ようさい》があった。そこから、ほどない所にあった小さなファーストフード店でサンドウィッチの昼食を取った後、地図を頼りに、ピエリデス考古学博物館、ラルナカ考古学博物館まで歩いた。街中の道は、敵からの侵攻を防ぐ為、複雑に曲がりくねっており、道幅も狭く、一方通行も多い。時折、赤いナンバーなのでそれとわかるレンタカーが、どちらへ行っていいかわからず、立ち往生しているのに出くわした。日本でツーリストに確認した時は「キプロスの観光地はどこにも駐車場がある」と言っていたが、路上駐車が当たり前で、近くに駐車場があったとしても、そこへ行くのが一苦労のようであった（徒歩で来たのは正解かもしれない）。二つの博物館には、この島で発掘された、紀元前三千年頃からの出土品が展示されていた。中には、人の背よりも高い大きな壺《つぼ》もあった。帰りは、地下にあるローマ時代の墓が見学できる聖ラザロ教会に寄って、また、海岸沿いの道をホテルまで戻った。歩き疲れたので、その晩は外には出ず、ホテルの下のレストランで、ギリシャ風サラダ、ラビオリ、ポテトフライをいただいた。

出土された大きな壺
（キプロス：ラルナカ）

ラルナカ要塞
（キプロス）

ビーチでの浮遊トライアル

翌日九月七日（水）一〇日目の朝、四時過ぎに起き、レンタカー屋まで下見に行ってみることにした。八時前の帰国便に間に合わせるには、早朝五時頃に空港に行かなければならないので、暗い中、万が一でも、来た時と同じように道に迷ってしまったら、飛行機に乗り遅れかねないと思ったからである。レンタカー屋までは二キロほどであり、五時を過ぎると薄明るくなってきたので、何とかたどり着けた。しかし、一カ所、手前のサークル交差点で左折してしまい間違えそうになった（やはり、確かめておいて良かった）。ホテルに戻り、部屋で米を炊き朝食をとった後、折角《せっかく》、地中海へ来たのだから、少しだけでも海に入ってみようということになった。マルタ島のガイドから地中海は塩分が濃いと聞いていたので、カナヅチの身としては「もしかしたら浮くのでは」と思え、試してみたい気持ちもあった。明日は帰国日なので、水着を乾かす時間を考え、午前中に海に行くことにした。フロントでタオルと敷物を借りビーチへ行くと、既に数組、海水浴客がいた。足を浸けると、まだ一〇時過ぎなのに水は暖かく寒さは感じない。舐《な》めてみると、日本の海水よりは、ややしょっぱい気がした。遠浅なので、安心して五〇メートルほど先の沖合まで進み、海水に肩まで浸かり足を浮かせてみたが、幾分浮きやすい気はしたものの、身体は沈んでいき、二〇一四年の夏にヨルダンで体験した「死海での浮遊体験」のような摩訶不思議な感覚を味わうことはできなかった。

ラルナカのビーチで
（キプロス）

肌を焼きすぎると、後が大変ということで、二時間弱で切り上げホテルで着替えを済ませ、近くのレストランへ行き、シーフードピザの昼食をとった。帰りは、その店で聞いた小さなスーパーマーケットへ行き、夕食用の野菜と、土産用に塩を購入し、夕刻にはホテルに引き返した。その晩は、明朝早いこともあり、荷物をあらかた梱包《こんぽう》し、二一時頃には床に就いた。

事前確認も鵜呑《うの》みにはできないもの

九月八日（木）一一日目、四時過ぎに起き、五時前にホテルを出てレンタカー屋に着くと、しばらくして、借りた時と同じ兄ちゃんがやってきた。向こうもこちらを覚えていたようで「どうやら、何とか無事に帰ってきたようだ」と言いたげな表情をしたので「ラルナカだけだったので、ほとんど乗っていない」と話すと、距離計を見て、少し笑って頷《うなず》いていた。空港まで送ってもらい、チェックインの際、スーツケースをトランジットのアテネをスルーし、成田でピックアップできるように頼んで見たが、アテネで一旦ピックアップし、再度、搭乗手続きをしなければならないことになった（日本で航空会社に問い合わせた時は、提携会社同士なので可能と言っていたが。乗継時間を多めにとって計画しておいて良かった）。ラルナカを、定刻七時四五分に経ち、アテネ、アブダビを経由し、翌九月九日（金）一二日目の昼過ぎに成田空港に到着した。アブダビ～成田間は、行きと違い日本人のツアー客も大勢いて満席であった。

今回、思い切って、航空便、現地ツアー、ホテルなど、全て、ネットで予約するという、自分にとっては、チャレンジ旅行を試みた。大方は予定通りにいったが、レンタカーのケースのように予想通りにいかなかった部分もあった。マルタ島のホテルで、事前に支払いが済んでいるかどうかをチェックしてきたはずであったが、前払いされていないと突っぱねられ、うっかり事前の支払い記録はデポジットだったのかと思い、その場でクレジットカードで支払いをしてしまった。帰国後、クレジットの口座をチェックすると。早々にホテル側からの支払い請求が掲載されており、クレジット銀行に確認したところ、二重払いしている可能性があることがわかった。直ぐに、ホテルを予約したネット販売会社にかけ合いホテル側に問いあわせた結果、ホテルもそれを認め、九月一六日付で返金の手続きをとった旨、連絡があった。しかし、一〇月、一一月になっても一向に返金がなされてこない。予約会社を通じて再三再四、振り込み伝票の控えを送るように言っても、その都度「可能な限り早く」という返事が返ってくるだけであった（どこにでも「蕎麦屋の出前」はあるものだ）。結局、一二月になっても、事態が進展せず、先方が、こちらが諦《あきら》めるのを待って踏み倒しかねない気配が感じられたので、ネット販売会社では埒《らち》が明かないと判断し、クレジット銀行を通じてホテル側の現地銀行口座から、強制的に引き落としてもらうことにした。手続きの結果、返金がなされたのは一二月一五日であり、なんと三ヵ月を要してしまった（やはり、クレジットカードの支払明細書は、コピーして持参していくべきであった）。ことほど左様に、日本で事前確認したことでも、現地で話が違っていることは往々にしてあるもので、決して鵜呑《うの》みにしてはいけないと、今回の旅を通じて思い知らされた。

6 火山と熱帯雨林の地で生きる民の歴史

グアテマラ・ホンジェラス・ベリーズ・ニカラグア・エルサルバドル・コスタリカ・パナマ

思案の末の旅立ち

「こんなツアーがあるのか」。毎月送られてくる旅行会社のパンフレットの中から、アメリカンハイウェイをメキシコから南下しパナマに至る

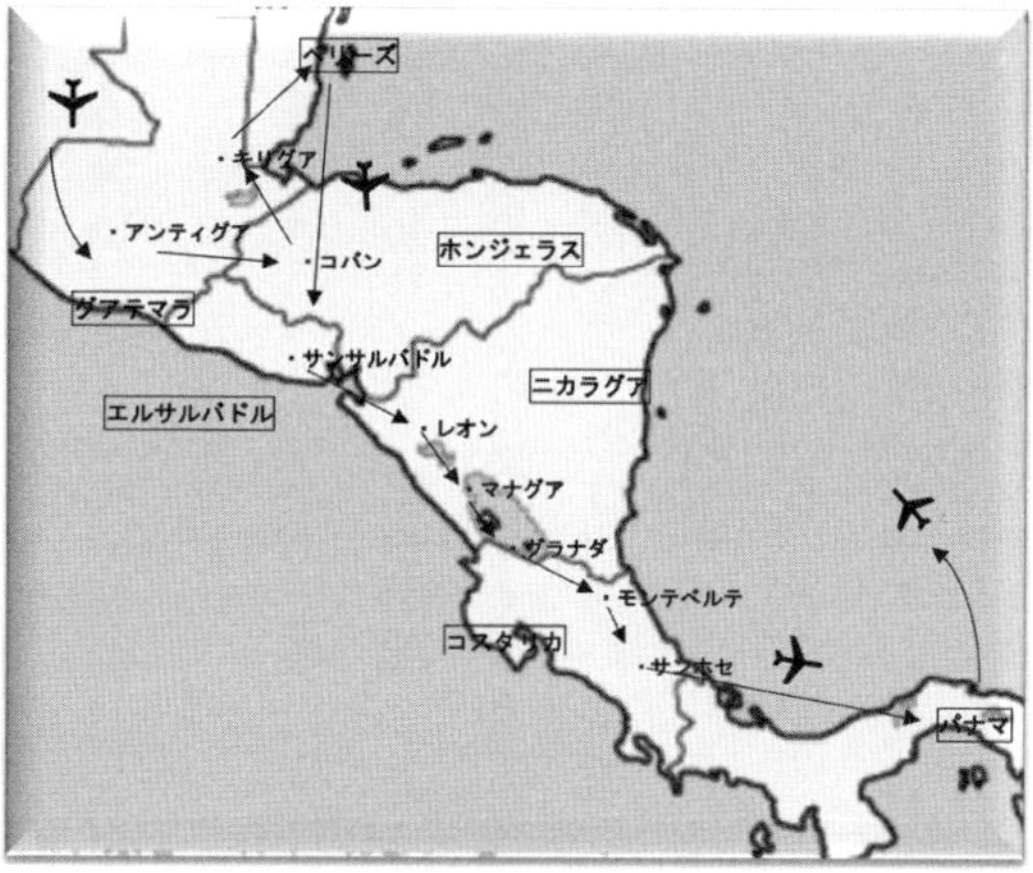

ルート図

旅程 2017年1月14日〜1月30日

日数	日付	訪問国	都市	観光
1	1/14(土)	出国	成田	
2	1/15（日）	グアテマラ	パナハッチェル・チチカステナンゴ	日曜露店市
3	1/16（月）	グアテマラ	アンティグア・グアテマラシティ	十字架の丘・カプチナス修道院・旧市街
4	1/17（火）	ホンジェラス	コパン	コパン遺跡
5	1/18（水）	グアテマラ	キリグア	キリグア遺跡
6	1/19（木）	グアテマラ	ティカル・フローレス島	ティカル遺跡
7	1/20（金）	ベリーズ	シュナントゥニッチ・ベリーズシティ	シュナントゥニッチ遺跡
8	1/21（土）	エルサルバドル	セレン・サンサルバドル	ブルーホール飛行・ホヤデセレン
9	1/22（日）	ニカラグア	レオン	レオンビエホ・英雄記念館
10	1/23（月）	ニカラグア	マナグア・グラナダ	共和国広場・ニカラグア湖
11	1/24（火）	コスタリカ	モンテベルデ自然保護区	
12	1/25（水）	コスタリカ	モンテベルデ自然保護区	バードウォッチング・キャノピー
13	1/26（木）	コスタリカ	サンホセ	国立劇場・コーヒー園
14	1/27（金）	パナマ	パナマシティ	パナマ運河クルーズ
15	1/28（土）	パナマ	パナマシティ	ビジターセンター・パナマビエホ
16	1/29（日）	メキシコ	メキシコシティ経由	
17	1/30（月）	帰国	成田	

中米七カ国を巡るツアーを見つけたのは、数年前であった。よく調べると、複数の旅行会社で同様のツアーが組まれていることがわかった。古代のマヤ文明の遺跡を巡るいかにも魅力的なツアーで、いつか行って見たいと思ったが、費用が一人百万円近くかかり、日数も二〇日前後と長いので、当分は難しいと考えていた。二〇一六年、それまで介護施設に入っていて旅行に行く度に気がかりであった義母が他界し、長旅も可能になった。その一方で、半ば、年金生活に入ったこともあり、資金も限られてきて、二人で二百万近い出費となるので二の足を踏んでいた。ならば、個人旅行ならもう少し安く上がるのではと考えたが、一筆書きのように各国の観光地を訪れ、その移動手段として、公共のバスを利用するというのは、いかにも非効率的だし、自力で国境を通過するのは容易《たやす》くなさそうである。それに、スペイン語圏なので日本語のガイドをその都度雇うとなると高くつくのは間違いない。せめてもう少し安いツアーがあればと考えて、ネットで中米の旅行記を眺めていると、その中に、これまで聞いたことのない旅行会社が、内容的に遜色《そんしょく》ないツアーを、一人七〇万円前後で出していることがわかった。旅行記を見る限り若いバックパッカー相手というわけではなく、ほとんどが同年輩の普通のシニアばかりである。思い切ってなぜ安いかその会社に問いあわせてみると「宣伝広告は最小限に留め、クレジット会社を使わないなどして経費を節減している」と言う（電話対応も良く、怪しげではない）。それでも残り少ない旅行貯金をはきだすことには少し躊躇《ちゅうちょ》したが、百カ国を目指す身としては、一遍《いっぺん》に七カ国は捨てがたいし、どうせ行くなら体力的にも早いうちがいいと判断し、思案の末、その会社のツアーに申し込むことにした。

先住民の暮らす街

正月の行事も一段落した一月中旬の一四日（土）一日目、スーツケースの無料宅配付きのツアーだったので、リュックのみを背負って、久しぶりにスカイライナーで成田に向かった。集合時間の少し前にデスクに行くと、三〇代と思われる細身の大きめの眼鏡をかけた添乗員が待っていた。Ｅチケットとともに渡された資料の中に、最近では珍しく参加者名簿が入っていた。ツアー客は、夫婦が三組、一人参加の男性が六名、女性が二名の計一四名と、手頃な人数であった。搭乗手続きの際、通路側を指定したため、四千円の追加料金を請求されたのには少し驚いたが、出国手続きもスムーズに済み、飛行機はほぼ定刻に成田空港を飛び立った。途中、メキシコシティで乗り継いだ後、一時間半ほどのフライトで、一ヵ国目グアテマラの首都、グアテマラシティに到着した。空港に迎えに来ていた、浅黒く小柄な日本人女性の現地ガイドとともに、バスで一時間ほど走ると、ホテルのあるアンティグアに到着した。案内された部屋には何と暖炉があり、暖かい炎が長旅の疲れを癒《いや》してくれた。

一月一五日（日）二日目、ホテルを出てカーブの多い山道をバスに揺られ、先住民の文化が色濃く残る標高二〇三〇メートルの高原都市チチカステナンゴを目指した。道すがら、ガイドの話の中に「幻の鳥ケツァール」という言葉が再三飛び出した。つい最近、日本のテレビ番組の「ケツァールを探そう」という番組のロケにも同行したそうだ。グアテマラの通貨単位にもなっているようで、この地域に住む人で知ら

アンティグアのホテルにて
（グアテマラ：アンティグア）

ない人はいないようである。事前にガイドブックには目を通したつもりでいたが、うっかり見落としていたようだ（どうやら、今回の旅のキーワードの一つになるような予感がした）。途中、三時間ほど走ったところで、今も民族衣装の男性が行き来するソロラという小さな街に立ち寄り、昼前に、三つの火山を背景に穏やかな湖面の広がるアティトラン湖畔の街、パナハッチェルに着いた。狭い通りの両側に土産物を売る店や屋台が軒を連ねており、自由時間を利用し、以前エクアドルの土産として評判の良かった皮のベルトを、息子たちの土産に買い求めた。そこから、さらに一時間ほど走ると、目的地チチカステナンゴに到着した。昼食を済ませ外へ出ると、丁度、周囲の村々からカラフルな民族衣装の先住民たちが集う日曜市が広場で開かれていた。それを挟んだ二つの教会を見た後、ガイドに連れられ、ごった返す日曜市の中に入ると、刺繍《ししゅう》を施《ほどこ》した小物や敷物などが、ところ狭しと陳列されていた。その内の一軒に入り、バスの中で聞いた「ケツァール」の刺繍《ししゅう》が中央に入った織物を購入した。帰りがけに、近づいてきた織物の売り子からテーブルクロス用にと大きなサイズのものも買った。いずれも、先方の言い値は見送り、追いかけてくるのを待って、こちらの言い値までディスカウントして手に入れた（それでも、さらに買わないかと帰りのバスまで、同じ売り子が追いかけてきたのには閉口した）。帰りは約百キロの道のりを三〜四時間かけてアンティグアの街まで引き返した。

チチカステナンゴの日曜市
（グアテマラ）

アティトラン湖畔にて
（グアテマラ：パナハッチェル）

一月一六日（月）三日目、朝六時半、朝食のためホテルのレストランへ行くと、一人参加の六〇前後の男性が現れるやいなや、ツアー客達が「明けましておめでとう」と声をかけている。「正月はとっくに過ぎたのに」と懸念顔で見ていると、少したってことの次第がわかった。前の日、観光を終えて帰ってきたロビーで、その男性客が盛んに現地ガイドに何か注文をつけていたのを思いだした。記憶している三桁の番号をあわせてもスーツケースが開かないので、どうにか手立てはないかと現地ガイドに相談していたのだ。それが、今朝、開いたということで皆が「開きましておめでとう」と言っていたのだ。後で、その男性客から聞いたが、添乗員は「００１から９９９」まで三桁の番号を全てトライしたというのだ（見上げたものである。そういえば、昨日の夕食の時、ステーキの焼き具合を一人ひとり聞いていた。手抜きをせず、労力を惜しまない性格の人のようだ）。

その日は、遅めの九時にホテルを出て、アンティグアの街に繰り出した。初め「十字架の丘」と呼ばれる高台に上ると、富士山に良く似た形のアグア火山を背景に、一五～一八世紀のスペイン統治時代に、格子状に整備された街並みを見ることができた。丘を下り、両側にコロニアム風の家々の立ち並ぶ石畳の道を行くと、カテドラル（聖堂）や一七七三年の地震で崩壊した修道院跡を見ることができた。その内の一つ、カプチナス修道院に入ると、修道女たちの如何にも狭い小部屋があり、親子の縁を切り、外の世界と一切接触することが許されず生涯を送ったという修道女たちの生活を、伺《うかが》い知ることができた。現代から

十字架の丘
（グアテマラ：アンティグア）

思うと、いかにもストイックな話ではあるが、その後、現地ガイドが「これには裏がありまして」と前置きして「実は、修道女の修道院と、修道士の暮らす修道院との間にトンネルが掘られ、密会がなされたという証拠が近年見つかり、授かった乳児を葬る穴まで発見されています」と続けた。初め、立派ではあるが、随分非人道的な話のように思えたが、それを聞いて何だか救われたような気がした（やはり、自然体が一番である）。

昼食後、地元のスーパーで二百グラム入りのグアテマラコーヒーを数袋買い求め、土産物屋で民族色豊かな織物の小物を仕入れ、一時間半かけて現在の首都グアテマラシティに向かった。市の中央に、スペインに統治された都市に共通して見られる広い公園があり、周囲には政治、宗教、経済を司《つかさど》る建物が集積していた。公園の中央には「ケツァール」の絵柄を中央に描いた国旗が、風を受け勢いよくたなびいていた。

四連ちゃんのマヤ遺跡巡り

一月一七日（火）四日目、午前九時、これから数日間にわたりいくつかの遺跡観光をスタートするにあたり、マヤ文明のアウトラインを頭に入れておく方が理解し易いと、グアテマラシティにある国立考古学博物館を訪れた。館内には、各地の古代遺跡から出土した、石碑や土器、ヒスイ製の仮面などの工芸品が

カプチナス修道院
（グアテマラ：アンティグア）

ケツァールの絵柄の国旗
（グアテマラ：グアテマラシティ）

年代別に陳列されていた。そこから、約三百キロ先の二カ国目ホンジェラスの国境まで、時間が惜しいので昼食は車内にて弁当で済ませ、六時間かけて走り、なんとか予定通りたどり着いた。しかし、グアテマラ出国までは思いのほか早く行ったのだが、その後、ホンジェラスへの入国審査場に行くと、麻薬の取り締まりに手間取っている様子で、車が一向に動かない。いつ動くか先の見通しが立たない中で、やむを得ず、これまでお守りにしていた携帯トイレに、席が一番後部であったこともあり、初めてお世話になった。それからしばらくして、やっと車が動き出したが、国境通過になんと二時間余りを要してしまい、コパン遺跡に入ったのは閉館の一六時すれすれであった。遺跡内には、紀元五世紀から九世紀にかけて、一六代にわたり栄えた王たちの、優雅な装飾の施《ほどこ》されたステラ（石碑）が立っていた。その内の多くは、一三代目の通称一八ウサギ王（ガイドによると、一八は、息子でなく孫が継承したので、母体にいる九ヶ月の二倍という意味らしい）と呼ばれた、ワシャクラフン・ウバフ・カウィル王によるもので、石碑の他に、奉納競技が行われた球戯場などもあった。球戯場には、左右対称の石造りの斜面があり、その間でゴム製の球を蹴鞠《けまり》のようにして扱い、部族が相対して球を落としあうゲームのようであった。驚いたのは、なんと、勝者のリーダーが試合後、神殿で首を切られ神に命を捧げる儀式が行われていたということだ。それが、部族間の抗争の激しかった時代は、名誉なことと考えられていたらしい。しかし、時代の変遷とともに、考え方も変わり、敗者が命を捧げるよ

ヒスイ製の仮面
（グアテマラ：グアテマラシティ）

うになっていったとのことだった。いくつもの神殿に囲まれたアクロポリスなど、人気《ひとけ》のない敷地内を一巡し、落日が迫る中、追われるようにして、急ぎ足で遺跡を後にした。

一月一八日（水）五日目、朝七時半、ホンジェラスのコパンを出ると、まもなくグアテマラとの国境に差し掛かった。来た時と違い、国境はスムーズに通過でき、二百キロ先のキリグア遺跡を目指した。途中、トイレ休憩に立ち寄ったガソリンスタンドで、現地ガイドの勧めで香ばしいピーナッツを、土産に四袋購入した。傍《かたわ》らでは、地元の人々がコーヒー豆を種分けしたり、布を織ったりしていた。そこから、二時間ほどでキリグア遺跡に到着した。キリグア遺跡は、モタグア川沿いの湿地帯のため、虫除けスプレーを手足に入念に施《ほどこ》し、遺跡内に入場した。入口で「キリグアは、コパンの支配下の衛星都市であったが、例の一八うさぎ王を奇襲し捕え処刑することにより、一気に歴史の舞台に踊り出た」と、現地ガイドがマヤ時代の血生臭い抗争の歴史を説明してくれた。敷地内には、藁葺《わらぶ》きの屋根に守られて、背の高いステラ（石碑）が林立していた。複数の動物を合体させたような様相の異様な獣形祭壇もあった。昼食後、約二百キロ先のフローレス島を目指し、約四時間バスを走らせた。途中、バナナ農園で、ガイドがバナナを房ごと約四百円で買い求め、皆で分け合い、エネルギーを補給した。小ぶりではあっ

コパン遺跡のステラ
（ホンジェラス）

キリグア遺跡の獣形祭壇
（グアテマラ）

たが非常に甘くておいしかった。

一月一九日（木）六日目、ホテルから一時間半ほどで、今回の旅のハイライトの一つ、古代マヤ文明の最大規模の都市「ティカル遺跡」に到着した。入場すると、早速、そびえたつマヤ民族にとっての「聖なる木」、セイバの大木に出くわした。その横を通過して歩を進めると、紀元一世紀から九世紀にかけて、最盛期には三千を超す建物があり六万人が居住していたといわれる、マヤ文明の都市遺跡の神殿のいくつかが見え始めた。さらに、密林の中の小道をしばらく行くと、グラン・プラザと呼ばれる広場に行き着き、両側に急勾配に積み上げられたⅠ号神殿と「仮面の神殿」と呼ばれるⅡ号神殿がその雄姿を現した。記念写真を撮った後、少し先の高さ六五メートルを誇るⅣ号神殿に上ると、大勢の観光客がところ狭しと集まっており、一面の密林の樹海の中に、いくつかの神殿の飾り屋根の頭部が点在しているのを見ることができた。昼食後、博物館に立ち寄った後、フローレス島まで引き返した。まだ、日暮れ前の一六時過ぎに到着したので、夕食までの時間を利用し、島を徒歩で二〇分ほどかけて一周し、途中、立ち寄った土産屋で、以前、ガラパゴス島で手に入れたシャツが好評だったので、同様の現地風のデザインのものを二着、買い求めた。

バナナ
（グアテマラ）

ティカル遺跡のグラン・プラザ
（グアテマラ）

一月二〇日（金）七日目、七時半ホテルを出て二時間ほど走ると、グアテマラと三ヵ国目ベリーズとの国境に差し掛かった。バスを降りスーツケースを引きずって国境を通過し直ぐのところに、シュナントゥニッチ遺跡があった。連日の炎天下の遺跡観光で体調を崩し、バスに居残るツアー客も出てきた（脱水症状で、昨夜、医者に行った人もいたようだ）。その人に付き添った添乗員をバスに残し、フェリーで川を渡り、小型バスに乗り換え遺跡に向かった。しばらく行くと「石の女王」と呼ばれる保存状態の良い遺跡が姿を現した。敷地内のピラミッドの壁面には装飾が残っており、マヤの人々の生き生きとした姿が刻まれていた。ふと石積みの傍《かたわ》らを見ると、ガラパゴスのものとは違う、石積みと同系色の灰色をしたイグアナが、我々のことを知ってかしらずか、じっとしていた。昼食を済ませバスに乗り二時間ほどでベリーズシティーに到着した。グアテマラと異なり、古い木造家屋が多く、けして裕福とはいえない佇《たたず》まいである。イギリス統治時代の総督府やカテドラルを外観した後、地元のスーパーに立ち寄った。夕方の買い物客で賑《にぎ》わっていたが、英語を話す黒人ばかりで、グアテマラとは打って変わって、いかにもカリブの国という雰囲気であった。

Ⅳ号神殿からの眺望
（グアテマラ：ティカル遺跡）

シュナントゥニッチ遺跡の
イグアナ
（グアテマラ）

忽然《こつぜん》と姿を現したブルーホール

一月二一日（土）八日目、楽しみにしていたブルーホール遊覧飛行の日である。朝、朝食をとりに行くと、添乗員が食堂と調理室とを行き来している（中日《なかび》を迎え、体調を崩す人も出てきたのを気遣《きづか》って、日本から持参したパック入りのごはんを準備しているようだ）。二人で一パック程度なので腹一杯とはいかなかったが、思いがけない御馳走に、皆、笑みを浮かべながら黙していただいた。身支度をして、一〇時のフライトに間に合うように、余裕を見て八時前にホテルを出発した。二組に別れセスナ機に乗り、飛び立つと、一五分ほどで、ベリーズバリアリーフの先に、忽然《こつぜん》と藍色の円形をしたブルーホールが姿を現した（洞窟や鍾乳洞が何らかの原因で水没して出来たそうだが、現物を目の当たりにすると、一面の海原に、なぜ、こんな円形のホールが出来たのか謎が深まる）。近づくと、ホールの淵に海上からの観光用の船が一隻浮かんでいた。左右どちらに座った客も撮影できるように、何回かブルーホールの上を旋回し、二〇分ほどして顧客が満足したのを見計らって、発着場に向け引き返した。

その足で、飛行場に向かい一二時過ぎの便で四ヵ国目エルサルバドルの首都サンサルバドルに向け飛び立った。サンサルバドルに着くと、時間の節約のため、

ホヤ・デ・セレン遺跡
（エルサルバドル）

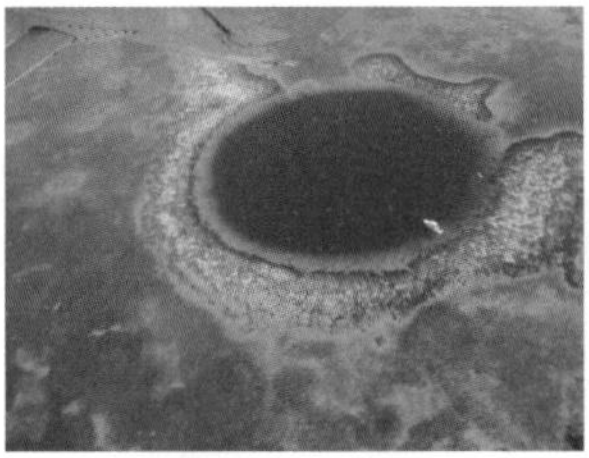

藍色のブルーホール
（ベリーズ）

セスナ機の前で
（ベリーズ：ベリーズシティー）

車内でボックスランチの昼食を済ませ、そのまま八〇キロほど先の、ホヤ・デ・セレン遺跡までバスを走らせた。この遺跡には、七世紀に度重なる噴火で埋もれた住居、集会所、浴場跡があり「中米のポンペイ」といわれているそうである。遺跡見学後、サンサルバドルに引き返し、中央のバリオス広場近くのレストランで夕食をとった。「マリスカーダ」という海鮮スープは、そろそろ肉料理に飽きてきた胃袋を存分に満たしてくれた。

未だ革命の匂い漂《ただよ》う街

一月二二日（日）九日目、早朝、八時半発の飛行機でエルサルバドルを経ち、五ヵ国目ニカラグアの首都マナグアに向かった。空港には、日本人の父とコスタリカ人の母を持つ二世の若い現地ガイドが待っていた。日本に住んでいたのは、幼少の時だけのようで、スペイン語を頭の中で日本語に訳しているために、時々、言葉が詰まるようであった。空港を出て、まず、スペイン統治時代に火山灰により埋もれたカテドラルや住居跡のあるレオン・ビエホ遺跡を訪れた。そこから一時間ほどで、一九世紀半ばまでニカラグアの首都として栄えたレオンの街に到着した。昼食後、カテドラルや革命英雄記念館を見て回った。記念館では、二〇世紀初頭のニカラグア革命（英雄サンディーノの名をとってサンディニスタ革命と呼ばれている）の際、民族解放戦線の一員として自らが戦い、その証拠に背中に手榴弾《しゅりゅうだん》を受けた傷跡があるという、いかにも革命戦士らしい胸

レオン・ビエホ遺跡
（ニカラグア）

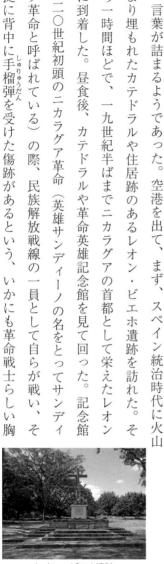

板の厚い肉付きの良い初老の男が、展示されている写真を指差しながら、当時の様子を熱っぽく語ってくれた。以前、ベトナムに行った際、ベトナム戦争当時、ベトコンが隠れていたクチトンネルが、今や、観光化しているのを思い出した。戦火の跡も、時代が変われば、観光資源になりうることを再認識した。

一月二三日（月）一〇日目、レオンを出て立ち寄ったマナグアでは、共和国広場で帽子を斜めに被った独特の風貌《ふうぼう》の革命の英雄サンディーノの像や、南米全体の独立の父と呼ばれるシモンボリーバルの像にもお目にかかった。マナグアを出て、昼食後、中米最大の湖、ニカラグア湖畔の古都グラナダに到着した。グラナダの街には、革命的なレオンの街に対して保守的といわれただけあって、スペイン統治時代から守り抜かれたコロニアル様式の建物や教会が立ち並んでいた。

革命の英雄サンディーノ像
（ニカラグア：マナグア）

一月二四日（火）一一日目、ホテルを八時に出発し二五〇キロ先の六ヵ国目コスタリカとの国境を目指した。到着するとものすごい行列が既にできていたが、六〇歳以上は優先の列があり、ツアー客の大半は早めに通過できた。しかし、添乗員と現地ガイドを含めた三人はどう見ても対象外で、厳格なコスタリカではニカラグアのような融通は利かず、結局、全員が通過するのに二時間近くを要してしまった。国境からさらに三時間半、観光客が日帰りされては困るということで、わざと未舗装のままというガタガタの山道を上り、夕暮れ時、熱帯雲霧林といわれる、始終、雲霧に覆《おお》われたジャングル、モンテベルデ自然保護区に到着した。

「幻の鳥ケツァール」参上

一月二五日（水）一二日目、早朝から「幻の鳥ケツァール」を探しに森の散策に出かけた。二時間ほど探索したが「ナマケモノ」や「クロシャッケイ」「キバシミドリチュウハシ」などいくつかの鳥の姿は見かけたが「ケツァール」は中々見つけられない。一〇年ほど前、ケニヤで動物をさがしてジープで草原を彷徨《さまよ》ったことを思い出した（鳥は空を飛び、地を這《は》う獣よりも逃げるのが容易なので、なおさら質《たち》が悪い）。やむなく諦《あきら》めかけて帰ろうとした時、大学時代生物を学んだという現地ガイドが本領を発揮し、仲間から情報を得て駆けつけると、緑、白、赤、黒、黄の鮮やかな配色の鳥が木々の間からかすかに見えた。ガイドの表情から、その鳥が紛れもなく「ケツァールの雌」であることを確認すると、早速、その姿をガイドが用意した望遠鏡を通して写真に納めた。昼食を挟んで、まず、バタフライガーデンへ行き、温室内に舞う様々な蝶を観察した。突然、生物に詳しいガイドが、青色の大きな蝶を手にとり、羽を広げて「フクロウに良く似ているので「フクロウチョウ」といいます」と説明した。そこを出て、キャノピーと呼ばれる、森の中に張ったワイヤーロープを滑車で滑るアトラクションにも挑戦した。ヘルメットと重い装備を身につけ、初めは恐る恐るであったが、なれるとスリル満点で、年甲斐もなく合計一三回、最長千メートル、密林の上を滑走して楽し

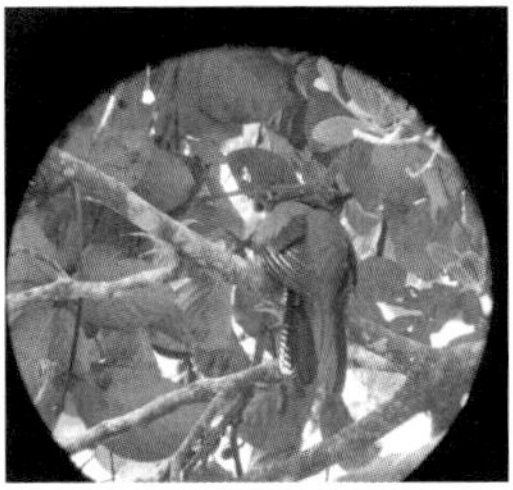

幻の鳥ケツァールの雌
（コスタリカ：モンテベルデ）

フクロウチョウ
（コスタリカ：モンテベルデ）

んだ。

一月二六日（木）一三日目、途中、道路工事により渋滞が予想されたので、モンテベルデ自然保護区のロッジを早朝六時半に出発した。三～四時間走って「中米のスイス」ともいわれる高原に位置するコスタリカの首都サンホセに到着した。まず、パリのオペラ座を真似た国立劇場内を見学した。中に入ると、コスタリカの紙幣にもなっている、コーヒー園の天井画などを見ることができた。劇場を出て、歩行者天国を歩き、少し行ったところに国立博物館があった。そこには、マヤ時代の先住民の暮らしの様子や、出土品が展示されていた。中には、どのようにして加工したか謎が残る「オパーツ」と呼ばれる球状の巨石が、いくつか飾られていた。見学を終えた後、昼食を挟んで、空港へ行く途中にあるコーヒー農園に立ち寄った。農園内の、コーヒーの木から摘み取った生のコーヒー豆の味は、甘酸っぱいものだった。農園見学後、試飲を行い、それぞれ、気に入ったコーヒーを購入した。空港は、農園から三〇分程度のところにあり、夕刻、二〇時前の飛行機に乗る予定であったが、重量制限に引っかかり、結局、添乗員が乗ることが出来ず、ガイドが全権を委任され、最後の七ヵ国目の訪問国パナマに向けて、コスタリカを飛び立った。コスタリカの空港に着くと、今度は、ガイドと二人のツアー客の荷物が、いくら待ってもターンテーブルに出てこず、やむなく、明日の便で持ってくるよう添乗員に連絡し、空港を後にした。旅の終盤戦のとんだハプニング

重装備でキャノピーに挑戦
（コスタリカ：モンテベルデ）

球体のオパーツ
（コスタリカ：サンホセ）

であった。

パナマ運河と元土木屋の独り言

一月二七日（金）一四日目、午前中、スペイン統治時代の古い街並みが残る、パナマシティ旧市街（カスコ・ビエホ）を散策した。この日は、なんとガイドがうっかりイヤホーンガイドをスーツケースに入れてしまっていたため、大声を張り上げての観光となった。フランス広場には、スエズ運河建設に成功しパナマ運河もと、最初にこの地に乗り込んだフランス人レセップスの像があった。旧市街を出てフラメンコ港まで移動し、そこから、混載バスで、一九一四年に貫通した長さ八〇キロのパナマ運河クルーズに向かった。バスで上流のガトゥン湖のガンボア港に着くと、既に、大勢の欧米人の観光客で賑《にぎ》わっていた。一二時に出港し、まず、アメリカンハイウェイの通るセンテナリオ橋の下を通過し、最初の閘門《こうもん》ペドロミザル門に着き、後続する船が入るのを待って、水位を二六メートルから一六メートルまで下げた。すかさず、閘門《こうもん》が開閉する迫力のある様子を写真に納めた。その後、海抜一六メートルのミラフローレス湖をしばらく航行し、その間に、グループごとに時間を決めてバイキングの昼食をとった。次の、ミラフローレス門には二つの閘門《こうもん》があり、八メートルずつ二段階で海水面まで水位を下げた。それからは、太平洋をゆっく

パナマ運河の閘門《こうもん》に入った船
（パナマ）

パナマ運河の閘門《こうもん》の開く様子
（パナマ）

りとクルージングしながら、一六時過ぎにフラメンコ港に戻ってきた。航行中、右手奥には、昨年完成した新パナマ運河を大型貨物船が通過する姿も見ることができた。その日は、今回の旅の最後の夜ということで、ホテルの部屋を貸し切りにして、豪勢《ごうせい》なビュッフェスタイルの夕食をいただいた。

一月二八日（土）一五日目、午前中、パナマ運河の建設当時から現在の運行状況までがわかるパナマ運河ビジターセンターを訪れた。まず、四階に上がって運河を船が航行する様子を見てから、一階の建設当時の状況が展示されているフロワーに入った。実は、旅に出る前から、明治時代に単身この地に乗り込んで運河建設に心血を注いだ「青山　士《あきら》」の記録が残されているのではないかと、密かに期待していた。しかし、あにはからんや、確かに、自然を相手に難工事に挑んだ建設当時の格闘の様子がわかる動画や、模型などはあったのだが、目を凝らして探してみたが、その中から「青山　士《あきら》」の痕跡は見つからなかった。「青山　士《あきら》」は、帰国後、荒川放水路の建設などに携わり、土木学会会長も務め、会の倫理要綱も策定した、知る人ぞ知る人物である。しかし、現地の人にとっては、異郷の地から来て完成を待たず帰国した東洋人「Ｏｎｅ《ワン》 ｏｆ《オブ》 ｔｈｅｍ《ゼム》」に過ぎないということなのだろう。少し、拍子抜けした気持ちで、二階、三階のフロワーに上がると、この地域の珍しい動植物や、船の運航の疑似体験などができる施設があり、一階のフロワーよりも、主に、欧米からの見学者でごった返していた（土木は、所詮、縁の下の力持ちというところか）。元土木を生業《なりわい》としていたわが身を振り返り、

パナマビエホ遺跡
（パナマ）

そう述懐した。センターを出て、市内近くにある一六世紀初頭にスペイン人により築かれ、その後、一七世紀にイギリスの海賊によって廃墟化したパナマビエホ遺跡に立ち寄った後、中華の昼食を済ませ、空港へ向かった。

タブレット片手のピカイチ添乗員

帰りは、パナマシティを一六時半に経ち、三時間半のフライトでメキシコシティに到着した。ラウンジで五時間強休憩した後、一月二九日（日）一六日目の深夜メキシコシティを出発したが、離陸するやいなや「偏西風の影響で安全のためアラスカ回りでなくハワイ上空を飛ぶので、予定より距離が長くなり、重量制限から給油が必要」との機内アナウンスがあり、メキシコのティファナに着陸した。「そんなぎりぎりの燃料で飛んでいるのか」と思ったが、安全のためなら仕方がない。後で添乗員に聞いたら、そうそうあることではないとのことだった。二時間後ティファナを飛び立ち、日付変更線を通過して、三時間半遅れで一月三〇日（月）一七日目の一〇時前に成田に到着した。

中米は、火山と珍しい動植物の生息する熱帯雨林の地で、マヤの時代から激しい部族間争いが繰り返され、近代においても植民地からの独立革命がつい最近まで継続していたという、常に抗争が絶えなかった所である。その一方で、火山の噴火など自然災害に再三見舞われたりしながらも、パナマ運河に代表されるように、大自然と格闘しながら近代化の道を歩んだ地域でもあることを、今回の旅を通じて知ることができた。

振り返ると、これまでの最長、一七日間の旅であったが、一四名のアットホームな雰囲気の中で、七ヵ国それぞれのカラーがあり、あまり時間の長さを感じずに過ごせた旅であった。何よりも、添乗員がピカイチであった。必要なことはタイミングを外さず伝達し、不必要なことは一切口にしない。すべてのツアー客一人一人に対して気配りが利き、フットワークが良く、労をいとわず、いつも小走りでかいがいしく動きまわっていた。帰国後、帰りの便で破損したスーツケースの証明書とともに「一七日間の旅の記録」が同封されてきた。旅行中、タブレットを肌身離さず持っていて、寸暇を惜しんで何やら打ち込んでいたが、きっと、その「旅の記録」も、忘れないようにと、メモしていたに相違ない。

7 民族紛争の痕跡《こんせき》と民主化への槌音《つちおと》

コソボ・マケドニア・アルバニア・モンテネグロ・ボスニアヘルツェゴビナ・セルビア

就活の合間を縫って出発

百ヵ国を目指す身としては、小さな国々の集まっているバルカン半島周遊は捨てがたく、近いうちに行きたいと、数年前から考えていた。時期としては、内陸なので寒い冬場は避け暖かくなってからだろうと思っていたところ、三月末から本格的にスタートする二〇万円前後の

ルート図

旅程 2017 年 3 月 28 日～ 4 月 6 日

日数	日付	訪問国	都市	観光
1	3/28(火)	出国	成田	
2	3/29（水）	コソボ	プリシュティナ	デチャニ修道院・ペーチ修道院
3	3/30（木）	コソボ / マケドニア	プリズレン / スコピエ	マザーテレサ博物館
4	3/31（金）	マケドニア	オフリド	サミュエル要塞・聖ヨハネカネヨ教会
5	4/1（土）	アルバニア	ベラート・ティラナ	ベラート城・千の眼・国立博物館
6	4/2（日）	モンテネグロ	ブドヴァ・コトル	ブドヴァ観光・コトル要塞
7	4/3（月）	ボスニアヘルツェゴビナ	モスタル・サラエボ	スターリモスト・ラティンスキー橋
8	4/4（火）		ヴィシェグラード	メフメドパシャソコロヴィッチ橋
9	4/5（水）	セルビア	ベオグラード	ベオグラード要塞・チトー大統領の墓
10	4/6（木）	帰国	イスタンブール経由成田	

格安ツアーが組まれていることを発見した。ネットで、その時期の現地の気候を調べると、一五度程度なので日本より若干寒い位であることがわかった。二〇一七年一月の中米旅行で、それまでに貯めた旅行貯金は、ほぼ底をついていたが、このツアー料金ならばその残りで何とか間に合いそうである（後は、現在進行中の再就職活動がうまくいけば、何とかなるだろう）。実は、その年の四月からは完全に年金生活に入る予定で、今後、海外旅行を続行するには、資金調達が必至であると感じ、年の初めから再就職活動を開始していた。

三月二八日（火）一日目、そんな状況の中、あらかじめスーツケースはプライオリティーパスを購入しているクレジット会社の無料宅配を利用し送っておき、出発前日までに、慌《あわ》ただしく再就職先の面接を済ませ、スカイライナーに乗り成田に向かった。成田に着き、スーツケースを受け取り、ツーリストのカウンターに行くと、初老というよりも壮年の眼鏡をかけた細身の添乗員が待っていた（事前電話のしゃがれた声からは、五、六〇代かと思っていたが、意外と若い）。同行するツアー客は、夫婦は二組だけで、大半が一人参加の男女で、計二三名であった。以前、三〇名を超す大所帯でコーカサスへ行った際、自己中心的なツアー客が多いのに閉口したが、今回はどうだろうか、一抹《いちまつ》の不安を覚えた。

護衛付きの修道院

その晩、二二時半に成田を経ち、途中、イスタンブールで乗り継ぎ、三月二九日（水）二日目の午前八時半、第一番目の訪問国コソボの首都プリシュティナに到着した。早速、大型バスに乗り込み、郊外にある修道院を目指した。添乗員が、挨拶の後、声を潜《ひそ》めるようにして「バルカン半島の中でも、皆様は、既に、ドブロヴニクのあるクロアチアやポストイナ鍾乳洞のあるスロベニアなど、アドリア海に面した西側の国々にはいらしたことがあると思いますが、そちらを陽としたら、陰といえるのが、今回訪れる国々です。ですから、ホテルにバスタブがないのは普通で、温水が出ないこともあるかもしれないので、どうか同じようには思わないでください」と前置きした。そんな添乗員の声に耳を傾けながら車窓に目をやると、人気《ひとけ》のない殺風景な景色が移り行くばかりで、車内は何だか暗い雰囲気に包まれた。途中、待ち合わせていた「せんだみつお」似の小柄な現地ガイドをバスに乗せ、初めに、モンテネグロとの国境に近いデチャニ修道院に向かった。コソボは、もともとセルビアの一部で、セルビア正教を信じるセルビア人により支配されていて、それに抵抗するイスラム教徒のアルバニア人の多くが虐殺《ぎゃくさつ》された。その後、ＮＡＴＯの支援を受けたアルバニア人が、二〇〇八年、ついに独立を果たしたわけだが、その過程で、今度は逆に多くのセルビア人の殺戮《さつりく》が行われたようだ。途中、道路の両脇には、このような長年にわたるコソボ紛争の犠牲者を葬った墓地を、いくつも見かけた。その結果、現在の人口は、九〇％以上がアルバニア人で、セルビア人は四％程度に過ぎないそうだ。そう考えると、セルビア正教の修道院がＮＡＴＯの軍隊により護衛されているというのも納得がいく。

デチャ二修道院
（コソボ）

修道院を護衛する NATO 軍
（コソボ）

山間に入ると、バス一台がやっと通れる細い道の先に検問所があり、ツアーメンバーリストを提出してデチャニ修道院へ向かった。修道院は塀で囲まれ、NATOから派遣されたイタリア軍が警備をしており、何やら物々しい雰囲気が漂っていた。「写真は、許可がでるまで決して撮ってはならない」と言われていたので、恐る恐る門を潜《くぐ》り中へ入ると、緑の芝生に囲まれた茶褐色の教会が見えてきた。教会の前で、二〇人いる修道士の中から案内役が来ると聞いたので、少し待っていると、茶色の修道着を纏《まと》った若い男が近づいてきた。自給自足というので、さぞや、やせ細ったヒュロヒョロの男かと思ったら、小腹が出た大柄な青年で、スピードのある流暢《りゅうちょう》な英語で、一通り教会内を案内してくれた。記念に、その修道院で造っているというワインを一本買い求めて、そこを後にした。次に向かったペーチ修道院には、同じ数の修道女が暮らしており、門を潜《くぐ》るとすぐに若い修道女が来て、教会内を案内してくれた。添乗員が、厳粛な雰囲気を醸《かも》し出すためなのか「いずれ、この人もこの床の下に眠ることになる（これは、勿論、その修道女の英語を訳したわけではないことは明らかであるが）」と言うので、一瞬、ヒヤッとした空気に包まれたが、その修道女は、明るくスマートフォン片手に説明を続けていた。「取り立てて、興味をそそられるもののないコソボの唯一の観光資源が、自分たちの嫌ったセルビア人のための隔離された修道院とは、皮肉なものだ」。そんなことを思いながら、ペーチ修道院を後にし、途中、市内に近いグラチャニツァ修道院に立ち寄った後、ホテルのあるプリシュティナへ戻った。

20人の修道女の暮らすペーチ修道院
（コソボ）

国も人もNEW《ニュー》　BORN《ボーン》

三月三〇日（木）三日目、午前中、宿泊したプリシュティナの市内観光に出かけた。道中「コソボ戦争には、近年の内紛の他に、もう一つあり、それは時代を遡《さかのぼ》ること約六百年前の一三八九年、アルバニアとオスマントルコ軍とが争った『コソボの戦い』です」と添乗員が教えてくれた。この戦いに敗れたものの、敵の大将を討ち取ったことで、祖国の誇りとして語り継がれている英雄スカンデルベグの像を、市の中央で見ることができた。観光を一一時前に終え、コソボの中で最も美しいといわれているプリズレンへ向かった、途中、二〇〇八年の独立を祝った「NEW《ニュー》　BORN《ボーン》」というモニュメントに立ち寄った。「『NEW《ニュー》　BORN《ボーン》』は最も新しい国という意味で、NとWの文字が倒れているのは、現在進行形を示していて、国民の六〇％が三〇歳以下の若者で、国が新しいだけでなく、人口の多くを将来のある若い世代が占めています」と、現地ガイドが笑みをこぼしながら誇らしげに語った（ベトナムでも見たように、戦火の後には、必然的に急激な世代交代が生じるということか）。プリズレンに着き、数え切れないほどの鍵で埋め尽くされた「愛の橋」を渡り昼食会場へ向かった。昼食後、二番目の訪問国マケドニアの首都、スコピエを目指して、バスを走らせた。

スカンデルベグの像
（コソボ：プリシュティナ）

「NEW　BORN」は最も新しい国
という意味（コソボ）

マザーテレサに二度会った男

コソボもマケドニアもＥＵに加盟していないため、出国と入国に一時間半近くを要し、スコピエに着いたときは、既に、一六時を回っていた。バスを降り、ヴァルダル川にかかる石橋を渡ると、その両側には、自国を誇示するためなのであろう、異様と思えるほど多くの銅像が林立していた。マケドニアは、アレキサンダー大王の生まれた国（正確には、現在はギリシャに位置する地域とのこと）ということで、広場の中央には、はためく国旗とともに大きな銅像があることが遠目にも確認できた。一九七九年ノーベル平和賞を受賞したマザーテレサも、活躍したのはインドだが、生まれはマケドニアということで、その生涯を綴《つづ》った博物館にも立ち寄った。イスラム教徒が多い中で、珍しく父親がカトリックの信者だったので、その影響を受け修道女となったという。初め、インドのミッションスクールの先生をしていたが、それに飽き足らず、貧しい人々の現状に接し「死を待つ人々の家」を自ら立ち上げたとのことだ。写真を凝視すると「なるほど年をとっても衰えない奇麗な目をしている」と思いながら、ここへ来るバスの中で添乗員が「実はマザーテレサに二度あったことがある」と言ったことが気にかかっていたので聞きただしてみることにした。すると「一度目は、七〇年代の学園紛争の真っただ中、大学進学を諦《あきら》め四年間の世界放浪の旅に出た

アレキサンダー大王像
（マケドニア：スコピエ）

マザーテレサ像
（マケドニア：スコピエ）

時で、一二〇ヵ国位回ったと思いますが、途中、六カ月位、インドで路上生活をしていた時、二度目は現在の仕事についてから通訳として会いました」という返事が返ってきた。「となると、若くは見えたが、ほぼ同じ世代ではないか、どうりで、すぐ後ろの席に座った時、よく見ると地毛にしては不自然な黒髪だったのか」と思い、失礼とは思ったが、さらに詰め寄ると、添乗の合間に染めていることを白状した。「それにしても、この添乗員、英語のできる、少しぼそっとした地味な感じのおじさんかと思っていたが、それなりにポリシーのある男かもしれない」と、思えてきた。

戦火を免《まぬが》れた宗教都市

三月三一日（金）四日目、スコピエから湖畔の宗教都市オフリドまでは四時間近くを要した。その間、添乗員が、ヨハネの弟子となったキリストの生涯から、キリスト死後の弟子ペテロやパウロによる布教活動と迫害、ローマのコンスタンティヌス帝による国教としての承認、西のカトリックと東のオーソドックス（正教）との分離など、キリスト生誕から中世に至るまでのキリスト教の変遷をわかりやすく解説してくれた。イスラム教に関しても「今はＩＳなどのテロで危険視する向きもあるが、本当は人間生活にとって大事なことも説いている」と前置きして、五つの戒律の今日的意味を自分なりに解釈して見せた。「一番目の一日五回行われる祈りは、権利としての休息、リラックスのため、二番目の施《ほどこ》しは、福祉の精神を呼び起こすため、三番目の聖地巡礼は孤独からの解放のため、四番目の神（アラー）への帰依《きえ》は、倫理的行動の醸成のため、五番目のラマダンは、いかなる時もパニックに陥らないため」というもので、いずれも、心の平静を保つためのいわば養生訓だというのだ。説明の間、自家製の「あんちょこ」を時々ちらっと見ながらとはいえ、ほとんど、諳《そら》んじているようだった。初め、年のいっている男の添乗員は珍しいと思っていたが、どうも、たまたま空いていて、このコースの添乗員になったのではなく、このコースだからこそ、この添乗員になったのだと思えてきた。若い女性の添乗員では、似つかわしくないコースであることに、いまさらながら気づかされた。

不気味に顔を覗《のぞ》かせたトーチカ

オフリドに到着すると、天気も良く、湖の畔《ほとり》の公園には仮装した子供たちが集まっていて、何やらイベントが開催されていた。現地ガイドと落ち合い、人家の間を縫うようにして坂道を上り、丘の上のサミュエル要塞を目指した。途中、ローマ時代に造られたという円形競技場の横を通り、三〇分ほどで要塞の入り口に到達した。要塞の上に上ると、青く澄んだオフリド湖と橙色の瓦屋根で埋め尽くされた宗教都市の全貌《ぜんぼう》を見ることができた。この街は、中世からキリスト教文化の中心として栄えたということもあり、数々の内戦も免れたとのことであるが、なるほど、戦火の跡はどこにも見当たらない。要塞を出て、林の中の未整備の小道を下ると、二〇分ほどで、小さな聖ヨハネ・カ

サミュエル要塞
（マケドニア：オフリド）

聖ヨハネ・カネヨ教会
（マケドニア：オフリド）

ネヨ教会に着いた。そこから、一人二ユーロを払いボートに分乗し、元の公園まで五、六分で戻った。

しばしの休憩の後、バスに乗り、第三番目の訪問国アルバニアを目指した。国境までは三時間かかり、そこを通過すると、道路の両脇の斜面に、いくつものトーチカ（コンクリートで警固に構築され、内部に砲座を備えた防御陣地）が不気味に顔を覗《のぞ》かせていた。この国には全国で数十万個のトーチカがあるという。そこからホテルまでは、さらに一時間余りを要した。ホテルは、まだ内装が出来上がったばかりのようで、飾り気がなく、工場跡地を利用して建てられたようで、裏窓から覗《のぞ》くと、廃墟と化した倉庫を見ることができた。添乗員が再三言っていたように「社会主義が崩壊すると、先ず競争力のない工業が衰退し、工場が廃業に追い込まれる」というのは、どうやら本当のようだった。

山腹に不気味に顔を覗《のぞ》かせるトーチカ（アルバニア）

社会主義は遠くなりにけり

四月一日（土）五日目、ホテルを八時に出発し、午前中、小高い丘の上にあるベラート城を見学した。ここは、その基礎は古く紀元前四世紀に祖先のイリュリア人により築かれたもので、その後、ヴィザンチン時代やオスマン朝時代に建てられた教会やモスクなどがあった。キリスト教を国教に定めたコンスタンティヌス帝の頭像もあった。城内には、二千五百年間にわたり多くの人が住み続けているそうで、歩いていると、遺跡の間から時々、住民が顔を覗《のぞ》かせる。城から遠方を望むと、標高二四〇〇メートルのトモリ山に連なる山の斜面に「ＮＥＶＥＲ《ネバー》」の文字が描かれている。「社会主義時代にはその指導者Ｅｎｖｅｒ《エンヴェル》・Ｈｏｘｈａ《ホジャ》の『ＥＮＶＥＲ《エンヴェル》』が記されていたが、二度とその暗い時代には戻らないという思いを込めて、初めの文字を入れ変えた」と、若い青年ガイドが説明した。そして、その舌の根も乾かないうちに「でも、正直、社会主義のことは、我々の世代には実感がないのでよくわからない」と呟《つぶや》いた（「社会主義は遠くなりにけり」というところか）。丘を下りると、オスム川の両岸の斜面に家屋が密集し、窓の多さから「千の眼」と呼ばれる光景が広がっていた。一八五一年の大地震で被害を受け、一階部分は重い石造りで二階部分は軽い木造造りの耐震構造に建て替えたようだ。

ベラートを出て、途中昼食を済ませ、アルバニアの首都ティラナに向かった。バスを降りると、またしても「コソボの戦い」のスカンデルベグの像があり、その向こうに、アルバニアの国立博物館があった。工事中のため、正門から入れず、裏門から入ると、そこには、太古の時代から現代に至る、この地域の出土品、当時の様子を物語る模型などが展示されていた。博物館を見学した後、第四番目の訪問国モンテネグロのポドゴリツァまで、国境通過の約一時間を含めて四時間近くバスを走らせた。その日も、前日同様、ホテルに着いたのは二〇時を回っていた。

キリスト教を国教に定めたコンスタンティヌス帝の頭像
（アルバニア：ベラート）

「1000の眼」と呼ばれる窓の多い家屋の密集した斜面
（アルバニア：ベラート）

入江の奥の天然要塞都市

四月二日（日）六日目、ホテルから一時間半ほどバスを走らせると、港町ブドヴァへ着いた。それまでの内陸と打って変わって、アドリア海に面した観光地はビーチもあり、現れた現地ガイドが初めて若い女性であったことも手伝って、急に明るい雰囲気に包まれた。丁度、東方正教の教会ではミサが行われており、カトリックと違いパイプオルガンなどの伴奏はなく、澄んだ女性の斉唱だけが聞こえていた。そこから、バスで三〇分ほどの複雑に入り組んだ湾の奥に、山々に囲まれた天然の要塞都市コトルがあった。城壁に囲まれた中に旧市街があり、見上げると、急峻な山の稜線に沿って城壁が造られている。女房が膝が痛くて自信がないというので、一人で、山の上の城壁を目指して、時間の許す限り行ってみることにした。結局、男性客で上ったのは自分ひとりであった。石畳の急な坂道を上り、途中にある救世聖女教会を通過し、戻る時間を考えるとここまでと決めた城壁の一歩手前の平場に着き、眼下を眺めると、コトルの街並みと、入江を航

急峻な山の稜線に沿って造られた城壁
（モンテネグロ：ブドヴァ）

高台からコトルの街を見下ろす
（モンテネグロ：ブドヴァ）

ブドヴァの海岸線（女神像）
（モンテネグロ：ブドヴァ）

行するクルーズ船の姿が遠くに見えた（水深があるので大型船も寄港できる）。五分ほど小休止した後、待ち合わせ時間に間に合うように、必死で坂道を下り、何とかぎりぎりで山を下り終えた。吹き出す汗を拭き拭き昼食を済ませ、それから六時間余りをかけて、第五番目の訪問国ボスニア・ヘルツェゴビナのモスタルに夕刻到着した。

その日の夕食は、ビュッフェ形式で、前日の昼食の時、初めて向かい合わせたもう一組の夫婦連れの隣に座った。この夫婦、それまでは食事も二人きりのことが多く、いつも別行動をとっているようで、他のツアー客とは相いれない印象であった。突然、唐突に、後期高齢者になったばかりと言っていた大柄な夫の方から、バルカン諸国の内戦の状況を見て触発されたのか、七〇年代の学園紛争の話をしだした。こちらも当時のことを思い出し、色々、体験談を話しだすと、教え子と同じ団塊の世代であることを見て取ったのか「我が意を得たり」とばかりに、息せき切ったように勢いよく言葉がこぼれだした。「大学の先生ですか」と聞くと頷《うなづ》き、当時、若手の教師として学生と大学側との板挟みになったことや、活動家の教え子を警察に貰《もら》い下げに行ったり、就職の面倒をみたことなど苦労話を語りだした。当時、過激派が好んで用いた「殲滅戦《せんめつ》」という言葉も飛び出した。内ゲバの悲惨さや、今もなおそれを引きずって生きている者も少なくないことを嘆いていた。教授の話は周りのツアー客にお構いなく、添乗員が飲み物代金の徴収に来るまで、一頻《ひとしき》り続いた。

コスモポリタン故の光と影

翌日四月三日（月）七日目、モスタルの散策に出かけた。実は、今回の旅で、ここだけ訪れるのが二度目であった。前回は、約三年前の二〇一四年春、スロベニアとクロアチアの旅の際、ドブロヴニクに行く前に、足を延ばしてやってきた。ただし今回は、橋の上からだけでなく、ネレトヴァ川の河原へ下り、スターリ・モストの奇麗なアーチを仰ぎ見ることもできた。再来ということで余裕もあり、橋の袂《たもと》にある石碑の「DON'T《ドント》　FORGET《フォゲット》　93」の文字もはっきりと確認できた。前回同様、一九九三年に破壊された時から二〇〇四年に復元されるまでの動画を見た後、土産物屋で記念にとシンプルな水彩画を買い求め、モスタルを後にした。

そこからサラエボへは、昼食をはさみ、二時間足らずで到着した。市内に入ると、所々に、一九八四年冬季オリンピックが開催されてから七年後の一九九一年に勃発《ぼっぱつ》し、約三年間余りにわたり、ユーゴスラビアからの独立を唱え立てこもった共和国側と、それを阻止するセルビア主導の連邦軍との間で繰り広げられた泥沼の戦争の激しさを物語る銃痕のある建物

ネレトヴァ川から
スターリ・モストを仰ぎ見る
（ボスニア・ヘルツェゴビナ：モスタル）

DON'T FORGET《ドント フォゲット》　93
（ボスニア・ヘルツェゴビナ：モスタル）

多民族と宗教が混在する
「バシチャルシャ」地区
（ボスニア・ヘルツェゴビナ：サラエボ）

が目立つようになってきた。その一万人ともいわれる犠牲者が葬られているオリンピックスタジアムのグラウンド後に造られた墓地も見ることができた。バスを降り、現地ガイドとともにラティンスキー橋を渡り、第一次世界大戦の引き金となった、当時、ボスニアを統治していたオーストリア＝ハンガリー帝国の皇太子夫妻がセルビア人青年に狙撃された事件現場を訪れた。その十字路の角には、博物館があり、当時の様子を物語る写真が展示されていた。そこから徒歩で百メートルほど行ったバシチャルシャという地域には、イスラム教、カトリック教、東方正教、ユダヤ教の各宗教施設が混在し、多様な民族、文化の混じり合ったコスモポリタンな雰囲気が漂っていた。自由時間に商店街を散策し、孫の土産にと、銅製の小さな小物入れを三つ購入した。その日は、ホテルに一六時過ぎには着くことができたので、水を仕入れるため近くのマーケットを訪れた。丁度、昨晩、話の弾んだ教授夫妻も来ていたので、アドバイスをもらい、知人の土産にと、ワインを三本仕入れた。

連なるアーチは民族共生の象徴

四月四日（火）八日目、サラエボを出て三時間ほどバスで揺られ、ヴィシェグラードに到着した。ここは、なんの変哲《へんてつ》もない小さな街であるが、ノーベル賞作家イヴォ・アンドリッチの傑作「ドリナの橋」の舞台となった一一のアーチからなる全長一七五メートルのメフメド・パシャ・ソコロヴィッチ橋があることで有名である。この橋は、一六世紀にメフメト・ソコルル・パシャが、トルコ史上最高の宮廷建築家ミマール・スィナンを招集し造らせたものである。パシャは、キリスト教徒の息子であったが、占領した異教徒の一〇歳前後の子供を集めて教育しトルコのために尽くす人間をつくるデウシルメ制度により、イスタンブールで育ち太宰相まで上り詰めた男である。バスを降り、川岸に立つと、連なるアーチが川面に影を落とす美しい佇《たたず》まいを見ることができた。アンドリッチの小説は、幼少時に橋の近くに住み、この橋を渡って家と学校とを行き来していた際、見聞きした民族間の様々な出来事が題材になっているそうだ。建設から第一次世界大戦で破壊されるまでの四百年間の時代の移り変わりを、橋が歴史の目撃者というタッチで、民族の共存と対立をテーマに描いたもので、これにより、この橋は、民族共生の象徴ともいわれるようになったとのことだった。叔父に育てられたという生家が橋の近くにあるというので見に行くと、ノーベル賞の賞金も街に寄付したという欲のない人だっただけに、質素な造りの平屋造りで、今も地元の人が暮らしているようだった。

ボスニア・ヘルツェゴビナは、ムスリム四四％、セルビア人三一％、クロアチア人一七％と、民族の構成比率が、バルカンの他の国々に比較し拮抗《きっこう》している。これが、一旦、争いが始まると近隣同士で敵味方となって殺戮《さつりく》しあうという悲惨な結果を招いたのであろう。橋の袂《たもと》で落ち合った女性ガイドが「内戦で肉親を失った生々しい記憶の残るサラエボには居られないので、ここへ越してきた」と、別れ際にポツリと語っていた。ヴィシェグラードを一一時前に経ち、昼食をレストランでとり、国境を通過し、最後の訪問国、セルビアのベオグラードまで五時間余りバスを走らせ、やっと二〇時近くにホテルに到着した。

11のアーチからなる全長175mの
メフメド・パシャ・ソコロヴィッチ橋
(ボスニア・ヘルツェゴヴィナ：ヴィシェグラード)

チトー亡き後の混乱と民主化の槌音《つちおと》

翌日四月五日（水）九日目、朝食後、ベオグラードの市内観光へ出かけた（この街は、今まで訪れた街と違い、さすがに、旧ユーゴスラビアの首都だっただけあって、格段に大きな近代都市だ）。バスを降り、まず、内部を建設中のセルビア正教大聖堂を見学した。そこから現地ガイドの後に続き、カレメグダン公園の中を通り過ぎると、ベオグラード要塞があった。要塞の門を潜《くぐ》り中へ入ると、そこからは、ドナウ川とサヴァ川が交差し合流する様子が眺望できた。紀元前四、五世紀から人々が住み始め、交通の要衝として栄えた理由が一目瞭然で理解できる。それ故に、多民族が混じり合い、破壊と創造が幾度となく繰り返されてきたのだろう。現地ガイドが、一九九九年のコソボ紛争の際、ＮＡＴＯ軍のピンポイントの空爆で破損した当時総司令部のあったビルの写真をスマホに映し出しながら指さす方向を見ると、そこには今はすっかり補修されたガラス張りの高層ビルがあった。クリントンが大統領の時のことで、今から、ほんの一七〜一八年前の出来事である。

公園を出て、再びバスに乗り、郊外にある旧ユーゴスラビアを統一したチトー大統領の眠る墓地を目指した。車窓からは、ＮＡＴＯ軍の空爆の跡の残された建物が数ヵ所あるのが確認できた。チトー大統領は、ナチスドイツに抵抗したパルチザンのリーダーで社会主義者であったが、冷戦時代、ソ連とは一線を画し、

NATO 軍の空爆の爪痕を残す建物
（セルビア：ベオグラード）

チトー大統領の銅像
（セルビア：ベオグラード）

エジプトのナセル、インドのネールらとともに、どちらにも属さない第三世界を形成した人物である。墓に隣接した記念館には、世界各地から寄せられた贈答品や、世界の要人を招いて行われた葬式の様子が伺《うかが》える写真が展示されていた。

添乗員のもう一つの顔

全ての観光を終え、帰りの飛行機までたっぷり時間があるので、歩行者天国を二時間半位散策することになった。土産もあらかた目星がついたので、社会主義時代に要人が利用したというモスクワホテルでコーヒーを飲むことにした。一時間位、そこで時間をつぶし出ようとすると、添乗員と出くわした。何とはなしに「次は、どこの添乗ですか」と聞くと「ロンドンマラソン」だと言う。どちらかというと、社会派のアウトサイダー的な人だと思っていたが、予想だにしなかった答えが返ってきた。「実は、マラソンが趣味で、東京マラソンに出たこともあるし、御社を利用し家族でホノルルマラソンに参加したこともあります」と話すと、さして驚くでもなく、平然と「三〇年前からマラソンツアーを担当していて、最初の東京マラソンの企画にもかかわったことがあり、会社のホームページを見てもらえば、名前が載っていますよ」と続けた。旅の間中、通常、添乗員がするような客が疲れた時にとあらかじめお菓子を用意していたり、次の日の予定を紙にして毎日配ったり、密かに旅日記をまとめていたりすることは一切なかったので、気が利く人ではないと思っていた。しかし、本人も言っていたように、バスの移動中、後ろから見ても頭の位置が傾かず、居眠りしている様子を見たことは一度もなかったので、確かに辛抱強い、マラソン向きの人なのかもしれない。帰りの便は、二四時間前にインターネットから座席予約が可能とのことで、前日も、夜中の一時半ごろから二、三時間かけて二三名全員分の予約をしたみたいだ。旅の最後にきて、添乗員の違った側面を見て、少し、親しみがわいてきた。

バルカン半島は、欧州と中近東の中間に位置し、地政学的にも必然的に多くの民族と異文化が混じり合う地域である。特に、今回旅した旧ユーゴスラビアは、モザイクの国と言われるように、カトリック、東方正教（セルビア正教等）、イスラム教、ユダヤ教など、民族と宗教の異なる国々が繋ぎ合わさってできたものなので、壊れやすく、常に、一触即発の危険をはらんでいて、それ故に、これまでも共存と対立を繰り返してきた。今の平穏が、一時的な沈静化でなく、本物の共存と民主化の始まりであることを願うばかりである。再就職という一つの人生の節目を迎え、多少不安を抱えたままの旅行であっただけに、正社員でないことを明かした時、開き直ったように放った添乗員の「人間、何とかなるものですよ」という言葉が耳に残り、逞《たくま》しくさえ感じられた。そんな感慨を持ちながら、その夜、二〇時半の飛行機でベオグラードを経ち、行きと同じように、イスタンブールで乗り継ぎ、翌日四月六日（木）一〇日目の一九時半に成田に到着した。帰国後、インターネットで調べてみたら、添乗員の笑った顔写真が掲載されており、既にフルマラソンを二〇回以上走ったことのあるベテランのようであった。

8 綿摘みの頃、シルクロードを行く

キルギス・カザフスタン・トルクメニスタン・ウズベキスタン（二回目）

まずは「青空トイレ」から

以前から「暗闇にぽっかりと円形の穴が開き、そこから、いかにも地の底から燃え上がるような炎が見える『地獄の門』に、行ってみたい」と、再三、女房が言っていた。自分も、同感であった

ルート図

旅程2017年9月5日～9月22日

日数	日付	訪問国	都市	観光
1	9/5(火)	出国	成田経由タシケント	
2	9/6（水）	キルギス	ビシケク・ブラナ	ブラナの塔・アクベシム遺跡・騎馬ゲーム
3	9/7（木）	キルギス	イシククル湖・カラコル	岩絵野外博物館・ブルジェワスキーの墓
4	9/8（金）	キルギス	ビシケク	ロシアスラブ大学博物館・アラトー広場
5	9/9（土）	カザフスタン	アルマトィ	国立中央博物館・パンフィロフ公園
6	9/10（日）	カザフスタン	タラズ	タラズ川古戦場
7	9/11（月）	カザフスタン	タラズ	アイシャビビ廟
8	9/12（火）	ウズベキスタン	ウルゲンチ（カラカルパクスタン）	カラ回り（アヤズカラ・トプラクカラ）
9	9/13（水）	ウズベキスタン	ヒヴァ	ジュマモスク・タシュハウリ宮殿
10	9/14（木）	トルクメニスタン	クフナウルゲンチ・タルヴァザ	クトルグチムールミナレット・地獄の門
11	9/15（金）	トルクメニスタン	タルヴァザ・アシハバード	クレーター・ニサ遺跡
12	9/16（土）	トルクメニスタン	マリィ	メルブ遺跡
13	9/17（日）	ウズベキスタン	ブハラ	
14	9/18（月）	ウズベキスタン	ブハラ	アルク・カラーンモスク・ミルアラブメドレセ
15	9/19（火）	ウズベキスタン	シャフリサブス	アクサライ・ドルッティロヴァット建築群
16	9/20（水）	ウズベキスタン	サマルカンド	ビビハニムモスク・ウルグベク天文台跡
17	9/21（木）	ウズベキスタン	タシケント	日本人墓地・ナヴォイ劇場
18	9/22（金）	帰国	成田	

が、どうせ行くなら「地獄の門」のあるトルクメニスタンだけでなく、キルギス、カザフスタン、ウズベキスタン、タジキスタンなど周辺の中央アジアの国々にも足を延ばしたいと考えていた。しかし、このうち、ウズベキスタンは、六年前の二〇一一年に一度行っていたので、その他の国を回るツアーがベストである。ところが、そういうツアーはあることはあるのだが、肝心の「地獄の門」が抜け落ちていたりと、中々、適当なツアーが見つからなかった。かといって個人で行くとなると、移動や国境通過に手間取りそうだし、専属ガイドを雇うとかえって高くつくこともわかった。色々思案した結果、最終的に、キルギス、カザフスタン、ウズベキスタン、トルクメニスタンの四ヵ国を回るツアーに申し込んだ。

九月五日（火）一日目、事前に、スーツケースを宅急便で送り、スカイライナーで成田に向かった。道すがら、気がかりだったのはトイレのことである。「青空トイレ」と聞いていたが、どの程度「青空」なのか、二〇〇七年中国雲南省の旅へ行った際、似たような経験はあることはあるが、今度は砂漠である。隠れるところがどこにもない。まして、参加者の約七割は女性らしい。成田へ着くと、背の高いすらっとした、キャップを被った添乗員が待っていた。さしずめ「女インディジョーンズ」といったところであろうか。いかにも秘境向きの出で立ちである。飛行機は、成田を一一時過ぎに飛び立ち、七時間半のフライトでウズベキスタンのタシケントに着き、乗り継ぎに一時間半要した後、現地時間二〇時過ぎに、キルギスの首都ビシケクに到着した。

九月六日（水）二日目、八時半にホテルを出て、宿泊先のイシク・クル湖に向かった。キルギスの現地ガイドは、浅黒いがっちりした男で、安部首相がキルギスを訪れた際に通訳をしたくらいの、キルギスきっての日本語の堪能なガイドである。ビシケクの国立大学で日本人教師に学んだようで、敬語もきちんと使える。天山山脈を左手に見ながらバスを東に走らせると、道路に並行して単線の鉄道があり、第二次世界大戦後、抑留された日本人とドイツ人の手によるものだと教えてくれた。二時間ほどすると、三蔵法師が立ち寄り仏教を広めたというアク・ベシム遺跡に着いた。いくつかの小山があるだけで建物らしきものは見当たらず、何の変哲《へんてつ》もない平原である。ガイドの後に続くと、ガイドは一つの小山に立ち、少しがっかり気味の客の様子を見て取ったのか「実は、ソ連時代に発掘された埋蔵物は、全て、サンクトペテルブルクのエルミタージュ美術館に持っていかれた」という状況を、エリツィンとプーチンの物真似をして説明した（言葉はもちろん日本語だが、何となく似ているから面白い）。遺跡周辺にトイレはなく、ツアー客全員が、男女別に、バスの右手と左手に別れ、初めての「青空トイレ」に挑戦した。そこから少し走った平原にポツンと、一一世紀に建てられたというブラナの塔があり、その周りには、キルギス全土から集められたという石人が並んでいた。さらに、バスを走らせたところに競技場のような場所があり、そこで、砂埃《ぼこり》の舞う中、伝統的な騎馬ゲームを観戦した。筋骨隆々たる若者が、馬上から物を拾ったり、互いに組み合い馬から落としあったり、首を切った羊を奪い合うゲームなどを披露してくれた。昼食後、さらに

騎馬ゲーム（組合い馬上から落としあう）
（キルギス）

ブラナの塔と石人
（キルギス）

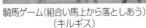

シルクロードを東に進み、夕刻、イシク・クル湖に到着した。ゲートを潜《くぐ》ると、整備された街路の両側に整然とロッジ風の建物が立ち並び、プライベートビーチもあるリゾート地のようであった。

中央アジアの真珠で二連泊

九月七日（木）三日目、中央アジアの真珠といわれるイシク・クル湖を一時間ほど遊覧した後、ホテル近くの約四千年前この地に暮らしていたサガ族が描いたという岩絵のある「岩絵野外博物館」を見に行った。岩絵といっても、よく見るような岩盤に描かれたものではなく、山からの自然落下によるものか、あるいは人為的に運ばれたものかはわからないが、そこかしこに点在している多数の岩石に、絵が描かれているものである。狩猟に関するものがほとんどであるが、その中で、雪豹《ひょう》が描かれているものがあった（二〇〇六年にケニアのサファリに行った際、牛や馬と違い、ライオンやチーターなどを家畜として飼いならすのは難しいと聞いたが、豹《ひょう》は可能なのか?）。ともあれ、全体として雑然としており、このままでは世界遺産登録どころか、風化してしまうのではないかと思えるくらい保存状態はよくなかった。野外博物館を出て、シルクロードをさらに東に進んだ。途中、食後のデザートにと、ガイドが露店でスイカとメロンを購入してくれた。いずれも日本のような球状ではなく、ラグビーボー

雪豹《ひょう》の岩絵
（キルギス：イシク・クル）

イシク・クル湖畔
（キルギス）

ルのような細長いものだ。昼食後、さらに東に進み、一四時頃、天山山脈の登山口、標高一七〇〇メートルの街カラコルに到着した。カラコルでは木造のロシア正教会や、ソ連時代の探検家でこの地で命を落としたという二メートルを超すといわれた大男、ブルジェワスキーの博物館を見学した。ブルジェワスキーの記念碑を見た後、来た道を引き返し、イシク・クル湖に着いたときは二〇時を回っていた。

九月八日（金）四日目、二連泊したイシク・クル湖のホテルを出て、二日前来た道をビシケクまで引き返した。ビシケクのロシア・スラブ大学付属博物館には、キルギス国内で古代から発掘された出土品が展示されていた。博物館正面にエルツィン大統領の胸像があったことから、この国に限らず、ＣＩＳ諸国と呼ばれるバルト三国を除く旧ソ連に属していた国々は、未だに、経済的にも、政治的にもロシアの影響が大きいことが伺《うかが》えた。バスの中で、ガイドが一九九一年にソ連が崩壊し独立してから今日までの二六年間と、それ以前の暮らしとを比較し話してくれたが、必ずしも、バルト三国のように「独立を勝ち取った」ということではなさそうだ。確かに、独立したことにより自由にはなったが、かつての共同農場が市場競争にさらされることにより消滅してしまったり、貧富の差が広がったというのも事実のようだ。総じていえば、ソ連時代でも、共和国として独立していたので、現在と余り変わりないというのが正直な感想のようである。街の中心部にあるアラ・トー広場には、中央にユルタ（移動式住居、ゲルと同義）の天窓を描いたキルギスの国旗とともに、キルギスの英雄マナス王像がそびえ立っていた。夕食前の時間を利用し、日本の援助による一村一品

国旗とマナス王像
（キルギス：ビシケク）

運動による成果物のショップに行き、孫の土産用にフェルト製の物入れを六つ買い求めた。ホテルに帰ると、いつもと違い夕食の時間になっても中々人が集まってこなかった。この二日間、トイレ休憩時に売っていたヨーグルトボールを味見したせいか、はたまた途中立ち寄った水飲み場の飲料水が原因か、早くも、数人の客が腹の具合を悪くしているようであった。

間寛平の草の根国際親善

九月九日（土）五日目、ビシケクを後にして、天山山脈を今度は右手に見ながら、国境を越え、二五〇キロ先にあるカザフスタンのアルマティを目指した。アルマティでは、第二次世界大戦でドイツと戦った二八人の戦士を記念して造られたパンフィロフ公園を訪れた。国立中央博物館には、カザフスタンの遊牧民の歴史がわかる品々が展示されていた。その日の夕食には、皆の腹の具合を気遣《づか》ってか、添乗員が、途中に寄ったバザールで乾麺を仕入れ、振る舞ってくれた。

九月一〇日（日）六日目、アルマティから、シルクロードを西へ向かいタラズを目指した。途中から、日本から学んだ技術を活用したという出来上がったばかりの立派なコンクリート道路に入った。全線開通すると二千キロに及ぶという。道路わきには、時折、簡易なトイレがあったが、皆「青空トイレ」にも慣れてきたようで、その裏で用を足していた。道すがら、そのガイドが間寛平がアースマラソンをした際に通訳として参加した時のエピソードを披露してく

パンフィロフ公園のモニュメント
（カザフスタン：アルマティ）

れた。パスポートを持たずに走っていた寛平が、運悪く、カザフスタンとキルギスの国境線の見晴台にいた監視員に捕まったというのだ。監視員の携帯から連絡を受けたガイドが急いで駆けつけると、言葉は通じないのに、いつのまにか、二人が和気藹々《あいあい》と話していたのには、大変驚かされたようだ。二〇一二年に中欧へ行った際も、ハンガリーの現地ガイドが同じように、間寛平のガイドを務めたと話していたのを思い出した。それにしても、この何もない荒野の中を、熱さを避け、早朝三時頃に起きて、七キロを七回、一日四九キロを走り続けるのは並の精神力では到底できないことである。ガイドたちは、寛平に対して、いずれも良い印象を持っており、草の根の国際親善にも役立ったのではないだろうか。両脇にステップと呼ばれる草原の広がる道路を五百キロ走り、またしても、途中でデザート用のスイカとメロンを仕入れて、夕刻タラズに到着した。「タラズの古戦場」へ行くと、お決まりの写真スポットになっているようで、幾組みもの新婚カップルが入れ代わり立ち代わりリムジンカーで乗り付けていた。

九月一一日（月）七日目、午前中、トルコ系イスラム王朝カラハンの王と商人の娘アイシャ・ビビとの悲恋伝説で知られるアイシャ・ビビ廟《びょう》を見学した。その後、一路、ウズベキスタンのタシケントを日指した。途中、シムケントを通過し、夕刻、タシケントに到着した。キルギスのガイドに別れを告げ国

露店でメロンを購入する
（カザフスタン）

コンクリート道路と国境の見晴台
（カザフスタン）

道路わきの簡易トイレ
（カザフスタン）

境を出ると、今度は、ウズベキスタンの現地ガイドが待っていた。その時の第一印象は、アラビア系の痩せぎすの好青年といった感じだった。国境からバスを一時間半ほど走らせると、タシケントの中心街に入った。その日のホテルは、二〇一一年に来た時と同じホテルであったが、前と違い、結婚式のパーティーが開かれていたこともあってか、ロビーは大勢の人で賑《にぎ》わっていた。

「カラ」まわり

九月一二日（火）八日目、早朝七時五〇分の国内線で、ウズベキスタンのホレズム州ウルゲンチに飛び、そこからバスで紀元前五世紀から紀元後七世紀に栄えたホレズムの都城跡のあるカラカルパクスタン共和国へ向かった。そこには、格子状に区切られた住居跡のあるトプラク・カラ遺跡や、二つの城壁のあるアヤズ・カラ遺跡などがあり、ゾロアスター教の神殿などが残されていた。

なお「カラ」とは、小山のような都城跡をいい、それらを回るのを「カラまわり」というそうだ。常設されたユルタ（ゲル）の中で昼食を済ませた後、これらの「カラ」に上ってみた。ツアー客の中には、杖を突いている人もいて体力にだいぶ差があるせいか、長い列になることが多かった。中々、ガイドの近くで話を聞くことができない人も出てきて、それがガイドは少し気に入らないようであっ

積み上げられた綿花
（ウズベキスタン）

トプラクカラ遺跡
（ウズベキスタン：カラカルパクスタン）

アイシャビビ廟《びょう》
（カザフスタン：タラズ）

た。ツアー客の方も、ガイドが冗談になっていない冗談を連発したり、知識が豊富なのは結構なのだが余りに話が長くなるのに閉口し、不満を漏らす人も出てきた。三つの「カラ」を回り、一五時過ぎ頃、オアシス都市ヒヴァに向けて出発した。途中、綿花畑に差し掛かり、バスを止めて、綿花の花の咲く様子を観察したり、摘み取って集められ積み重ねられた綿に身を投げ出したりして、写真に納まった。ヒヴァの城壁内にあるホテルに到着したのは一九時頃であった。

九月一三日（水）九日目、その日は終日、城壁内のホテルから徒歩で、ヒヴァの街を観光する日であった。八時にホテルを出て、まず、シルクロードの全容のわかる掲示板でガイドの説明を聞いた。早朝であることもあり、寒くて日向《ひなた》をさがし、早く話が終わらないかと思ったのは自分だけではなかったのではないか。メドレセと呼ばれる神学校、カラフルなクフナ・アルク（古い宮殿）、どの建造物もイスラムブルーに彩《いろど》られていた。金曜モスクと呼ばれる木製の多柱式建築のジュマモスクでは、その由来や、ラクダの毛を柱の継ぎ目のクッションン材として使っていることなど、ガイドが建物の詳細の説明をしてくれた。大半の人はガイドの近くで聞いていたが、イヤホーンから声は聞こえてくるので、遠く離れて聞いている者も少なくなかった。ガイドは、またしても、それが面白くないようで「聞きたい人だけ聞いてくれればいい」と言わんばかりに、半ばふてくされた様な態度を示すようになってきた。客の方も、余りに客に対す

アク・シェイフ・ババからの夕日
（ウズベキスタン：ヒヴァ）

多柱式建築のジュマモスク内部
（ウズベキスタン：ヒヴァ）

る質問形式が多いのと、言葉の最後に「皆様」とつけるのが、選挙演説の挨拶みたいで、次第に、耳障《みみざわ》りになってきた。観光中は、日本人が珍しいのか、写真を一緒に撮らせてほしいというリクエストが随分あった(日本で、若い女性たちからそんなことを言われることは、後にも先にもないことである)。高さ四二メートルのミナレットにも、暗闇の中、階段をたどって、何とか頂上まで上った。夕方、夕食前の時間を利用し散歩すると、一般家庭では主食の「ナン」を焼いていた。立ち寄った土産屋でシルクのクッションカバーとラクダの毛のショールを買い求めた。見晴らしの良いアク・シェイフ・ババの高台に上ると、街並みが一望でき、沈む行く夕日がとても美しかった。

漆黒《しっこく》の闇にぽっかりと開いた炎の穴

九月一四日(木)一〇日目、ヒヴァのホテルを八時に出発し「この国境通過は下手をすると半日かかることもある」と添乗員が言うので、事前に青空トイレを済ませ、トルクメニスタンとの国境へ向かった。国境に着くと、早速、ゲートでパスポートチェックがあり、建物に入るとモデルのようなすらっとした長身の美人の英語ガイドが待っていた(トルクメニスタンは美人が多いと聞いたが、なるほど)。既に、台湾のグループが先着していたが、我々は日本でビザ取得済みだったので、運よく、その前に並ぶことができた。しかし、入国審査は、一人ひとり名前を呼ばれ、まるで面接試験を受けているようであった。手荷物検査も入念で「メディ

美人現地ガイドと(トルクメニスタン:クフナ・ウルゲンチ)

カルは何か持っているか、コカイン、マリファナは」など薬物に関することをしつこく聞かれ、何人かいる検査員の目の前で、リュックサックの中身を開けさせられた。ツアー客の中には空手の格好をさせられた人もいて、その態度は、興味半分のようで、横柄だった。結局、全員が通過するまでに二時間を要してしまった（それにしても、これほど手間取るとは、スーツケースをヒヴァで置いて、リュック一つできて正解である）。ゲートで、最終のパスポートチェックを受け外に出ると、七台の４ＷＤが待っていた。早速、三、四人ずつに分乗して乗り込み、一路、タルヴァザを目指した。途中、一四時頃、民家風レストランで遅い昼食を済ませ、そこから二時間ほど走ると、古代〜一六世紀までホレズム王国の中心地であったクフナ・ウルゲンチに到着した。アルダリア川の流れが変わったのと、チンギスハーンの侵攻により、人口百万の都市が消滅したそうで、今は、中央アジアで最も高い、高さ六二メートルのミナレットとトレベグ・ハニム廟《びょう》、スルタン・テケシュ廟《びょう》などのいくつかの廟《びょう》を残すのみである。日差しのきつい中、二時間ほど観光し、そこから、競うようにジープを猛スピードで走らせ、タルヴァザを目指した。夕闇の迫る中、いつの間にか道路に沿って見えた電柱もなくなり、徐々に、暗闇の砂漠の世界に入っていった。四時間強走り、地獄の門に到着した時は二一時を回っていた。

中央アジアで最も高いミナレット
（トルクメニスタン：クフナ・ウルゲンチ）

地獄の門にて
（トルクメニスタン：タルヴァザ）

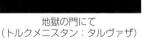

漆黒《しっこく》の闇の中、ぽっかりと開いた円形の大きな穴の中を覗《のぞ》くと、メラメラと天然ガスの炎が燃え上がっているのが見えた。地獄の門は、一九七一年、天然ガス調査の際、落盤事故がおき生じたクレーターで、有毒ガスの放出を食い止めるため、やむなく火を放ったところ、可燃性ガスが地下から絶え間なく放出し、消えることなく現在まで燃えたぎっているもので、徐々に観光地として知られるようになってきたものとのことだった。その日は、ユルタ（ゲル）でケバブの夕食をとった後、急いで、再度、地獄の門へ引き返した。「これを見るために、わざわざ、地の果てのような砂漠のど真ん中まで来たのだ」という思いで、大自然との出合いを存分に噛みしめようと、地獄の門の周りを一周するなどして、しばしの間、それぞれの感慨にふけっているようであった。テントに引き返した時は、既に、夜中の零時を回っていた。テントは簡易なものであったが、ペアということで、二人用のものを割り当ててくれた。空には、天の川がはっきりと見え、カシオペアや北斗七星が輝いていて、北極星も容易に見つけることができた。

　九月一五日（金）一一日目、日の出観賞をするために、早朝五時半に起き、ジープで地獄の門へ向かった。昨夜寒くて寝つかれなかったこともあり、明らかに寝不足である。実は、目覚ましをかけておいたのだが、その前に「誰か助けて」とドアをたたく音で目を覚ました。たった一つあった建て付けの悪いトイレにツアー客の一人が入っていたところ、ドアが開かなくなったというのだ（以前、二〇〇六年にケニアへ行った際、トランジットのラウンジのトイレで鍵が壊れ、同じような目にあい、切羽詰《せっぱつ》まって「ｈｅｌｐ《ヘルプ》」を繰り返したのを思い出した）。

朝日を背景にした地獄の門
（トルクメニスタン：タルヴァザ）

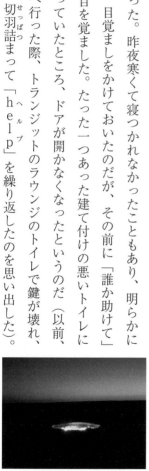

地獄の門へ着くと、円形の地獄の門の全景が捉《とら》えられるように、近くの小山に上った。上ってみると、一面の暗闇の中に、ぽっかりとそこだけが円形に赤く灯っているのが見えた。しばらくすると、辺《あた》りが白み始め、やがて日の出が訪れた。ダウンを着込んできたが身体がすっかり冷え込んでしまい、早く焚火《たきび》にあたりたい気持ちで、早々に山を下り、地獄の門の淵まで向かった。周りが明るくなってから、運転手同士が「これは内緒の話だが、実は、数日前、地元の人が穴の中に落ちて、一晩過ごしたが、運よく炎のない場所に潜《ひそ》み、一命をとりとめた」と話しているのを小耳にはさんだ。「さもあらん」といった感じだ。これといって柵があるわけではないので、穴の内側の壁はオーバーハングしており、ちょっとした油断で落ちてもおかしくない。一旦、テントに引き返し、朝食を済ませた後、荷物をジープに積み込み、再度、帰り際に、地獄の門に別れを告げタルヴァザを後にした。

宿泊したテント
（トルクメニスタン：タルヴァザ）

砂漠に現れた白色の近代都市

途中、掘削時に、天然ガスでなく、泥や水が噴き出したという二つのクレーターを見てから、トルクメニスタンの首都アシハバードを目指した。街に入ると、それまでの砂漠地帯から様相が一変し、白一色の近代的な建物が立ち並び始めた。大統領の権力が絶大で「中央アジアの北朝鮮」ともいわれているそうだが、撮影禁止箇所も少なくなかった。数日後に、アジア地域の大きなスポーツ大会を控えているようで、

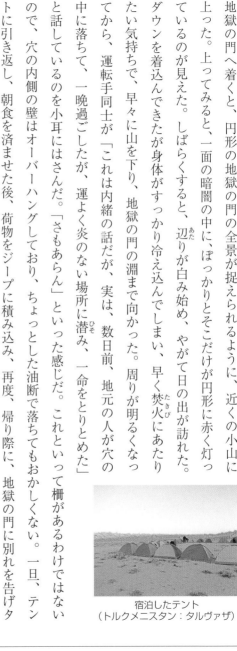

街中はそのポスターが所々に飾られていた。国立博物館を見た後、永久中立の塔、紀元前後のニサ遺跡、現大統領が建設したという立派なモスクを見学した。夕食後、高台から、アシハバードのイルミネーションに彩《いろど》られた夜景を見たが、正直、郊外のトイレもない砂漠地帯と余りにも対照的で、いかにも人工的に着飾ったような不自然さを感じた。二一時過ぎ、ホテルにやっと帰った時は、睡眠不足のせいか、疲れはピークに達していた。

九月一六日（土）一二日目、アシハバード六時一五分発のマリィ行きの飛行機に間に合わせるため、四時半にホテルを出た。三〇分ほどの飛行でマリィに到着し、紀元六世紀の頃からシルクロードの交易の拠点として栄えたメルブ遺跡を目指した。メルブ遺跡は、六〇平方キロの広大な遺跡で、その中に、いくつもの「カラ」があった。修復中の大キズカラ、小キズカラを回り、金の仏像が出土したという最も古いといわれるエルクカラにも上った。ホジャ・ユスブ・ハメダンモスク、スルタン・サンジャール廟《びょう》へ行くと、お参りに来た大勢の現地の方々と出くわし、中には、八四歳の長老（日本の場合は珍しくないが）にも面会した。昼食の後、ホテルのあるマリィ市街までバスを走らせ、途中、マリィ歴史博物館にも立ち寄った。夕食は、外のレストランへ行き、現地の男女合わせて八人の若者たちによる民族舞踊や、民族楽器の演奏を楽しんだ。

九月一七日（日）一三日目、マリィのホテルを出て、トルクメニスタンとウズベキスタンの国境へ向か

白一色の近代都市アシハバード
（トルクメニスタン）

メルブ遺跡
（トルクメニスタン：マリィ）

う途中、道路脇の綿花畑で、丁度、綿摘みをしていたのでバスを止め、その様子を写真に収めた。昼食後国境を通過したが、入国する時ほど時間はかからず、ウズベキスタンに入ると、以前と同じガイドが待っていた。ツアー客が「説明が長い、冗談が多い、質問形式が多い」など注文をつけていたのが伝わっていたらしく、神妙な顔つきでこころなしか言葉も少なかった。そこから、約二時間バスを走らせ、一八時半にブハラのホテルに到着した。

綿摘み娘
（トルクメニスタン）

イスラム文化とチムール王国の栄光

九月一八日（月）一四日目、朝八時にホテルを出て、終日、ブハラの街を散策した。まず、ラビ・ハウズ広場に行き、ロバにまたがったフッジャ像、タブーの顔の描かれているナディール・ディヴァンベギ・メドレセなどを見学した。路地裏を行くと、尊い方が埋葬されているという家の屋根には、その印としてイスラムの五つの信仰行為（信仰告白・礼拝・喜捨・断食・巡礼）を表す手形が掲げられていた。丸屋根（タキ）で覆《おお》われたバザールには様々な土産物が売られていた。そこで、コウノトリ型のハサミや絵画を購入した。四本のミナレットが美しいチョル・ミナル、チンギス・ハーンにも破壊されなかったというカラーン・ミナレット、アルク城、レンガ造りのイスマイール・サーマーニ廟《びょう》などを見て回った後、夕食はメドレセの中庭で、民族舞踊と、ファッショ

イスラムの５つの信仰行為を表す手形
（ウズベキスタン：ブハラ）

ンショーを見ながらいただいた。

九月一九日（火）一五日目、八時にホテルを出て、チムール王国を建設したアミル・チムールの生まれ故郷、シャフリサブスを目指した。昼食後、そこに着くと、一八世紀の大地震でアーチ部分が崩壊し、両側の部分のみが残されたアクサライ宮殿跡の間を抜けたところに、チムール像があった。ドルッティロヴァット建築群、ドルッサオダット建築群などを見た後、バスを走らせ、夕刻一九時にサマルカンドに到着した。

九月二〇日（水）一六日目、朝八時半からサマルカンド観光をスタートした。まず、ウズベキスタンで最も大きなビビハニム・モスクを見た後、シャブ・バザールへ行き、土産に大きな皿と小皿三枚を買い求めた。その後、ウズベキスタン旅行の表紙を飾るレギスタン広場を訪れた。二〇一一年に来た時よりも、なぜか、イスラムブルーはくすんだように感じられた。そして、チムールの眠るグル・エミル・モスクを見た後、昼食となった。午後は、一旦バスで移動し、チムールの孫ウルグベクが建てたという天文台を訪れた。そこには、当時、星の座標を正確に求めるために使われたという六分儀の遺構があった（ウルグベクは、治政者というよりも科学者、教育者としての功績を後世に残した人のようだ）。さらに、バスに乗り、一三世紀モンゴルにより破壊されるまで栄えたとい

ウルグベクの六分儀の遺構
（ウズベキスタン：サマルカンド）

アクサライ宮殿跡とチムール像
（ウズベキスタン：シャフリサブス）

４本のミナレットのチョル・ミナル
（ウズベキスタン：ブハラ）

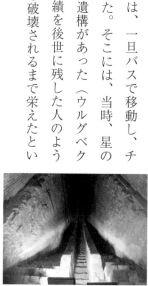

うアフラシャブの考古学博物館を訪れた。その後、以前にも訪れた階段の両側に多くの廟《びょう》を配するシャーヒ・ジンダ廟《びょう》群を見学した。

日本人抑留者の残したもの

九月二一日（木）一七日目、朝八時にサマルカンドのホテルを出て、タシケントに向かった。昼前に、タシケントへ着き、第二次世界大戦で抑留され、この地で命を落とした八〇名が眠る日本人墓地を訪れた。それは、一般共同墓地の門からしばらく行ったはずれの辺《あた》りにあった。各自、あらかじめ用意したペットボトルの水で墓石を清め、線香をあげお参りをした。昼食後、保存状態の良いガンダーラ仏像など仏教遺跡からの発掘物などが展示されている歴史博物館を見学した後、徒歩で、日本人抑留者が建設に携わったというナヴォイ劇場まで行った。劇場の入り口を見ると、その旨、日本語で刻まれていた（日本では抑留者の功績として大きく報道されているが、ガイドの説明によると、実際に日本人が関わったのは一年間程度のようだ）。そこから、ブロードウェイ通りを進むと、チムールの騎馬像のあるアミール広場に着き、背後にウズベキスタンへ来たとき最初に泊まったホテルも見えた。ホテルから、空港近くのレストランまで行き夕食をとった後、タシケントの空港から、二二時発の成田行きに乗った。

二度目のウズベキスタンに比較し、初めて訪れたキルギス、カザフスタン、トルクメニスタンは、観光地としては未整備のところも多かったが「地獄の門」

80 人が眠る日本人墓地
（ウズベキスタン：タシケント）

を初め、それなりに感動深いものがあった。「露店で買ったメロンとスイカを何度食べただろう」「青空トイレ、何回しただろう」、そんなことを思いながら、長かった中央アジアの砂漠と平原の旅から帰国の途についた。

日本人抑留者の功績の記された
ナヴォイ劇場
（ウズベキスタン：タシケント）

9 台湾駆け足旅行

台湾

その日のうちに台中へ

台湾は、いつでも手軽に行けるので、後回しにしていたところ、九月に中央アジアで同行したツアー客の中に、盛んに、台湾旅行を進める同年輩のおばさんがいた。よく聞いてみると、純粋な日本人ではなく、中国系の血が混じっている人のようであった。実は、台湾は仕事で二回ほど行ったことがあったが、女房は行ったことがなかった。その人の話を聞いてから、女房は乗り気になっているので、いずれ百ヵ国の中の一ヵ国に予定していたこともあり、

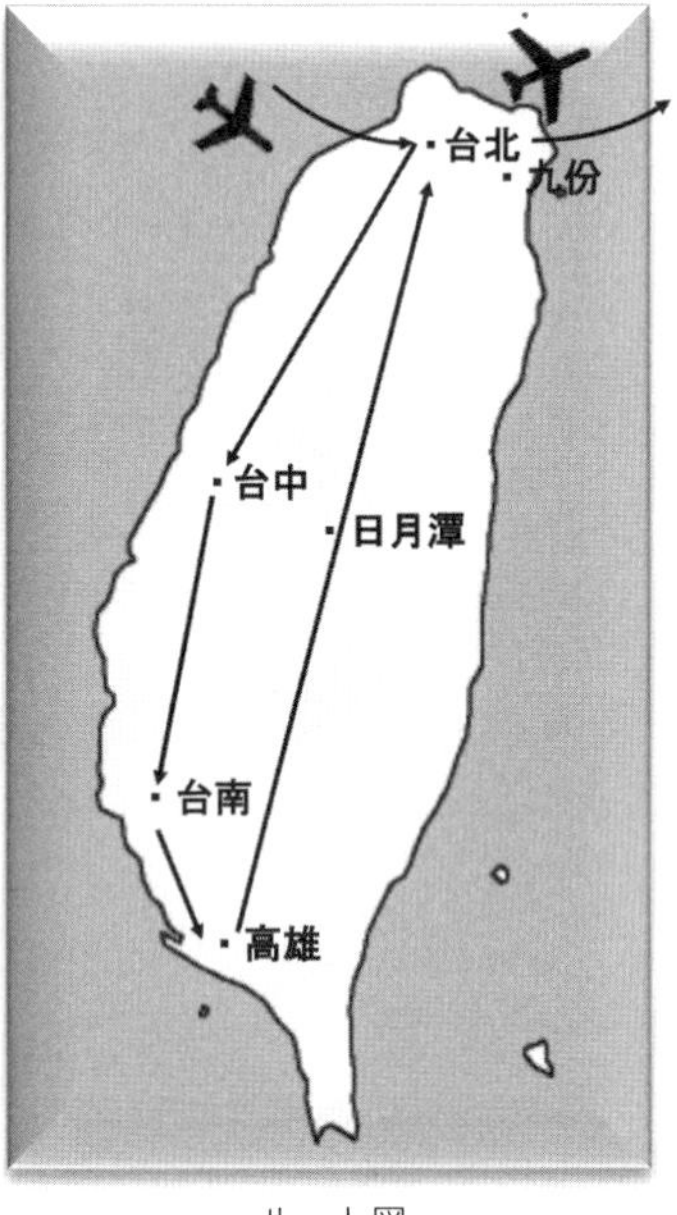

ルート図

旅程 2017 年 11 月 30 日～ 12 月 3 日

日数	日付	訪問国	都市	観光
1	11/30（木）	出国	成田経由台北・台中	
2	12/1（金）	台湾	台中・台南・高雄	宝覚寺・文武廟・日月潭・赤嵌樓・蓮池潭
3	12/2（土）	台湾	高雄・台北	寿山公園・台湾新幹線・故宮・九份
4	12/3（日）	帰国	台北・成田	忠烈祠の衛兵交代式

丁度良い機会ということで、手頃なツアーを探してみることにした。毎月送られてくるパンフレットを当たってみると、どの旅行会社も寒くなる一一月から翌年四月ごろまでは書き入れどきのようで、四～五日で台湾を一周するツアーをいくつも売り出していた。中には五万円前後の格安ツアーもあったが、旅行会社に問い合わせてみると、四〇名を超すような大所帯も珍しくなく、とても行く気にはなれなかった。何とか二〇名以下のツアーはないものかと探していたら、運よく、一旦、催行決定を出した後に、数名のキャンセルが出てしまったようで現在七名というツアーが見つかり、値段も七万円と高くはなく、四日間で一通り台湾を上から下まで巡るようなので、申し込むことにした。

一一月三〇日（木）一日目、久しぶりに、最寄駅から九時過ぎのリムジンバスで成田へ向かった。集合時間の二時間近く前に空港に着いたので、用意してきたおにぎりを食べながらラウンジで時間をつぶし、出国手続きを済ませ一五時過ぎの飛行機で成田を飛び立った。台湾は韓国、グアムなどと並んで身近な国ということもあってか、我々と同年輩のシニアだけでなく若い人たちのグループも混在しており満席であった。出発時刻は少し遅れたが、四時間のフライトで、定刻の現地時間一八時に台湾桃園国際空港に到着した。そこまでは順調だったが、まず、イミグレーションが長蛇の列で、通過するまでに三〇分以上かかったかと思ったら、次は、機内に預けた荷物が待てど暮らせど出てこない。出口で現地ガイドと待ち合わせることになっていたので、気が気ではなかった（こういう時に、添乗員抜きのツアーだと冷や冷やさせられる）。やむなくターンテーブル近くにいた空港関係者を捕まえ問いただすと、気を利かせて日本人の客のスーツケースはまとめて一ヵ所に出されていたようで、その中にうずくまっているのを女房がやっと見つけだした。急いでそれを引きずり出し、出口に向かうと、待ちくたびれたような顔をして初老の現地ガイドが迎えてくれた。遅れたことを詫《わ》びると、なんと、それでも我々が一番のようだった（そうなると全員集合はいつになるやら、これから二時間半かけて、今日中に台中まで行かねばならぬというのに）。

結局、三〇分近くかかって、やっと九名全員が集合し、空港を出ることになった。我々も含めて夫婦は二組、女性同士が二組、男性一名で、どうやら年齢的には上の方であった。空港を出ると直ぐに高速道路に入り、空いていたおかげで、何とか予定時間の一時間遅れの二一時半頃に台中のホテルに到着することができた。ホテルは、今年行った中米、バルカン半島、中央アジアとは比べ物にならないほど上等で、お湯の出を心配することもなく、ゆったりバスタブにつかることもできた。小腹が空いたので、お湯を沸かし、即席のご飯を食べて、二三時前に床に就いた。

さらに南下し、台南、高雄へ

一二月一日（金）二日目、朝食を済ませ八時にホテルを出て、市内にある宝覚寺を訪れた。そこには、高さ三〇メートルの黄金の布袋《ほてい》様があり、占領時の日本人墓地にもお参りした。その後、途中、寝具店に立ち寄るなどしてバスで一時間半ほど走ると、台湾最大の天然湖、日月潭《にちげつたん》に到着した。湖畔まで下り二〇～三〇分散策した後、湖畔に面した孔子などを祀《まつ》った文武廟《びょう》を観光した。この辺《あた》りは、一九九九年の大地震の震源地近くで、現在の建物の多くは再建された

日月潭《にちげつたん》に面した文武廟（台湾）

ものとのことで、門を潜《くぐ》り周回すると、その時新たに造られたたくさんの石の彫刻を見ることができた。中でも、正門の両側にある獅子と龍の石の彫刻は見事だった。近くの民家風レストランで、台湾の田舎料理の昼食を済ませ、土産に布製の小物入れを買い求めた後、台南まで一時間ほどバスを走らせた。台南では、一七世紀半ば、オランダ人を一掃し政権を樹立し台湾を統治した、日本人を母に持つ鄭成功《ていせいこう》が政治の中心としていた赤嵌楼《つーかんろー》を訪れた。中に入り各室を一通り見終えると、既に、時刻は一五時を回っていた。早速、バスに乗り込み、さらに南下し、台湾第三の都市、高雄を目指した。一時間ほど走り日暮れ近くに高雄の蓮池潭《れんちたん》に着くと、龍と虎のモニュメントのある池の周りは大勢の観光客で賑《にぎ》わっていた。ご利益《りやく》があるというので、試みに、龍の口から入って虎の口から出てきてから、道路向かいの露店で、釈迦の頭に似ているので「シャカトウ」と名付けられた果物をデザート用に手に入れた。海鮮料理の夕食後、歩行者天国になっている六号夜市を散策した。日本のお祭りと同じように、多くの露店が出ていた。三〇分ほどいくつかの店を覗《のぞ》いた後、愛河の畔《ほとり》まで行くと、どういうわけか留袖《とめそで》を着た中年女性が船着き場の前で演歌を歌っていた。しばらく、それを聞きながら待っていると、ゲートが開いたので、クルーズ船に乗り込んだ（これまで、ライン川、ドナウ川などいくつかのクルーズを経験したが、今回のものは、もっと小規模で、どちらかというと、日本の「屋形船」に近いかもしれない）。三〇

高雄の蓮池澤《れんちたん》
（台湾）

釈迦の頭に似たシャカトウ
（台湾：高雄）

分ほど風に吹かれながらクルーズを楽しんだ後、ホテルに向かった。一〇分ほどでホテルに着き「折角買ってきたのだから」と思い、購入した「シャカトウ」のねっとりした甘さを味わってから、眠りについた。

確《しか》と見届けた「肉」と「白菜」

一二月二日（土）三日目、ホテルを七時半に出て、高台にある寿山公園に上ると、高雄市内と港を一望することができた。同年輩の現地ガイドが、とっておきの話をするという素振りで「高雄という名は、実は昭和天皇が来た時につけてもらったものです」と教えてくれた。見晴台への上り下りで多少汗をかいた後、一〇時の台湾新幹線に間に合うように、市内観光は早々に切り上げ高雄駅に向かった。真新しい駅に着くと、セブンイレブンで台湾ビールを購入して車両に乗り込んだ。日本製の車両の内部の様子は「ひかり」「のぞみ」というよりも、今はあまり乗らなくなった「こだま」という印象である。社内で焼肉弁当の昼食をとり、二時間ほどで正午過ぎに台北駅に到着した。当初の予定では、先に九份へ行き、一五時過ぎに台北に戻ってから故宮を見ることになっていたが「故宮でお目当ての『肉形《にくがた》石』と『翠玉《すいぎょく》白菜』を行列に並ばずに見るには、お昼時の時間帯が狙い目」とのガイドの提案で、駅に着くとその足で、すぐさま故宮博物館へ向かった。到着すると、ガイドの予想通り込んでおらず、真っ先に三

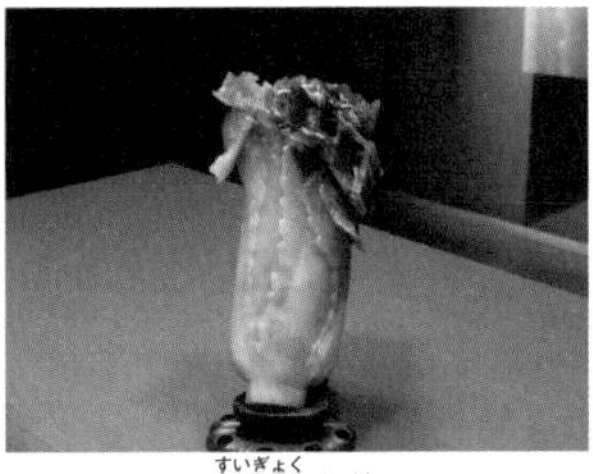

翠玉《すいぎょく》白菜
（台湾：台北の故宮博物館）

肉形《にくがた》石
（台湾：台北の故宮博物館）

階に上がり人気の『肉形石《にくがた》』と『翠玉白菜《すいぎょく》』を難なく見ることができた。「このうち『肉形石《にくがた》』は外国の博物館へ出張することが多く、両方を見ることができるのは、大変運が良い」とガイドが付け加えた。三階から二階、一階と順に下りながら、ガイドが主だった展示物を、レンタルしたイヤホーンを通して説明してくれた。地下で記念に『肉形石《にくがた》』と『翠玉白菜《すいぎょく》』の根付けを購入し、一時間半ほどで故宮を後にした。

土砂降りの九份見物

博物館を出て台北市内から東へ九份を目指しバスを走らせると、次第に雲行きが怪しくなってきた。途中、乗り合いバスに乗り換える時には雨脚が早くなり、九份に着いた時にはもう本降りになっていた。傘をさしたり閉じたりしながら、人込みの中、両脇に店のある狭い路地の坂道を上っていくと、宮崎駿の「千と千尋の神隠し」の舞台のイメージと重なる景色の所に行き着いた。上半身は雨合羽を着ていたが、下半身はもはやずぶ濡れであった。雨に濡れないように胸ポケットから慎重にカメラを取り出し、証拠写真を撮ると、早々に待ち合わせ場所に指定されたセブンイレブンまで戻り、来た時と同じようにバスを乗り継ぎ台北へ引き返した。その日の夕食に予定されていた、小籠包で有名な鼎泰豊《でぃんたいふぉん》という店に到着すると、大勢の客が順番を待って並んでいた。五分ほど待つと、ガイドが呼びに来て、三階まで上ると小部屋があり、丁度、九人分の椅子が用意されていた。ウェイトレスの指示で、お酢と醤油を三対一の割合で小皿に注ぎ、刻み生姜で極上の小

九份の街並み
(台湾)

籠包を一人五つずついただいた。順番に出される餃子やチャーハンの上品な上海料理に舌鼓《したつづみ》を打ち、皆、満足げな顔つきで二一時頃ホテルに到着した。

イケメンの衛兵たち

一二月三日（日）四日目、朝八時にホテルを出て、土産店で烏龍茶を購入した後、九時半から衛兵交代式が行われる忠烈祠《ちゅうれつし》へ向かった。到着すると、既に、大型バスが何台か乗り付けていた。行進が行われる参道の両側に並び、二〇分ほど待つと、七人の衛兵が現れ交代式が始まった。（ホテルからの道すがらバスの中で「もし、お嬢さんがおられたら紹介しますよ。衛兵は、いずれも血筋が良く、容姿端麗《ようしたんれい》、文武両道なので、お勧めですよ」と、ガイドが冗談を言っていたが、なるほど、背の高いイケメンばかりである）。三〇分位、行進を追いかけるように見学し、一〇時過ぎに桃園空港へ向かった。ラウンジで早めの軽食をとり、一二時過ぎの飛行機で、正味三日間であったが、それなりに楽しめた台湾駆け足旅行から帰国の途についた。

忠烈祠《ちゅうれつし》の衛兵交代式
（台湾・台北）

10 兵《つわもの》どもと辿《たど》った奴隷交易の地

ブルキナファソ・コートジボワール・ガーナ・トーゴ・ベナン

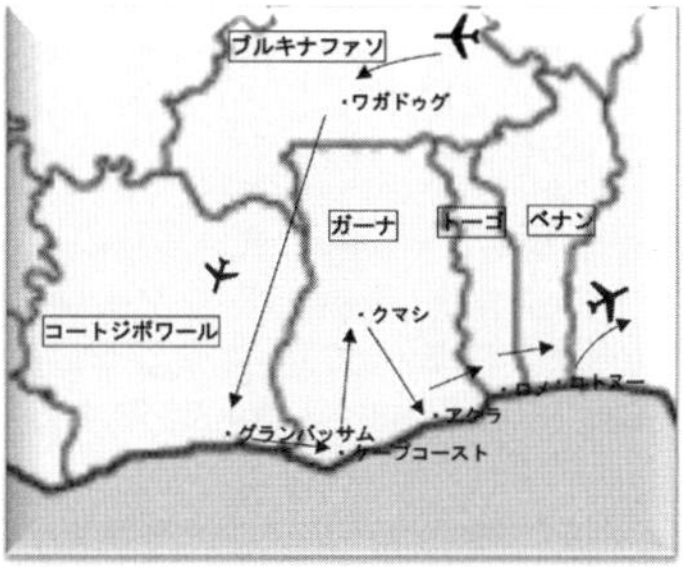

ルート図

予防注射を済ませ予防薬を携えて

西アフリカは、一度に四〜五ヵ国回れるということで、二〜三年前から目をつけていた。しかし、数年前エボラ出血熱がはやったこともあり、黄熱病の予防注射も必要ということで、敬遠していた。ところが、二〇一七年秋に行った中央アジアの旅で、既に、何人かの人がイエローカード（黄熱病予防接種済みの証明書）を持っていることがわかり、

旅程 2018 年 1 月 31 日〜2 月 11 日

日数	日付	訪問国	都市	観光
1	1/31（水）	出国	成田　香港・アジスアベバ経由	
2	2/1（木）	ブルキナファソ	ニアメイ（ニジェール）経由ワガドゥグ	グランドモスク
3	2/2（金）	ブルキナファソ	ワガドゥグ・ラオンゴ村	彫刻庭園・大聖堂・クラフトセンター
4	2/3（土）	コートジボワール	グランバッサム・アビジャン	セントポール大聖堂・大洗濯場・国立博物館
5	2/4（日）	ガーナ	ケープコースト	ケープコースト城・エルミナ城
6	2/5（月）	ガーナ	クマシ	カカオ農園・マニア宮殿
7	2/6（火）	ガーナ	アクラ	ビシアセ神殿・野口英世館・エンクルマ公園
8	2/7（水）	トーゴ	ロメ	国立博物館・大聖堂
9	2/8（木）	ベナン	ウィダ	帰らずの門・博物館・蛇寺
10	2/9（金）	ベナン	アボメー・コトヌー	王宮博物館・水上家屋都市ガンビエ
11	2/10（土）	ベナン	コトヌー	アートセンター
12	2/11 祝（日）	帰国	アジスアベバ・香港経由　成田	

そう特別な場所ではないと思えてきて、本格的にツアーを探してみることにした。調べてみると、数社でツアーを組んでおり、中米へ行った時と同じ会社も乾季の一二月～三月にかけてツアーを企画していることが分かった。年末年始の忙しい時期の過ぎた一月末から二月にかけてのものなら可能と思い、早速、申し込むことにした。イエローカードは、直前では体調を崩しては不味《まず》いので、年内に、早めに取得することにした。旅行社に問い合わせてみると、六五歳以上の人を受けつけているのは東京で二ヵ所しかないと聞き、その内の新宿にある病院に問診も含めて二度赴《おもむ》き、黄熱病の予防注射をしてもらった。その病院の勧めで、A型肝炎の予防注射も一緒に行い、マラリア予防の一粒五百円もする錠剤を日数分購入した。

一月三一日（水）一日目、あらかじめスーツケースを送り、夕刻のスカイライナーで成田に向かった。成田空港へ着き、荷物を受け取り、指定されたカウンターへ行くと、ポニーテール風に長髪を結《ゆ》わいた長身の男性が待っていた。「きっと、お釜を持ってくるという添乗員よ」と、女房が耳元で囁《ささや》いた。中米に同行したツアー客から、お釜で米を炊いて振る舞ってくれる名物添乗員がいると聞いていた。スーツケースはもうほとんどカウンター前に並んでおらず、大半の参加者が、搭乗手続きに行ったようであった。同じタイミングで来た六〇前後の一人参加の男性と一緒にエチオピア航空の搭乗カウンターへ向かった。順番を待つ間、その人と話してみると、今回で一四〇ヵ国目だという（どうやら、今回の同伴者は、ベテランぞろいのようだ）。順番が来て、搭乗カウンターに行くと「何を見に行かれるのですか」と聞かれた。なんと係員からである（それほどに、西アフリカの観光地としての知名度は低いということか）。成田を二二時過ぎの飛行機で経ち五時間半乗って、途中、香港で一時間ほど機内待機した後、さらに、それから一〇時間半乗って、翌日二月一日（木）二日目、現地時間七時半にエチオピアのアジスアベバに到着した。ここで初めてツアー客同士顔を合わせた。一七名参加で平均年齢は六九歳と聞いていたが、夫婦連れは我々含めて二組だけで、年配女性の一人参加が圧倒的に多い。トランジットの約三時間の間に、一緒になった七〇代の一人参加の女性に誘われ、荷物チェックを逆走して免税店に行き、エチオピアのコーヒーを二袋購入した（思い切ったことをするものだ。相当、旅慣れているに違いない）。アジスアベバから、さらに、ニジェールのニアメイを経由して、一五時過ぎにブルキナファソのワガドゥグに到着した。日本から三〇時間近くかかったことになる。機内で隣り合わせた七〇代後半の男性は、一二〇ヵ国目だという（とても百ヵ国を目指しているなどと言える雰囲気ではない。兵《つわもの》ばかりのツアーのようだ）。その日は、日が暮れかかっていたので、途中、グランドモスクだけ立ち寄り、海岸近くのホテルに向かった。ホテルの前の学校には、南アフリカのネルソン・マンデラの名がつけられていた。

彫刻が語りかける黒人奴隷の絶望

二月二日（金）三日目、朝食を済ませ、彫刻庭園があるという五〇キロ郊外のラオンゴ村を目指して、ホテルを八時に出発した。一時間ほど走り彫刻庭園に着くやいなや、添乗員が「見学に一時間ほどかかるので、中に入る前にトイレを済ませておきましょう」と声をかけ「女性は道の向こう側、男性はこちら側」と続けた。こちらは、突然の声掛けだったので「もう、早くも青空トイレか」と思っ

黒人奴隷の絶望を表す作品（彫刻庭園）
（ブルキナファソ：
ワガドゥグのラオンゴ村）

たが、誰もが少しの躊躇《ちゅうちょ》もなく、平然とその指示に従い、五、六分で用を足してきた（さすが、兵《つわもの》ぞろいである。青空トイレと聞いて一人として驚かない）。庭園の中に入ると、世界各国からやってきた名もない彫刻家の手による花崗岩《かこうがん》を素材にした作品が、いくつも野外に野ざらしで展示されていた。若い専属の学芸員のフランス語を現地ガイドが英語に直し、それを添乗員が日本語に訳すというやり方で見学が始まった。説明によると、彫刻家の旅費と二カ月程度の滞在費はこの国でみてくれるようだが、作品そのものの値段は微々たるもののようだ。黒人奴隷の一家が急な坂道を苦労して上り、やっとのことで脱出できたと思ったら、その先は絶壁だったという、奴隷たちの置かれた絶望的な境遇を表現した作品、新婚時代の微笑ましい夫婦の表情の彫刻の背面に、数年後の二人の冷めた表情を描写したものなど、どの作品も何がしかのメッセージが込められているようであった。中には「ＩＮＯＵＥ」と作者名の記《しる》された日本人の円形の橋の作品もあった。我々以外、観光客は見当たらないのを確かめるようにキョロキョロしていると「一年に一度作品展が開催され、その時はもう少し訪れる人も多い」と、学芸員が付け加えた。

　庭園を出て、空港へ行くまでの時間を利用し、木製や金属製の工芸品、ろうけつ染めのような絵画を制作し販売しているクラフトセンターや、フランス植民地時代に建てられた大聖堂などを見て回った。空港へ向かう途中のレストラ

クラフトセンター
（ブルキナファソ：ワガドゥグ）

大聖堂
（ブルキナファソ：ワガドゥグ）

ンで昼食を済ませ、夕刻、一六時過ぎの飛行機でコートジボワールのアビジャンへ飛んだ。ところがである。到着時間はほぼ定刻どおりだったのだが、入国手続きに一時間要したのと、迎えのバスが交通事故の影響で二時間近く到着が遅れてしまい、三時間近く空港で待ちぼうけを食うことになってしまった。結局、海岸線にあるフランス植民地時代の首都グラン・バッサムのホテルに着いたのは二一時半を過ぎてしまい、おまけに割り当てられた部屋がクリーニングが済んでおらず、部屋を変えてもらった関係で、夕食を済ませ最終的に床に就いた時は、夜中の零時を回っていた（この国では、高級なホテルのはずだが、やはり、観光地としては、まだまだだというところか）。

「コートジボワール」の謂《いわ》れ

二月三日（土）第四日目、朝食を済ませ、出発時間の八時少し前にロビーへ下りると、人のよさそうな丸顔の中肉中背の現地ガイドが待っていた（どうやら、ガーナ出身のこのガイドは最終日まで同行するようだ）。その他に、もう一人、色の黒いスレンダーな小柄なガイドがいた（この人は、コートジボワールのガイドのようだ。黒人でもだいぶ容姿に違いがある）。午前中、コートジボワール最大の都市アビジャンまで行き、セントポール大聖堂を見学した。象の形をイメージした大聖堂の中では新司教の叙階《じょかい》式が行われていた。その足で、古来この地に居住していた四つの主な種族の出土品が展示され、その歴史や暮らしぶりを伺《うかが》い知ることのでき

セントポール大聖堂
（コートジボワール：アビジャン）

る国立博物館を訪れた。中には、象の牙も展示されていた（ちなみに、国名のコートジボワールは、フランス語のｃｏｔｅ《コート》『海岸』とｉｖｏｉｒｅ《イボワール》『象牙』を組み合わせたものである）。その後、大勢の男たちが、川の水で豪快に洗濯をしている大洗濯場を見に行った。水飛沫《みずしぶき》を上げながら、石鹸らしきものを使い、洗いから濯《すす》ぎまで同じ場所で行い、絞った衣服は法面の草の上に直接干していた。中には、ついでに、自分の身体を洗っている者もいる（ここを観光案内の一つに加えないとならないほど、観光資源が不足しているということか）。洗濯場を出て、ホテルのあるグラン・バッサムへ引き返す途中、スーパーマーケット（カルフール）へ立ち寄り二リットルのペットボトル三本の水を仕入れた。その後、遅い昼食をとり、フランス植民地時代に使用されていたという灯台を見てから、徒歩で当時の旧総督府、徴税オフィス跡、旧郵便局などが立ち並ぶ歴史地区を散策した。どの施設も決して保存状態が良いとはいえず、観光地としては整備が不十分と言わざるを得ない状況であった。当時、黄熱病に対する免疫がなかったため命を落とした多くのフランス人の慰霊碑もあった。ホテル到着後、その日は、夕食時に自己紹介を行うことになった。もう一組のご夫婦が「この次の旅で百ヵ国目になる」と少し誇らしげに説明していたが、他の参加者がさほど驚かない様子から、いずれも、それ以上であることは、容易に想像できた。自分たちの番になって、女房が、ベテランぞろいに驚いている旨、うまく話してくれた（これで、やっと、全

象の牙（国立博物館）
（コートジボワール：アビジャン）

大洗濯場
（コートジボワール）

員の顔と名前が一致した）。

DOOR《ドア》 OF《オブ》 NO《ノー》 RETURN《リターン》

二月四日（日）五日目、その日は、陸路でコートジボワールとガーナとの国境を通過し、三五〇キロ先のケープコーストまで行かなければならないため、いつもより三〇分早い七時半にグラン・バッサムのホテルを出た。まず、コートジボワールのスレンダーなガイドを自宅近くだというので降ろし、二時間ほど走ると国境に到着した。一時間強で出国と入国の手続きを完了し、途中のレストランで昼食を済ませ、一五時半にガーナの首都ケープコーストに行き着いた。海岸に立つケープコースト城は、一六世紀にポルトガル人が貿易の拠点とし、その後、オランダ人、スウェーデン人の手にわたり、一七世紀半ばからイギリスのものとなったもので、ここから、カリブ海、アメリカへ何百万人の奴隷が船で輸送されたとのことだった。スマホで明かりをとりながら、収容所として利用されていたという城の地下に入ると、男女別の部屋があり、薄暗闇の中に、ボーリングのボール位の大きさのたくさんの球状の物体が置かれているのがわかった。近づいてみると、それは奴隷の頭部を模したものだった。小窓から注ぐ光しかない狭い部屋に千人位が鎖をつけられたまま身動きもできない状態で収容されていたよ

ケープコースト城
（ガーナ）

地下の奴隷収容所
（ガーナ：ケープコースト）

うだ。食事は一日パンと水が二回だけで、床に掘られた傾斜のついた浅い溝で用を足していたようだ。ここは、オバマ大統領夫人のミシェルの祖先がこの地の出身ということで、大統領夫妻も訪れた旨記《しる》されていた。奴隷たちは、ここに三ヵ月ほど収容されてから、小型ボートで沖合まで連れていかれ、そこで待つ奴隷船の船底にバラストのように寝かされたまま積まれ海へ出ていくわけだが、その際潜《くぐ》る門には「DOOR《ドア》 OF《オブ》 NO《ノー》 RETURN《リターン》」の文字が刻まれていた。その門を潜《くぐ》り振り返ると、後世になり刻まれたのであろう「DOOR《ドア》 OF《オブ》 RETURN《リターン》」の文字があった。海辺につながる道には、当時と同じ位の大きさの小型船がいくつも停泊していた。ケープコースト城の近くにもう一つ、奴隷交易に利用されたというエルミナ城があった。城内に入り中央広場に行くと、すぐに、入り口に髑髏《どくろ》マークのある扉が目についた。若い専属学芸員が「この部屋は、言うことを聞かない奴隷を監禁する独房で、水や食物をいっさい与えず死に至らしめる監獄だ」と、隣にある白人兵士を二、三時間だけ閉じ込めるお仕置き用の部屋と比較しながら説明した。この城にも、地下の収容施設があり、奴隷たちを船に乗せるために設けられた海辺へつながる迷路のような通路があった。その日は、エルミナ城から、バスで一〇分ほどの所にある、海に面したロッジ風のホテルに宿泊した。

DOOR OF NO RETURN

DOOR OF RETURN

髑髏《どくろ》の記された独房（エルミナ城）
（ガーナ：ケープコースト）

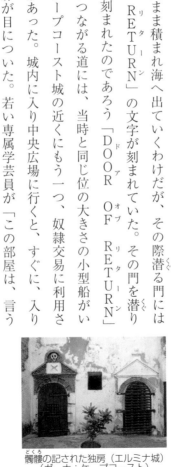

列強に抗《あらが》った先住民族

二月五日（月）六日目、ケープコーストから、金の産地として知られるアシャンティ族の住む中心都市クマシを目指し、二四〇キロバスを走らせた。途中、集落を通る度に、道路にspeed bump《スピードバンプ》と呼ばれる凸部が施《ほどこ》されていて、バスはスピードダウンした（それがstreet《ストリート》vender《ベンダー》と呼ばれる物売りにチャンスを与えることになっているようだ）。しばらく走り、トイレ休憩に寄ったガソリンスタンドの裏がカカオ農園になっており、カカオの栽培状況を見学した。カカオは木の幹から直接「にょきっ」となっており、日陰を好むということで、周囲にはバナナなども栽培されていた。コーヒー園のような大規模なプランテーションでは育たないそうだ。その一つを現地ガイドがもぎ取り割ってみると、中には甘い果肉に包まれた種が並んでいた。そこから一時間半ほど走るとクマシ市内へ入り、レストランで昼食を済ませた後、マニア宮殿などを見学した。宮殿には、古来この地を収めてきたアシャンティ族がイギリスに敗れるまでの歴代王朝の歴史がわかる品々が展示されていた。この種族は母系で、イギリスの酒とたばこを使った懐柔《かいじゅう》作戦を見抜き、果敢に戦いを挑み、敗れたという小柄な王母の等身大の模型も展示されていた。宮殿を出てホテルに向かう途中「今回の旅は、土産といってもさしたるものが

カカオの実を割ったところ（ガーナ）

カカオの実（ガーナ）

ないので」と前置きして、添乗員が「ガーナチョコ」を買いにスーパーマーケットに連れて行ってくれた（ちなみに、本場のガーナチョコは硬くて苦く、日本のものとは別物である）。その日の夕食時、中日《なかび》ということで、予想した通り、添乗員が持ってきたお釜で米を炊き、ご馳走してくれた。

「知る人ぞ知る」野口英世記念館

二月六日（火）七日目、市内からほどないところにあるアシャンティ族の伝統建築の残るビシアセ神殿を訪れた。藁吹《わらふ》き屋根の神殿の周囲にある民家にも行き、その暮らしぶりを拝見した。まだ、トイレは各家にはなく、共同で使用しているようであった。その後、途中レストランで昼食をとり、ガーナの首都アクラへ向かった。ガーナ大学付属病院には、黄熱病の研究でこの地に来て自らも黄熱病にかかり命を落とした野口英世の記念館がある。行ってみると、それは人気《ひとけ》の少ない病院の片隅にあった。少し待つと係員が現れ、建て付けの悪いドアを開けてくれた。中に入ると、今は使われていない研究室なのに、まだクレゾールの匂いが残っていて、実験器具が雑然と置いてあった。執務室には、野口英世や両親の写真「忍耐」と書かれた掛け軸、そのほかいくつかの資料が展示されていた（知らなかったが、野口英世は半年しかここにいなかったそうで、二〇一七年一月に行った中米の旅のパナマ運河建設に貢献した青山　士《あきら》の場合

野口英世の銅像にて
（ガーナ：アクラ）

ビシアセ神殿
（ガーナ）

と同じように、日本では有名であるが、現地の人はほとんど知らないようである。日本人以外、決してここを訪れることはないのではないだろうか）。「日本庭園」らしき庭の横に建てられた金色の胸像の前で証拠写真を撮り、楽しみにしていただけに少し期待外れだった「知る人ぞ知る」野口英世記念館を後にした。次に、ガーナ建国の父と言われ、パン・アフリカ主義（アフリカ系人民の解放）を唱えたエンクルマ初代大統領の記念公園を見学した。エンクルマは、日本では知らない人もいるかもしれないが、この国では野口英世とは比べものにならないほど著名な人物である。幼い頃から秀才で、若くしてアメリカやイギリスで学び、帰国後、社会主義者としてこの国を独立に導いた人物である。ヴォルタ川の上流にＡＫＯＳＯＭＢＯ《アコソンボ》 ＤＡＭ《ダム》を造るなどして、国の発展に貢献したが、晩年、独裁的になったことにより国を追われ、亡命先のルーマニアで命を落としているとのことだった。公園を出てホテルへ帰る途中、ガーナの伝統という装飾棺工房へ立ち寄った。この国では、生前に、棺を準備するのが習わしのようであった（ただし、高価なもので誰もというわけではなさそうだ）。

エンクルマ記念公園にて
（ガーナ：アクラ）

「ウナギの寝床」の訳《わけ》

二月七日（水）八日目、ガーナの首都アクラを出て、ヴォルタ川を渡り、東へ二時間近く走ると、もう隣国トーゴとの国境に着いた。西アフリカの中でとりわけトーゴとベナンは「ウナギの寝床」のような縦長の国だ。一九世紀の終わりのベルリン会議で欧州列強に植民地として強制的に線引きされたためである。初め、ドイツの保護領であったが、第一次世界大戦でドイツが敗れたことにより、一九六〇年の独立までフランス領であった。国境を通過するとまもなく首都ロメ市内に入り、フランス人でごった返していたレストランで昼食をとった。そのレストランにトイレが一つしかないこともあり、ツアー客が少し不満げだったのを見て取った添乗員の提案で、午後の観光の前に先にホテルにチェックインし身体を休めることになった。二時間ほどホテルで過ごしてから、独立広場、国立博物館を見た後、駐車場から露店で賑《にぎ》わう人込みの中を縫うようにして大聖堂まで歩いた（我々以外、外国人らしき人は全く見かけない）。行きかう黒人たちが、好奇の眼差しでこちらを見ていた。

大聖堂
（トーゴ：ロメ）

奴隷海岸に悠然と立つ「帰らずの門」

二月八日（木）九日目、トーゴからさらに東に進み昼過ぎにベナンに入国し、一三時半頃、伝統宗教のヴードゥー教の聖地ウィダに到着した。早速、浜辺に行き、海風に吹かれながら昼食をとった。そこからほどない所にある「帰らずの門」に行くと、鎖につながれ列になって奴隷船に向かう姿が描かれているのを見ることができた（この浜辺から大勢の奴隷たちが、世界に散っていっ

陸側から見た「帰らずの門」
（中央に奴隷船）（ベナン：ヴィダ）

たということか)。当時、奴隷たちは、奥地から、鎖につながれ長い列をなして、二百キロ歩かされ、この浜辺(Slave《スレーブ》 Coast《コースト》)まで連れてこられたようだ。門の陸側から見た絵の中央には海に浮かぶ奴隷船が、海側から見た絵の中央には希望を表す木が描かれていた。浜辺を離れ、街中に入ると、ヴードゥー教のそれとわかる人形が家々の前に飾ってあった。車窓から神官と呼ばれる祈祷《きとう》を行う白装束《しろしょうぞく》の若い女性の姿も見かけた。ヴードゥー教は、もともと民間信仰の一つで、経典、教義もなく、時代を経て、キリスト教などの他宗教とも融合していったようである(良いとこ取りしたり、隠れ蓑《みの》に利用したりしていたようだ)。奴隷とともに渡ったハイチで発展し、一説によると、現在は世界に五千万人信者がいるという。地、火、水、空気の四つを祀《まつ》り、空気に対応するのが蛇で、蛇寺を覗《のぞ》くと、何匹ものニシキヘビが蜷局《とぐろ》を巻いていた。ポルトガル人が建て、当時、奴隷の収容所としても利用されていたという博物館を見た後、ベナンの首都コトヌーに向かった。

逆境にも負けない見上げた男

二月九日(金)一〇日目、午前、奴隷貿易で栄えたダホメー王国の都アボメーを目指し、バスを北へ走らせた。道すがら、車窓に目をやると、出勤ラッシュで、二人乗りのバイクが行列をつくっている。よく見ると、どのバイクも運転

海側から見た「帰らずの門」
(中央に希望の木)(ベナン:ヴィダ)

バイクタクシー
(ベナン)

手は皆黄色い服を纏《まと》っていた。ガイドに聞くと、バイクタクシーのようだ（どうりで、道端では、バイク燃料用にペットボトルにガソリンを入れて売っているのをよく見かけるはずだ）。一時間半ほど走ると、急に、道路わきにあった銅像の前でバスが止まった。降りてみると、銅像には「TOU《トゥー》 SSAINT《サン》 LOUVERTORE《ルーヴェルチュール》」と書いてある。この地の生まれで、奴隷としてハイチに送られ、そこで軍人（将軍）まで上り詰め、ハイチの独立に貢献した人物だそうである（逆境に負けずに這《は》い上がる、見上げた人物がいたものだ）。それまで奴隷たちの悲惨な歴史ばかりを見せつけられていただけに、何か救われたような気持ちになった。

アボメーに着き王宮を見学した。ダホメー王朝は、一八世紀から二百年にわたり一二代栄えた王国で、恐怖政治のもとポルトガルとの奴隷交易で、奴隷と交換に武器（大砲）を仕入れて、族間の戦争に勝利していたようだ。なお、大砲一台に対して、男の場合一五人、女の場合二一人の奴隷と交換していたとのことだ。旅も終盤に入り、予想通り、土産になるようなものは、先日、マーケットで購入したガーナチョコ以外何もなさそうなので、休憩時間を利用し、中庭で開いていた土産物屋でテーブルクロスにも使えそうな細長い織物を、記念に購入した（これで、現地貨はすべて使い切ったことになる）。昼食後、奴隷になることを逃れるため水上生活者となった黒人たちの暮らすガンビエを訪れた。小舟に乗り三〇分ほ

トゥーサンルーヴェルチュール像
（ベナン）

ガンビエの水上生活者
（ベナン）

どすると、高床式の家屋が密集した集落に行き着いた。魚を取って生活しているようであるが、油以外、衣食住に必要なものは一通りそろっているようである。水上ロッジに上陸し一時間ほど土産屋を見た後、湖面に沈む夕日を見ながら、船着き場に引き返した。その日は、最後の夕食ということで、添乗員が二度目の白米を炊いてくれ、持参したフランスワインを提供してくれた。二月が誕生月の参加者が二名いて、デザートにケーキもご相伴《しょうばん》にあずかった。

夕日を背にした小舟
（ベナン：ガンビエ）

実は「訳《わけ》あり」の兵《つわもの》たち

二月一〇日（土）一一日目、九時にホテルを出て、午前中、アートマーケットへ行き、記念にドルでマグネットを三つ購入し、空港へ向かった。旅の初め、成田で「何を見に行かれるのですか」と尋《たず》ねられたが、確かに、行ってみると、負の遺産であるSlave《スレーブ》Trade《トレード》（奴隷交易）の痕跡《こんせき》を唯一の観光資源としている国々であることは間違いなかった。ただし、その一方で、物乞いもほとんどおらず、写真を撮ってほしいと近づいてくる子供たちも人懐《ひとなつ》こく、まだ、観光擦《す》れしていない素朴な人たちの暮らすところでもあった。そんなことを思い起こしながら、その日の昼過ぎ、ベナンを経ち、アジスアベバ、香港を経由して、二月一二日（日）一二日目の夕刻帰国した。

よく「可愛い子には旅をさせろ」とか「旅から学ぶ」など、旅の教育効果を説くことがあるが、今回の旅を通じて、必ずしもそうは思えない気がしてきた。今回の参加者一七名の内、ほとんどが百ヵ国以上回ったことのある兵《つわもの》であった。しかし、マイペースの人や他の人にはお構いなく我先にという自分勝手な人、自分が成功したことや裕福であることをさりげなくひけらかす人などが何人かいた。とても、旅の回数を重ねるごとに人間が鍛えられるとはいえそうもない。むしろ、段々、鼻持ちならない人間になっていくようにも思えた。考えてみれば、親の資産や事業を受け継いだり（聞いてみると、自分だけで財を成したという人は意外と少ない）、働く必要がないので持て余すほど時間があったり、家族や身の回りの人に無頓着でいられれば、毎月のように海外へ出かけ何ヵ国も回れるはずだ。そんな人に、国数からいって土台敵《かな》うはずもない。また「それを競うことにどんな意味があるのだろうか」とも思えてきた。肝心なのは、その旅で新鮮な驚きや感動があり、そこから自分の人生の肥やしとなる何がしかを感じ取ることができるかということではないだろうか。慣れとは恐ろしいもので、漫然と何ら内実を伴わずに、惰性で何百回、海外旅行をしたとしても、それは単に、物理的な移動の回数を数えているに過ぎないのではないかとさえ思えてきた。

そこまできて、ふと、一八〇ヵ国行ったという一人参加の男性の言葉が気にかかってきた。その人は「マグロのようにいつも移動していないとだめになってしまうのですよ」といみじくも呟《つぶや》いたのだ。「いつも、交通事故の後遺症で寝たきりの妻を残して旅行している」と、少し後ろめたそうな表情で、声を潜《ひそ》めて付け加えた。子供と先妻を亡くし、独り身の二〇年近い間に貯めた資金で再婚した妻と旅をしていたが、その妻も体調を崩し、今は一人で旅に出ているとか、死別した夫と天国で再会した時の土産話づくりに旅に出ているとか、いつの間にか夫とは冷めた関係で何をするにも別行動とか、働きずくめのキャリアウーマンで良縁にも恵まれず、とうとう独身を通すことになったとかなど、旅の終わりになり、だんだん同行者の素性がわかってきた。勿論、誰しも、珍しいもの見たさや、異文化を味わう楽しさを求めて旅に出るわけだが、それぞれ現実逃避の手っ取り早い方法として旅を選んでいるというもう一つの切実な訳《わけ》が隠されているようだ。極言すれば、寂しさを押し殺して、駆り立てられるように、半ば強迫的に、幕なしに旅に出ているともいえるのである。そう考えると、国数を数え、物理的な移動回数のみに拘《こだわ》るのはいかがなものかと、益々思えてきた。そんなことも改めて考えさせられた西アフリカの旅であった。

11 ベネルクス、花と芸術の旅

フランス（三回目）・ドイツ（三回目）・ルクセンブルク・ベルギー・オランダ

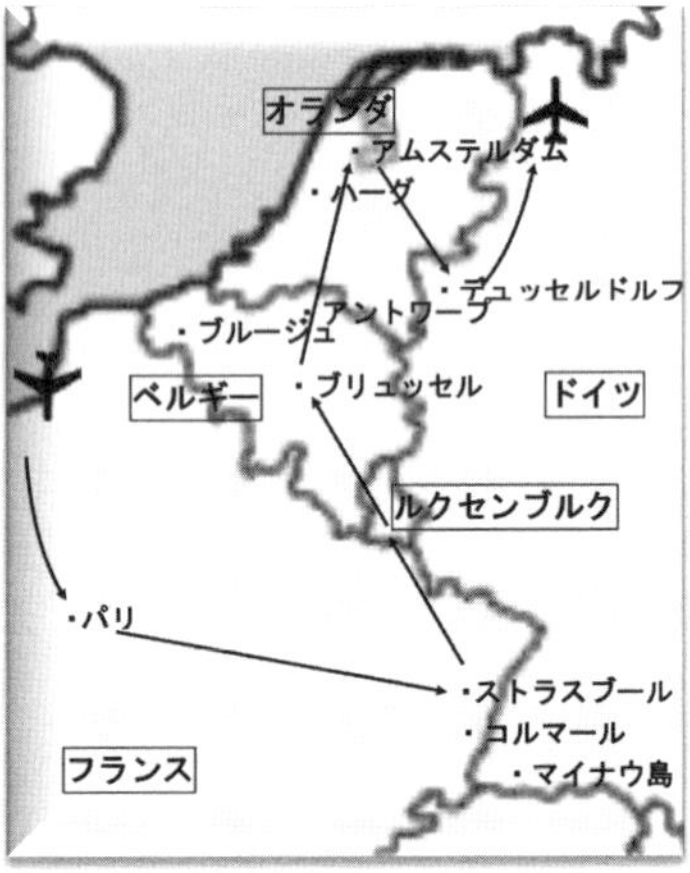

ルート図

なんと、一〇人に添乗二人の贅沢《ぜいたく》ツアー

ベネルクス三国は、ヨーロッパの未訪問国ということで、ジグソーパズルを穴埋めするような気持ちで、何年か前から狙いをつけてい

旅程 2018年4月14日〜4月22日

日数	日付	訪問国	都市	観光
1	4/14（土）	出国	羽田	
2	4/15（日）	フランス	ロワシー・パリ・ストラスブール	ベルサイユ宮殿・ルーブル美術館・TGV
3	4/16（月）	ドイツ・フランス	マイナウ島・コルマール	マイナウ島・旧市街
4	4/17（火）	ルクセンブルク	ストラスブール・ルクセンブルク	旧市街・ボックの要塞・王宮
5	4/18（水）	ベルギー	ブリュッセル・ブルージュ・ゲント	グランプラス・小便小僧・ベギン会修道院
6	4/19（木）	ベルギー オランダ	アントワープ・キンデルダイク	ノートルダム・風車群
7	4/20（金）	オランダ	ハーグ・リッセ・アムステルダム	マウリッツハイス美術館・キューケンホフ公園・国立美術館
8	4/21（土）	オランダ	ノルドワイク・アムステルダム	花パレード・アンネフランクの家
9	4/22（日）	帰国	デュッセルドルフ経由成田	

た。しかし、いくら安いからといって季節外れの冬に行くのでは意味がないので、チューリップの咲く春先に行かねばと思っていたところ、ここ二、三年、再就職や冠婚葬祭など諸々の行事があり見送っていたが、今年、やっとそのチャンスが巡ってきた。いくつかあるツアーの中から、四月二一日に開催される花パレードが見られ、なおかつ女房のリクエストのハーグのマウリッツハイス美術館に展示されているフェルメールの「真珠の耳飾りの少女」の鑑賞ができるものを探して、新年早々申し込んだ。さらに、しばらくぶりのヨーロッパなのでビジネスとまではいかなくても、少し贅沢《ぜいたく》して、これまで乗ったことのない全日空のプレミアムエコノミーで行けないかリクエストを入れてみた。しばらく待つと、一月末に、プレミアムの席が取れた旨、旅行会社から返事がきて、何とか望み通りの旅の計画が整った。出発二週間位前になり、旅行会社に参加状況の確認の電話を入れてみると、ツアーの参加者はなんと一〇名だという。「よく催行になりましたね」と冗談交じりに聞くと「少ない分にはいいじゃないですか。ラッキーですね」とかわされたが、その理由は、旅がスタートしてすぐに判明した。

四月一四日（土）一日目、最寄駅を六時半に出るリムジンバスで羽田に向かった、集合時間より一時間早く着いてしまったが、カウンターへ行くと運よく添乗員が待っていた。添乗員は、細身のしゃがれ声のがらっぱち風の四〇前後の女性であった。早速、搭乗手続きを済ませ、すぐに中に入れたので、全日空のラウンジでゆっくりと朝食をとることができた（これもプレミアムの特典だ）。搭乗時間になり、機内に入り席に着くと、プレミアムエコノミーは三列と少なかった（座ってみると、なるほど、スペースはエコノミーよりは前後左右ともゆったりとしている）。しばらくして、飛行機は定刻一一時四五分に、パリへ向け飛び立った。二時間ほどして食事が出たが、プレミアムエコノミーは、その後、ビジネス用のデザートもリクエストできるようであった。飛行中、女房は久しぶりの日本の飛行機なので、封切ったばかりの邦画を存分に楽しんでいるようであった。自分は「これで九〇ヵ国にたどり着けば、何とか百ヵ国のゴールが見えるだろう」などと考えているうちに、いつのまにか眠りについてしまったようだった。一二時間のフライトで、飛行機は現地時間一七時過ぎにフランスのドゴール空港へ降り立った。その日のホテルは、翌日ベルサイユ宮殿に行くのに、パリ周辺の渋滞に巻き込まれないで済むように、空港近くに設定しているようであった。ホテルに行くバスの中で、ツアー客同士初めて顔を合わせたが、一〇名の内訳は女性のペアーが二組と夫婦が三組で、さすがヨーロッパ、新婚カップルも含まれていた。ホテルに着き添乗員がチェックインの手続きをしている間、羽田空港から気になっていた、ツアー客以外で同行している三〇前後の長身の女性に声をかけた。すると「本社のこのツアーの企画担当で、初めての催行なので随行している」という返事が返ってきた（なるほど、だから少人数でも催行になったのか）。初めて、合点がいった。

有名どころと「掘り出し物」

四月一五日（日）二日目、ホテルを八時前に出て一時間ほど走りベルサイユ宮殿に着くと、年の頃五〇前後の長髪の日本人男性ガイドが待っていた。入場を待つ間、そのガイドが「ここ初めての方は」、少し間をおいて「それでは、既に、来たことのある方は」と、続けて問いかけたのに対して、それぞれ約半分のツアー客が手を挙げた。それを見て取ったガイドは「それでは、一通り有名どころとともに、見過ごしがちだけど貴重な作品もご案内しましょう」と自信ありげに応じた。宮殿の中に入り、一つ目の部屋に入るなり「これから回る各部屋には、その名称のわかるシンボルが天井画に描かれています」と言って「ヘラクレスの間」の天井の真ん中に、こん棒を持った強健なヘラクレスが描かれているのを指さした。大勢の観光客の行き交う鏡の間を通り過ぎ次の部屋に入った時は、そこに何気なく置かれたテーブルを指さして「これが第一次世界大戦終結のベルサイユ講和条約において、連合国とドイツの間で調印が行われたというテーブルです」と即座に説明した。宮殿内から屋外の庭園への出口付近では、ほとんどの観光客が目にとめない柱の陰に隠れた醜い小男の像を指さし「これがイソップの像です」と教えてくれた。女房と二人でここへ来るのは三回目であるが、一回目は初めだったので珍しさに目を奪われ、ガイドの説明はほとんど頭に入らなかった。二回目は個人旅行でガイドもいなかったので説明を受けることもなかったので、初めて耳にする話ばかりであった（今回は、思わぬ「掘り出し物」にも出合えそうだ）。ベルサイユ宮殿を出て、パリ市街へ行き、凱旋門、シャンゼリゼ通り、コンコルド広場、エッフェル塔などを車窓から眺めた後、ルーブル美術館へ向かった。地下の入り口から入ったところで、一つのレリーフの前でガイドが足を止めた。そのレリーフは一人の老人が若い女の乳を飲んでいるもので、一見すると、非道徳的な絵柄に見えた。そんなツアー客のいぶかしげな表情を

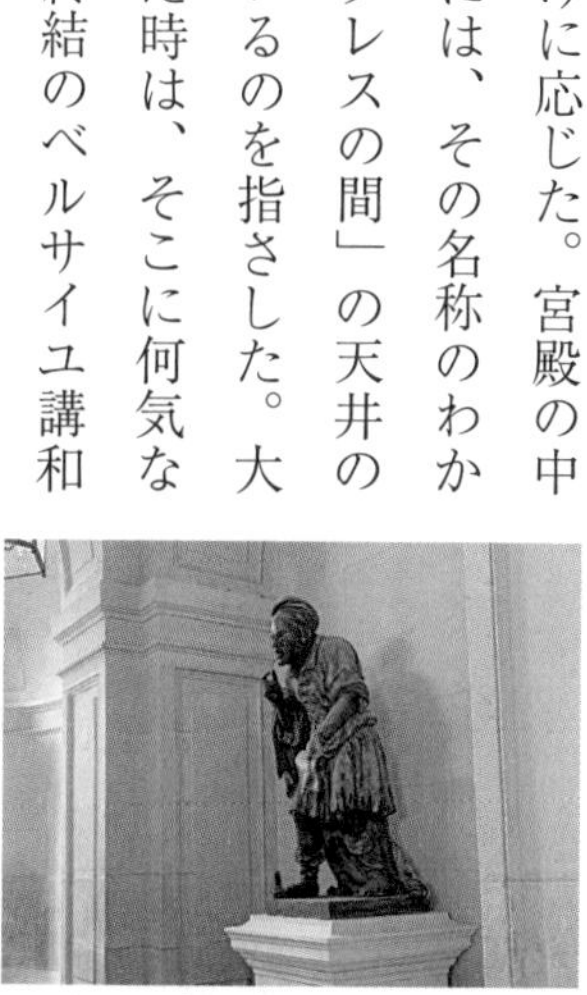
イソップ像（ベルサイユ宮殿）
（フランス：パリ）

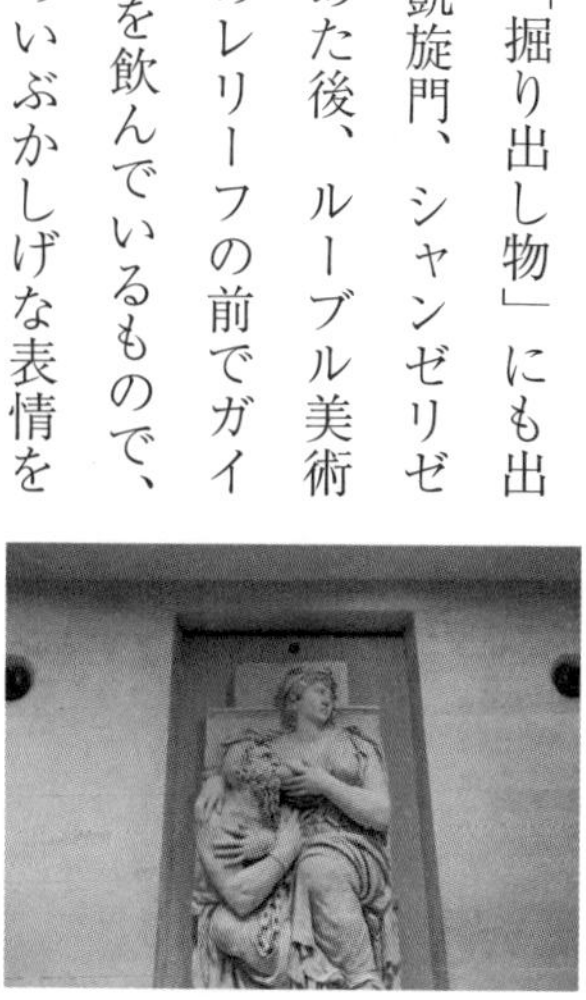
地下入口のレリーフ
（ルーブル美術館）（フランス：パリ）

見てとったのか、すかさず、ガイドが「これは牢獄に入っていて瀕死の状態の父に面会した娘が、父の命を長らえるために行った苦肉の策で、愛情あふれる行為と、フランスでは解釈されています」と弁明するように口を挟《はさ》んだ。美術館の中へ入り、大勢の観光客が集まっている有名どころのミロのヴィーナスとモナリザを見た後、そのガイドは、ソファーに横たわる裸体の前で立ち止まり「この人は男と思いますか、それとも女と思いますか」と問いかけてきた。背面から見るとふくよかでいかにも女性らしく見えたが、ガイドに促され、その像の周りを一回りして「ハッ」と驚かされた。ちゃんと男性のシンボルがあるのである。その像は、ヴィーナスとヘルメスの間に生まれた美少年、ヘルムアフロディテ像であると、ガイドが教えてくれた（これも確かに、あまりガイドブックには紹介されていない「掘り出し物」の一つではある）。その後、二、三説明を受けたものの、まだまだ、見たりない気はしたが、ＴＧＶの出発時間に間に合うようにということで、やむなくルーブル美術館を後にした。少し渋滞したが、一時間足らずで無事パリ駅に到着し、コンビニで缶ビールを仕入れ、一七時五五分発の列車でフランスのアルザス／ロレーヌ地方の街、ストラスブールを目指し出発した。

正面

背面

ヘルムアフロディテ像（ルーブル美術館）（フランス：パリ）

木骨組みの建物に囲まれた閑静な街並み

四月一六日（月）三日目、ストラスブールのホテルを八時前に出て、バスを四時間ほど走らせ、南ドイツ、ボーデン湖に浮かぶ花の島「マイナウ島」を訪れた。この島は、フリードリッヒ一世大公のひ孫にあたるレンナルト・ベルナドッテ伯爵が荒地に樹木や花を植えて造り変えたもののとのことだった。バスを降りると直ぐに入り口があり、チケットを買って中に入ると、湖にかけられた橋の向こうに、花で飾られた大きなひまわりのモニュメントらしきものが見えてきた。続いて、三匹の水鳥、クジャクなどがたくさんの花で形作られていた。高台にある城に向かい歩を進めると、道の両側にはまだ満開とはいえないが、チューリップや水仙などの花々が区画ごとに整然と植栽されていた。「事前に、草花の名前を調べてくれれば、もう少し楽しめたかもしれない」。そんなことを思いながら小道を行くと、急こう配の水路があり、そのわきの巻道を上ったところにバロック様式の城があった。城の周りの庭園には色とりどりのチューリップが植えられ、城に隣接した温室では多種多様な薔薇やランが栽培されていた。島内のレストランで昼食を済ませ、一四時頃マイナウ島を後にし、中世の面影の残る街、フランスのコルマールを目指した。途中、トイレ休憩を兼ねて、からくり時計屋に立ち寄った後、一七時頃コルマールに到着した。石畳の道の両側には、中世からルネッサンスにかけて建造された木骨組みの建物群を見ることができた。中には、宮崎駿の「ハウルの城」のモデルとなった建物もあった。二〇〇三年の冬の初め、二

水鳥のモニュメント
（マイナウ島）（ドイツ）

人で初めて欧州へ来たとき、ローテンブルクの街で、同じような木骨組みの建物をバックに記念撮影したことを思い出したが、その時の木骨組みは直線的であったのに対して、この街のものはやや曲線的で、全体的に柔らかみがあるように感じた（これも、ドイツとフランスのお国柄の違いということか）。夕暮れの中、一時間ほど散策した後、コルマールを出て、二〇時前にホテルのあるストラスブールに引き返した。

四月一七日（火）四日目、七時半過ぎにホテルを出て、ストラスブールの旧市街へ向かった。ストラスブールの街は、コルマールと同様、白壁と黒い木骨組みの建物が立ち並ぶ閑静な佇《たたず》まいで、早朝のせいか、まだ、人影も少なくひっそりとしていた。中央の広場には、一時期住んだことがあるという活版印刷を発明したグーテンベルクの像があった。そそり立つ高さ一四〇メートルを越すという赤色砂岩の繊細な彫刻で覆《おお》われたノートルダム大聖堂を見上げた後、バスに乗り二二〇キロ先のルクセンブルクを目指した。途中、休憩をはさんで三時間半近く走り、昼過ぎにルクセンブルクへ到着した。ルクセンブルクは、周りを渓谷で囲まれており、まさに自然の要塞のような小さな国だった。レストランで昼食を済ませ、平和記念塔、ノートルダム寺院、ボックと呼ばれる要塞、大公の王宮などを二時間ほどかけて見て回り、一五時前にベルギーのブリュッセルへ向け出発した。

ストラスブール旧市街
（フランス）

ボックの要塞
（ルクセンブルク）

中世の芸術と絵になる風景

四月一八日（水）五日目、八時過ぎにホテルを出て、ブリュッセルのへそといわれる旧市街の中心、グランプラスへ向かった。周囲を中世の石造りのギルドハウスで囲まれたグランプラスの中央には、まだ、日が差し込んでおらず、観光客も疎《まば》らだった。そこから、坂を下り始めるところに、体を横たえた一四世紀のこの町の英雄「セルクラース」の像があった。触れると幸福がもたらされるという伝説があり、その金属製の右腕と足は幾万という人が触れたのであろう、光沢を帯びていた。その一本道をさらに下った所に、ご存知小便小僧の像があった（今回は、時間の関係でお目に掛かれなかったが、今は、小便小僧ならぬ小便少女の像も造られているようだ）。そこから、グランプラスまで折り返し、バスに乗り一〇時過ぎにブルージュを目指し出発した。三時間半ほどバスに揺られ、昼過ぎにブルージュに到着した。バスを降り、待ち合わせたベルギー人の男性ガイドの案内で、愛の湖、ベギン会修道院、聖母教会、マルクト広場など、ブルージュ観光の要所要所を見て回った。ブルージュは、さすが、水の都といわれるだけあって、縦横に運河が流れていて、どこを見ても絵になるような景色ばかりで、大勢の観光客で賑《にぎ》わっていた。二、三時間ブルージュを散策

ブルージュの絵になる風景（ベルギー：ブルージュ）

小便小僧の前で（ベルギー：ブリュッセル）

セルクラース像（ベルギー：ブリュッセル）

した後、ブリュッセルに戻る途中、中世に毛織物業で栄えたというゲントを訪れた。中年の日本人ガイドの案内で、聖バーフ大聖堂に入り、一五世紀のフランドル絵画の最高傑作といわれているファン・アイク作「神秘の仔羊」に対面することができた。ゲントからブリュッセルまでは小一時間ほどしかかからず、市内のレストランでムール貝の酒蒸しを食べた後、二〇時前にはホテルに到着することができた。

　四月一九日（木）六日目、ホテルを九時半頃出て、アントワープへ向かう途中、ブリュッセル近郊のグランビガール城に立ち寄った。城門を潜《くぐ》ると、城の周囲の庭園は、既に、満開の花々で彩《いろど》られていた。城内の水辺で数羽の水鳥たちが戯《たわむ》れるのに目をやりながら小径を散歩した後、一時間ほどかけてアントワープに到着した。待ち合わせた大柄の男性ガイドの案内で、ノートルダム大聖堂の中に入った。静まり返った教会内部には、ルーベンスの最高傑作といわれる「キリスト昇架」「キリスト降架」「聖母被昇天」などの祭壇画が飾られていた。これらの名画は、現地の人にとっては昔から周知のものであったが、我々、外国人の多くがその存在を知ったのは、イギリス人女流作家の手による「フランダースの犬」という物語の主人公少年ネロが、一目見たいという願いがかない静かに命が尽きるというストーリーからではないだろうか。大聖堂の外に出ると、そのネロ少年と愛犬パトラッシュ

聖バーフ大聖堂
（ベルギー：ゲント）

キリスト昇架
（ベルギー：アントワープ）

のモニュメントが横たわっており、観光客が代わる代わるに記念撮影をしていた。このアントワープを舞台にした物語は、初め現地では、その結末の悲惨さから受け入れられなかったが、最近になり、その話がきっかけで訪れる観光客も多くなったことから、急遽《きゅうきょ》、像が造られたもののようだった。大聖堂を後にし、近くのレストランで昼食をとった後、オランダのキンデルダイクを目指した。オランダの干拓された平坦な道をただひたすら走り、二時間ほどでキンデルダイクに到着した。バスを降り運河沿いの道を行くと、川岸に沿って立ち並ぶ風車の壮観な姿を眺めることができた。どれも現在は使われておらず、勿論、風車は回っておらず、全体として茶褐色で、古びた如何にも年季が入ったものだった。勿論、風を利用しているというだけで、用途も原理も違うので、比べること自体お門違いかもしれないが、ここへ来る道中よく見かけた「ブルン、ブルン」と重く低い音を立てて羽根を勢いよく回転させていた風力発電を称して「これが取って代わった現代の風車のようなもの」と言った添乗員の言葉も、外見上のイメージだけとらえれば、あながち、当たってなくもない気もした。そんなことを考えながら、そのうちの一つの風車の前に来たところで記念写真を撮り、キンデルダイクを後にした。そこから、宿泊予定のアムステルダムまでは一時間半ほどで到着し、観光用の奇麗な風車の見えるレストランでサーモン料理を食し、二〇時近くにホテルに到着した。

キンデルダイクの風車
（オランダ）

待ってましたフェルメール

四月二〇日（金）七日目、ホテルを八時前に出て、マウリッツハイス美術館のあるハーグを目指した。お目当てのフェルメールの「真珠の耳飾りの少女」を見るためである。早朝のせいか道が空いていて、開館三〇分前に美術館に到着した。開館を待つ間、美術館周囲を一周しながら時間をつぶし、扉が開くやいなや中に入り、その絵のある二階に息せき切って上がると、既に、絵の周りは大勢の人だかりができていた（なんと、ほとんどが日本人である）。この美術館には、この他に、レンブラントの「テュルプ博士の解剖学講義」、ルーベンスの「聖母被昇天（下絵）」など、一七世紀のオランダの名だたる画家の作品が展示されていた。一時間余り美術鑑賞をした後、キューケンホフ公園のあるリッセへバスを走らせた。公園が近づくにつれ、車窓からは、赤、黄色、紫の帯の重なった花の絨毯《じゅうたん》を眺めることができた。公園に到着すると、既に、大型バスが列をなしており、全世界から一面に咲き誇る花々を見に、大勢の観光客が押し寄せていた。中に入ると、丁度数日前から急に暖かくなったらしく、七百万株ともいわれる花々がところ狭しと咲き誇っていた。球根を太らすために、これらの花は枯れる前に摘み取るので、ここ一、二週間が見ごろとのことだった。

咲き誇るチューリップ（キューケンホフ公園）（オランダ：リッセ）

花の絨毯《じゅうたん》
（オランダ：リッセ）

真珠の耳飾りの少女
（オランダ：ハーグ）

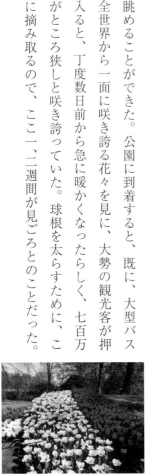

朝早起きして用意した握り飯をベンチで頬張《ほおば》るなどして、三時間ほど、公園内を歩き回った後、アムステルダムに戻り、国立美術館を訪れた。そこには「牛乳を注ぐ女」などのフェルメールの作品や、大きいのでここでしかお目に掛かれないという「夜警」などのレンブラントの作品だけでなく、ゴッホなど他の著名な画家の作品やデルフトの陶器なども展示されていた。一七時の閉館ぎりぎりまで美術館に留まり、途中、レストランで夕食を済ませ、二〇時前にホテルに戻った。

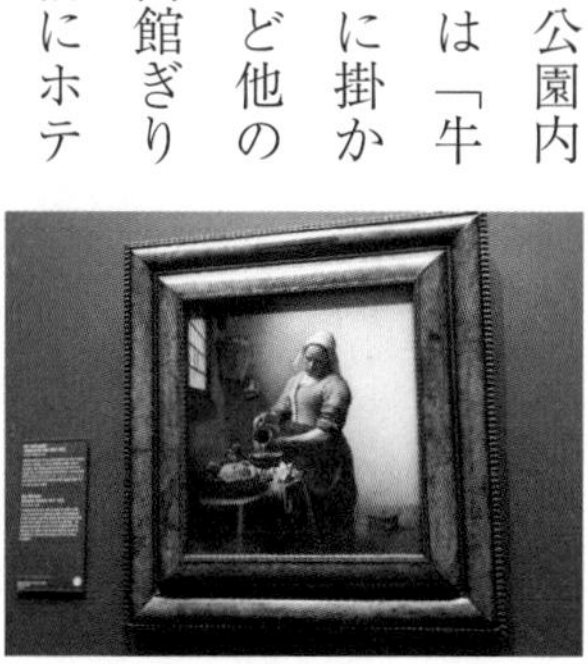

牛乳を注ぐ女（アムステルダム国立美術館）（オランダ）

フラワーで彩《いろど》られた西洋版山車行列

四月二一日（土）八日目、今回の旅で最も楽しみにしていた「フラワーパレード」の日がやってきた（天候も晴れで、申し分ない）。パレードが出発する九時半までに、出発地点であるノルドワイクに確実に到着するために、途中の道が混雑することを想定し、ホテルを早朝七時半に出発した。アムステルダムに来るまでの途中で見物することもできるが、そうなると、到着時間があてにならないということだったので、スタート地点まで行くことになったようだった。到着すると、既に、花で飾られた山車（車）が整列しており、出発を待っていた。山車は五〇台以上はあっただろうか、いかにも地元フランス風のものもあれば、龍をかたどった東洋

フラワーパレード
（オランダ：ノルドワイク）

風のものなど、色々趣向を凝らして、多様な色彩の花で飾られていた。三〇～四〇分位で、一通り、先頭から最後尾まで回り終わってしばらく待つと、市長の初めの挨拶があり、やがて先頭の山車から順に動き始めた。ほとんどの山車は、それぞれのテーマにあった音楽をスピーカーから流していたが、二、三の楽団が、山車と山車の間で軽快なリズムを刻んでいた。アムステルダムまで四〇キロほどを半日かけて行進するとのことだった。三〇分ほど行進が進むのを見届けてから、その場を切り上げ、ノルドワイクを後にした。車窓から「これが見納め」と花の絨毯《じゅうたん》に目をやりながら、山車とは違うルートを通り、アムステルダムに昼前に戻った。出発までの自由時間を利用し、どうしても見たかったアンネフランクの家の所まで、地図を頼りに行ってみた。二〇分前後でたどり着くと、既に、大勢の人が列をなしており、間口の狭い家の扉にかかった「ANNE《アンネ》 FRANK《フランク》 HUTS《ハッツ》」という表札を見て取ることができた。時間の関係上、入場は無理と判断し、傍《かたわ》らにあった銅像を写真に収め、一〇分ほどで引き返した。残り時間は、ミッフィーの店やスーパーマーケットで土産物を買い求めるなどして、ダム広場周辺を散策して過ごした。約束の一四時に全員集合しバスに乗り込み、帰国の飛行機が出るドイツのデュッセルドルフを目指しアムステルダムを出発した。撮りためた写真を順に見返しながら、フランス、ドイツ、ルクセンブルク、

フラワーパレード
（オランダ：ノルドワイク）

アンネフランク像
（オランダ：アムステルダム）

ベルギー、オランダと五ヵ国を巡った「花と芸術」の旅を振り返るうちに、いつのまにかデュッセルドルフに着き、二〇時発の成田行きの便で九日間の旅から帰国の途についた。

12 ヒマラヤの麓《ふもと》、異教徒の暮らす国々を訪ねて

バングラデシュ・ブータン・ネパール

残されたアジア未踏の国へ

今年行った西アフリカやベネルクス三国のようなアフリカやヨーロッパと違い、日本から七、八時間で行けるアジアの中で、まだ二人で訪れていない国々があった。幸せの国ブータン、ヒマラヤに抱かれ

ルート図

旅程 2018 年 10 月 25 日〜 11 月 4 日

日数	日付	訪問国	都市	観光
1	10/25（木）	出国	成田	
2	10/26（金）	バングラデシュ	ダッカ	古都ショナルガオ・ダッカ市街
3	10/27（土）	ブータン	プナカ	ドチュ・ラ峠
4	10/28（日）	ブータン	ティンプー	プナカゾン・タシチョゾン
5	10/29（月）	ブータン	パロ	タクツアン僧院山登り・パロゾン・古民家
6	10/30（火）	ネパール	ポカラ	
7	10/31（水）	ネパール	ポカラ	サランコットの丘・フェワ湖・日本山妙法寺
8	11/1（木）	ネパール	カトマンズ	ナガルコットの丘・バクタプル・クマリの館
9	11/2（金）	ネパール	カトマンズ	エベレスト遊覧飛行
10	11/3 祝（土）	ネパール	カトマンズ	
11	11/4（日）	帰国	バンコク経由成田	

たネパール、人々の熱気が渦巻くバングラデシュである。これらの三国は、地図で見ると、互いに飛行機で片道二時間あれば行き来できるほど近距離にあるが、ブータンはチベット仏教、ネパールはヒンドゥー教、バングラデシュはイスラム教と、宗教が異なる。そこには、どんな文化があり、人々はどんな暮らしをしているか、非常に興味をそそられるところである。しかし、これらの国々を個別に行くと、当然お金もかかるし、時間も要するので、三ヵ国を何とかして一遍《いっぺん》に回れる手立てはないかと考えていた。当初、この地域なら日本語を話せる現地ガイドは大勢いるはずなので、二〇一六年九月にギリシャ、マルタ、キプロスを回った時のように、航空券、ホテル、現地の観光などすべてを個人で手配することも可能かと考えた。しかし、その時の経験から「航空券をとるのに乗り継ぎなどがあると案外面倒臭い」「空港～ホテルなどのアクセスは意外と手間取る」「団体ツアーのような四つ星ホテルを個人で予約するとなると割高になる」などの理由でやめることにした。そんな中、ネットを見ていると、余りポピュラーでない小さな旅行会社が、これらの三国を一度に回るコースを掲載していることを知った。積み上げてみると、予算的にも、現地日本語ガイドを個人的に頼む費用も考えると、自分で何もかも手配した場合と、その会社が提示している旅行代金とで、トータルとしてあまり変わらないこともわかった。そんな諸々の理由で、今回は、初めてであったが、天候の良い乾季の始まる一〇月下旬に出発日を設定し、三ヵ月前にその会社が企画しているコースに申し込むことにした。その会社は、添乗員抜きの現地ガイドを基本とする個人旅行を専門とする会社で、大手のような手取り足取りではなく、バックパッカーのような若い人が多く利用している会社のようだった。今回は、時間もあったので、ビザは自分でとることにして、バングラデシュとネパールの大使館へ赴《おもむ》き取得し、ブータンは、旅行会社でないと受け付けないとのことで、その会社にお願いすることにした。

一〇月二五日（木）一日目、スーツケースをあらかじめ空港へ送り届け、中央アジアで知り合った旅仲間の写真展を見に横浜に立ち寄った後、女房が一度乗ってみたいというので、品川から成田エクスプレスに乗り込み、一四時に成田空港に到着した。搭乗手続きを終え、夕刻一七時半発のタイ国際航空バンコク行きで成田を飛び立った。六時間半のフライトで、バンコクにほぼ定刻通りに着いた。しかし、当初心配した通り、乗り継ぎ時間が一時間二〇分しかなかったため、急いでトランジットゲートで手荷物検査を済ませ、行き先が間違いないか二、三回確認しながら、三百〜四百メートルを小走りし、搭乗時間ぎりぎりに、ダッカ行きの出発ゲートに到着した。何とか滑り込みセーフであったが「ここで、乗り遅れたら、後の工程がすべて狂ってしまう」と気がきではなかった。気がつくと二人とも汗びっしょりになっていた。

一〇月二六日（金）二日目、夜中の二三時半頃にバンコクを出て二時間半ほどのフライトで、現地時間一時頃にバングラデシュのダッカに到着した。イミグレーションまで進むと、ゲートの向こうに、横文字で自分の名前の書いた紙片を持っている二人組が見えた。「果たして、こんな夜中に、迎えに来ていてくれるだろうか」と、内心、不安だっただけに、それを見て一安心した。入国審査を済ませ、そのうちの一人に近づき話しかけると、日本語が通じない。「約束が違うじゃないか」と思い「日本語が話せるガイドはいるのか」と英語で聞くと、何やら外で待っているという仕草である。「ひとまず、それを信用するしかない」と思い、スーツケースを受け取り、出口に進むと、背の高い眼鏡をかけた四〇過ぎの中年男が日本語で話しかけてきた（これで、何とかなりそうだ）。早速、車に乗り込み、空港を後にした。道すがら、現地ガイドが後部座席を振り返り自己紹介した。日本に一一年もいたことがあり、当初、ＩＴエンジニアを志《こころざ》していたが、数年前に故郷に戻り、友達とツアー会社を立ち上げたとのことだった。ホテルには、三〇～四〇分で着いたが、既に夜中の二時を回っていたので、翌朝の待ち合わせ時間を確認し、日向《ひなた》湯のシャワーを浴びて早々に床に就いた。しかし、五時頃にどこからかコーランが聞こえ始め、続いて犬のけたたましい鳴き声、クラクションの音と続き、結局、七時過ぎには目が覚めてしまい全然寝た気がしなかった。

バングラデシュの京都、ショナルガオ

朝食後、九時半に迎えが来て、ダッカから東南約三〇キロの距離にある古都ショナルガオに向け出発した。そこは一三世紀まで東ベンガルの中心都市であったが、ヒンドゥー教に代わってイスラム教が浸透してきて、当時多くのモスジット（モスク）やマドラサ（アラビア語のイスラム神学校・トルコ語のメドレセと同義）が建てられた所のようであった。ところが、車は出発したことは出発したのだが、幹線道路は、工事用のトラックがぎっしり詰まっていて、身動きがとれない。交通事故も多いのだろう、時折、サイレンを鳴らした救急車が来るのだが、こう混んでいては道を譲ることもできない。聞きしに勝る渋滞である。何とか大型車の隙間をす

ゴアルディ・モスジット
（バングラデシュ：ショナルガオ）

り抜けるように追い越しながら一時間半ほど走り、横道に逸《そ》れて少し入った所にショナルガオの街があった。

まず初めに、一五～一六世紀に建てられたゴアルディ・モスジットを見た後、近くにあるマドラサを覗《のぞ》いてみることにした。丁度、お昼寝の時間帯で、窓越しに数人の幼い子が寝ているのが見えた。この神学校は六歳から入ることができ、以後、親元から離れ寄宿生活をし、その間に三百ページものコーランを覚えさせられるとのことだった。そこを出て車で少し行った所に、現地ガイドが「日本の京都のようなもので、一般客だけでなく学生が修学旅行に訪れたりする」と説明したパナム・ノゴルがあった。細い道の両側に、一九世紀になりイスラム教徒の侵攻により放棄されたヒンドゥー教徒の豪華なレンガ造りの邸宅が立ち並んでいた。道に沿って歩を進めると、露店でＷｏｏｄ《ウッド》 Ａｐｐｌｅ《アップル》と呼ばれる硬い果物が売られていて、観光客がそれをほじくるようにして食べていた。ガイドに「トライしてみるか」と勧められたが、まだ旅が始まったばかりなので遠慮することにした。建物の裏側に回ると、地元の子供たちが、この国で盛んな草野球ならぬ草クリケットを楽しんでいた。両側の建物に眼をやりながら二百メートル位の小道を往復した後、再び車に乗り込み五、六分走ると、ショドルバリと呼ばれる民族博物館に着いた。入場券を買って敷地の中に入ると、庭園の先に白い建物があった。博物館は三階建てで、各フロワーに伝統的な刺繍《ししゅう》や昔の漁業にまつわる展示物

パナム・ノゴル
（バングラデシュ：ショナルガオ）

Wood《ウッド》 Apple《アップル》を食べる観光客
（バングラデシュ：ショナルガオ）

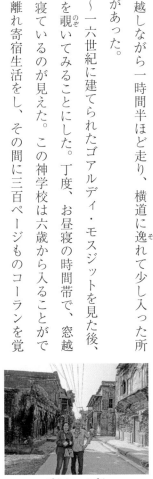

などが飾られていた。

これがバングラデシュ、これぞダッカ

一通り博物館内を見た後、昼前に古都ショナルガオを後にし、ダッカに引き返すことにした。街中に入ると、人力車、天然ガスで動くオートリキシャ、工事用トラック、バイクなどで溢れ、どこへ行っても大渋滞で、信号は一つ二つ見かけるのだが用を成しておらず、角々で警察官が交通整理をしているだけであった。海辺に近いレストランでカレー味の昼食をとった後、ショドル・ガットという船着き場に行った。岸壁にはいくつものフェリーが横付けされていて、対岸との間をたくさんの渡し舟が、ひっきりなしに行き来していた。「橋をかける計画はあったが、職がなくなると困ると船頭らの猛反対を受け頓挫《とんざ》した」と現地ガイドが教えてくれた。そこから混雑する路地を通り抜け、二〇世紀初頭、日本人から寄贈された富士山の絵柄のタイルのあるスターモスジット、今や市民の憩いの場所となっているラールバーグ・フォートと呼ばれる城壁で囲まれた公園、バングラデシュに住むヒンドゥー教徒の聖地と呼ばれるダケシュワリ寺院を順に見て回った。最後に、現地ガイドが「これがバングラデシュ、これぞダッカ」という市場に案内してくれた。夕暮れ時という事もあり、日用品を

市場周辺の雑踏
（バングラデシュ：ダッカ）

スターモスジットの富士山の絵柄のタイル（バングラデシュ：ダッカ）

頻繁に渡し舟が行き来するショドル・ガット（バングラデシュ：ダッカ）

買い求める大勢の現地の人でごった返していた。肉屋街に行くと、その場で処分されるのを待つヤギが、何も知らずに数匹おとなしくつながれていた。市場を出て近くの歩道橋に上がると市場周辺の様子が一望できた（人口一億六千万の国とはこういうものか、どこからともなく、うじゃうじゃと人が湧いてくる。どこもかしこも人だらけである。まさに「多様な人々のるつぼ」のようだ）。日の沈む頃、市場を離れホテルに戻った。周囲に適当な店はなさそうだったので、日本から持参した米を炊き夕食を済ませ、お湯が出るように修理してもらってから風呂のシャワーを浴び、コーランで明朝五時には起こされると踏んで、早めに二二時前には床に就いた。

いきなりの「Can《キャン》 you《ユー》 speak《スピーク》 English《イングリッシュ》」

一〇月二七日（土）三日目、九時半にホテルを出て、ダッカの空港へ向かった。ドゥルクエアーのカウンターでチェックインし出国手続きを済ませたところに、プライオリティーパスで入れるラウンジがあった。二四時間前にオープンしたばかりの開店ほやほやのラウンジで、アルコールはなかったがマッサージルームもある奇麗なところだった。そこで一時間ほど過ごした後、一三時にプロペラ機でダッカを飛び立った。ブータンのパロまでは約一時間半のフライトであったが、途中、左側遠方にヒマラヤの山々が見え、ひときわ高い尖《とが》った山の名をキャビンアテンダントに尋《たず》ねると、即座に「チョモランマ」という答えが返ってきた（ご存知、エベレスト

ドチュ・ラ峠から見たヒマラヤ
（ブータン）

のチベット名である）。山を避《よ》けるようにして徐々に高度を下げ、山間の盆地にあるパロ空港に一四時半に到着した。パロ空港は、ダッカの空港と違って非常に小さなもので、飛行機のタラップを降り徒歩で空港内へ入ると、中は人気《ひとけ》がなく閑散としていた。入国手続きを済ませスーツケースを持って外に出ると「ゴ」という着物に似た民族衣装を纏《まと》った長身の男が「Can《キャン》 you《ユー》 speak《スピーク》 English《イングリッシュ》」と話しかけてきた。条件反射的に「little《リトゥル》」と答え「日本語ガイドはいないのか」と英語で聞き返すと、少し、間をおいて申し訳なさそうに「家族が病気になって、急用ができ、今日は来られないが、明日は来る」という答が返ってきた。「文句を言っても致し方ない、今日は、プナカまでの移動だけなので、まあいいか」と思い、早速、車に乗り込んだ。道路は曲がりくねった山道ばかりであったが、全て舗装されていて、ダッカとは打って変わって対向車が時々すれ違う位で空いていた。一時間半ほど走り、首都ティンプーを通過し、さらに急な坂道を三〇～四〇分上った所に、標高三一五〇メートルのドチュ・ラ峠があった。遠方のヒマラヤ山脈を眺め、一〇八基の仏塔が並ぶドゥク・ワンゲル・チョルテンを見学した後、峠の茶屋でコーヒーをいただいた。丁度、同じ現地会社の日本話ガイドに居合わせ「明日はこのようなガイドが来てくれるのか」と一瞬ほっとした。そこから山を下り三〇分位でプナカにあるホテルに着いた。川沿いのロッジ風の古いホテルであったが、部屋は広く、温水も出た。夕食は、ブータン

ドゥク・ワンゲル・チョルテン
（ブータン：ドチュ・ラ峠）

ホテルでのブータン料理
（ブータン：プナカ）

料理一色であったが、青い唐辛子を避《よ》けながら食べた焼きそば風の麺が一番口にあった。

政教共存のシステム「ゾン」

一〇月二八日（日）四日目、朝食を済ませ、スーツケースを持ってホテルの門を出ると、昨日の長身のドライバーが、また一人で待っていた。「日本語ガイドは来ていないのか」と英語で聞くと、初め少し申し訳なさそうにしていたが、こちらが呆れた表情をしたのを見て取ったのか、今度は半分居直ったように「ティンプーのランチの時に落ち合う予定だ」と返答してきた。「さもあらん」とは予想していたものの、当然、日本語ガイドがいると思っていただけに拍子抜けした。同時に「それでは午前中のプナカの観光は英語ということか」と、腹を決めざるを得なかった。ホテルを出て、初代国王の戴冠式《たいかんしき》も行われたという全国のゾンの中で最も歴史のあるプナカ・ゾンへ向かった。「ゾン」というのは、僧院と行政機関が一体となった大建築である。三〇分ほど走ると、ポ・チュ（男川）とモ・チュ（女川）の合流点に、巨大建築物が見えた。屋根付きの橋を渡り、門を潜《くぐ》り、急こう配の石段を上った所に、門番のいる僧院の入り口があった。中に入ると直ぐ、十二支の曼陀羅《まんだら》の絵があり、その横にある、象、猿、兎、

四獣因縁の絵
（ブータン：プナカ）

プナカ・ゾンの僧院への入り口
（ブータン）

プナカ・ゾンをバックに
（ブータン）

鳥が、丁度、組体操のようにして重なっている奇妙な絵が眼に入った。聞いてみると「四獣因縁」というもので、誰が一番年長者かを競った結果、横に描かれている大木の種を運んできた鳥が一番ということになり、共存の大切さを説いた仏教説話とのことだった。建物は、僧院部分と行政部分に二分されており、この僧院には五百人ほどの僧侶がいるとのことだった。中庭に入ると菩提樹の大木があり、その先に本尊を祀《まつ》ってある講堂があった。中に入ると、中央に本尊の仏陀の像があり、その向かって右側に、一七世紀に初めて「ゾン」といういわば政教分離を保ちつつ両者がお互いを尊重し合い一体のシステムとして機能する方法を考案し、全国に普及させたガワン・ナムゲル（シャプドゥン）の像があった。仏陀の前で両手を合わせていると、傍《かたわ》らにいた僧侶が不意に近づいてきてＨｏｌｙ《ホーリー》 Ｗａｔｅｒ《ウォーター》（聖水）を、重ねた手の中に注いでくれた。何とかかんとか拙《つたな》い英語で意思の疎通《そつう》を図りながら、午前中の観光を終え一一時過ぎにプナカを後にした。

　プナカの市街地を通り過ぎ、急こう配の山道を上り、再び、ドチュ・ラ峠を越え一三時前に首都ティンプーに到着した。昼食をとるためレストランへ行くと、髪を短く刈った気弱そうな四〇前後の日本語ガイドの男が、いきなり申し訳なさそうに握手を求めてきた。怒っても仕方ないので、あえて問い詰めることはせず、余裕を装い、少し苦み走ったような表情を繕《つくろ》い、この国らしく微笑《ほほえ》みでそれに応じた。昼食を終え、ブータンの政治と宗教の中心タシチョ・ゾンを訪れた。このゾンには、現国王、大僧正も在所しており、カメラを向けることは

タシチョ・ゾン
（ブータン：ティンプー）

禁止されていたが、木々の間から近くにある王宮も垣間見ることができた。現国王は日本にも来たことがありどんな顔立ちの人かわかっていた。その一方、ブータンの仏教界のトップに君臨する大僧正というのはどんな人物か興味を抱いていたところ、広い中庭の先の本堂にその写真が飾ってあった。さぞかし、修行を積んだ聖人に相応《ふさわ》しく、痩《や》せぎすの眼光の鋭い厳《いか》つい容貌《ようぼう》に違いないと思っていたが、意に反して丸顔の人の好い柔和な顔つきの人で、何か、ほっとしたような気分になった。タシチョ・ゾンを出て、近くにある三代国王を記念して建てられた仏塔形式の寺院、メモリアル・チョルテンを見学した。ここは、少し前に、日本から眞子様も訪問されたとのことで、その際造られた専用の椅子に座って写真に納まった。ホテルに帰る途中で、女房が「どこか伝統的な織物をしているところを見られないか」とリクエストすると、一般の農家風の佇《たたず》まいの家に案内してくれた。中に入ると数台の機織《はたお》り機があり、既に、その日は作業は終わっていて機織《はたお》りの実演は見られなかったが、土産に座布団カバーを購入することができた。

メモリアル・チョルテン
（ブータン：ティンプー）

やっとこさ登った「タクツアン僧院」

一〇月二九日（月）五日目、今回の旅のハイライトの一つ断崖絶壁にある「タクツアン僧院」登頂の日が来た。「タクツアン」とは「タク」（虎）と「ツアン」（隠れ屋）という意味で、八世紀に祖師パトマサンババという僧侶が飛虎の背に乗って舞い降り、洞窟で瞑想《めいそう》したという話がもとになっているとのことだった。ティンプーのホテルを八時に出て、パロ空港を通り過ぎ、一時間強で標高二五〇〇メートルの僧院の登り口まで来た。そこからはるか彼方、岩肌にめり込んだように建つタクツアン僧院の姿は、いかにも遠く「あそこまで行くのか」と思うと、気が遠くなる思いがした。早速、杖を買い求め、九時半前に登頂を開始した。スローペースで細い急な山道を行くと、時折、馬に乗った欧米人が追い抜いていき、逆に欧米人を降ろした馬が下りてくるのとすれ違った。ガイドが「あなた方は仏教ですよね」と前置きして「ほんとうは、あれは馬がかわいそうで、やはり歩いて登るべきです」と、こちらを見て同意を求めてきた。「この、気はいいが、若干、調子のよいガイドも、案外、殊勝《しゅしょう》なところがあるのだ」と内心思ったが、黙って頷《うなず》いてそれに答えた。休み休み一時間二〇分ほど歩くと、やっと第一展望台に着いた。馬に乗ってこられるのは、ここまでのようであった。一五分程度のコーヒーブレークとトイレ休憩の後、さらに四〇分ほど登ると小さな第二展望台があり、谷の向こうに僧院が間近に見えた（しかし、そこに行くには、まだ、深い谷を越えなければならない）。そこから、気を取り直して、谷越えのため、一旦、階段を五百段下り、次に二八〇の階段を一歩一歩踏みしめて上ると、やっと標高三一〇〇メートルの僧院へたどり着くことが

タクツアン僧院をバックに
（ブータン：パロ）

第２展望台付近からのタクツアン僧院（ブータン：パロ）

登り口よりタクツアン僧院を望む
（ブータン：パロ）

できた。時計を見ると、既に一二時を回っていた。僧院内は撮影禁止とのことで、一旦、カメラを預け、狭い僧院内や修行のため訪れる僧侶が瞑想《めいそう》するという洞窟を二〇～三〇分見学し、日が沈むまでに山を下らねばと、下山時間から逆算し、一二時半過ぎに僧院を後にした。僧院を出てすぐの所にある細い水流が筋になって勢いよく落下する滝を横目に見ながら、二八〇段下り、再び五百段上り、第二展望台を通過し、元来た道を一時間ほど歩くと第一展望台に到着した。そこで、焼きそばと野菜炒めのようなビュッフェスタイルの昼食を三〇分ほどかけてとった後、さらに一時間ほど元来た道を下り、目算通り一五時過ぎに登り口に着くことができた。行きに比べ帰りは圧倒的に楽であったが、往復、休憩も含めて六時間位かかり、久々の良い運動になった。

仰ぎ見るタクツアン僧院
（ブータン：パロ）

鵜呑《うの》みにできないガイドの話

「やれやれ、パロの市街をざっと見て、後はホテルに帰るだけだ」と思っていたら、ガイドが「パロ・ゾンが開いているのが一六時までなので」と言うので、休む暇もなく、すぐさま車に乗り込んだ。三〇分位でパロ・ゾンに着き僧院の入り口に向かい歩き始めるやいなや、ガイドがぴたりと足を止め「しまった」という顔をしている。ゾンに入るには正装である「ゴ」にショールを纏《まと》うこと

パロ・ゾンからパロ市街を望む
（ブータン）

が必要だが、どうやら、おっちょこちょいのこのガイド、それを忘れてきてしまったようだ。慌《あわ》てたガイドはしばし考えた末、機転を利かせて、丁度観光を終え出てきた知り合いを待ち伏せし、借りたショールをその場ですばやく纏《まと》い、何食わぬ顔で門番のいる入り口を通過し、何とか難を逃れたようだった（まさに、泥縄式だ）。ガイドに続いて中に入ると、既に、夕暮れとなり観光客は疎《まば》らであったが、高台からは川向こうのパロの街を一望することができた。ゾンを出てパロ市街へ向かう途中、ガイドが店に立ち寄り、またしても葉っぱのようなものを買い求め口にした。昨日も同じ夕暮れ時、ティンプーの街の交通整理の警官がいるポリボックスのある交差点に差し掛かった際、同じようなものを口に含み、噛むことにより歯の色が唾液で赤くなっていたのを思い出した（正直、出血しているようで、傍《はた》から見て余り気持ちの良いものではない）。麻薬の一種か何かかと思い、恐る恐る尋《たず》ねると「『ドマ』というガムのようなもので、ここでは僧侶や子供も口にするものだ」という返事が返ってきた。ネットで調べてみると、東南アジア一帯で使用されている嗜好品で、ブータンは二〇〇四年に全国的に喫煙が禁止されたため、たばこ代わりに愛用している者が多いようだった。「ビンロウジ」という胡椒類の実を「キンマ」と呼ばれる葉に石灰を塗って包み、噛むと実がつぶれて唾液が赤くなり、ちょっとした覚醒作用があるようだ（僧侶はまだしも、子供も使用しているというのは本当だろうか？）。

あっと驚く石焼き風呂

パロ市街の土産物屋に二、三立ち寄った後「夕食を近くの古民家でとろう」というガイドの提案に従い、スーツケースを降ろすために、一旦、ホテルに行きチェックインを済ました。そして「古民家には、珍しい石で温める風呂があり、汗をかいた後、この風呂に入るのは気持ちが良いので、これまで来た日本人には大変好評でしたが、どうですか」と勧められ、一人二〇ドルは安くないとは思ったが、折角だからと、疑心暗鬼のまま、その提案にも乗ることにした。ホテルから車で一五分ほど行った山裾《やますそ》にその古民家はあった。二階建ての大きな建物で、急こう配の階段を上がると部屋がいくつかあった。ガイドが「日本語を習いにカトマンズへ一緒に行った友達の家です」と言って、女主人を紹介してくれた。夕食前に風呂ということになり、早速、着替えをもって、懐中電灯を照らしながら階段を下り、離れにあるその風呂に向かった。足元のおぼつかない細道を二〇メートル位行くと、暗闇の中に平屋の掘っ立て小屋があり、門番が待っていた。中に入り、風呂を見た途端、思わず絶句した（これが二〇ドルの風呂か）。僻地《へきち》だから少々行き届かないのは致し方ないものの、身体を洗えるというので小規模なスーパー銭湯みたいものをイメージしていただけに、余りのギャップに愕然《がくぜん》とした。釘が剥き出しの板で囲ったような簡易な建て付けで、通路を挟んでナンバーがふってある暖簾《のれん》のようなカーテンを潜《くぐ》ると、人一人がやっと入れるくらいの湯船があるだけで、とても身体を洗うスペースなどない。それに、照明がなく真っ暗なので、どの程度汚れているのか皆目見当がつかない。どうやら、石焼き風呂の実体が呑《の》み込め

2階建ての古民家
（ブータン：パロ）

農機具の飾られた室内
（ブータン：パロ）

たので「ホテルへ帰ってもう一度入り直し、その時に身体を洗えばよい」ということで、五分ほどつかっただけで「長居は無用」と、着てきた服をまた着て、直ぐに風呂を出ることにした。急こう配の階段をまた上り、肌寒い部屋でブータン料理の夕食に少々口をつけた後、早々に古民家を後にした（帰国後、わかったが、この石焼き風呂は「ドツォ」と呼ばれるブータンの伝統的な風呂のようだった）。二〇時過ぎにホテルに帰ってきて、シャワーを浴びようとしたが、ところがどっこい、今度はお湯が出ない。パロの夜は結構底冷えするようで、寒気を覚え、その日は、毛布を二重に重ね、包《くる》まって寝ることにした（後から聞いたが、その夜女房は寒くて全然寝られなかったようだ）。色々あったが、いずれにしろ、くたくたの一日であった。

ブータン伝統の石焼き風呂「ドツォ」（ブータン：パロ）

湯冷めと寝冷えで、またしても女房がダウン

一〇月三〇日（火）六日目、パロのホテルを七時半に出て、九時半前の飛行機でカトマンズへ向かった。カトマンズ空港で国内線に乗り換える必要があり、国内線の切符は、そこで落ち合ったガイドが持ってくることになっていた。一時間ほどのフライトで空港に到着し、入国審査を済ませスーツケースを受け取ってすぐに外へ出たが、待っているはずのガイドが見当たらない。「これは、トラブルか」と不安を抱きながら辺《あた》りを見回すと、雑踏の中からこちらに向けて、今回依頼した旅行会社のマークが描かれた紙片を振っ

て近づいてくる小柄な男が見えた。近くに来ると、日本語で話しかけてきた（ここで会えなかったら「万事休す」と思っていただけに、正直ほっとした）。歩いても移動できそうな距離であったが、車にスーツケースを積み込んだ。車が動き出すなり「スケジュール表をみせてほしい」とガイドが言うので、日本語で書かれたものを渡すと、しばらくそれを見つめている素振りなので「日本語も読めるのか」と尋《たず》ねると、いかにも心外だという表情を見せ「今まで、四、五回日本へ行ったことがあり、大丈夫だ」という答が即座に返ってきた。「ポカラから戻ってからカトマンズにいる間、ずっとご一緒します」と付け加えた。国内線のＥチケットを受け取り、ガイドに再会を約束し、空港内へ入った。飛行機の搭乗まで一時間近くあったが、ふと見ると、いつも元気な女房の様子がおかしい。待合室で椅子にもたれかかったままで、だるそうである。国内線は小さなプロペラ機で、定刻より少し遅れて一二時半に空港を飛び立った。進行方向右側の座席に座ったので、窓越しにマナスルなどヒマラヤの山並みがくっきりと見えた。隣の女房の様子を見ると、目をつむったままで気分が悪そうである。ポカラまでは三〇分位のフライトであったが、到着間際になって、とうとう我慢しきれずもどしてしまった。最前列の席だったので、傍《そば》に座っていたキャビンアテンダントが心配そうに「先に機外まで誘導しますか」と聞いてきた。そうしようかとも思ったが、まだ、じっとしていたいみたいだったので、それを断り、最後にゆっくり通路を通って、タラップを降りた。

ポカラ空港はこぢんまりとしていて、スーツケースを受け取り外に出ると、

ポカラのホテルの窓からの風景（ネパール）

迎えの赤い小型車が待っていて、ホテルまでは一〇分ほどで着いた。チェックインを済ませ部屋に入るなり、女房は直ぐにベッドに倒れ込んだ。熱を測ると三八度を超えていた。薬を飲む前に何か食べさせねばと、日本から持ってきた即席のおかゆを作ったが、少し口をつけただけであった。「昨夜の湯冷めと寝冷えが原因であることは明白だ。気をつけていたつもりであったが、またしても油断してしまった。うかつにもガイドの巧みな誘いにうっかり乗ってしまった」という思いがこみ上げてきた。かつて、二〇〇六年八月のケニア、二〇一五年一二月のミャンマーで、同じように熱を出したのを思い出した。ケニアは長旅の疲れとトイレに行けないサファリに備え水分を控えたため、ミャンマーはガイドに勧められ露店で生ものを食べたためであった。いずれにしろ、今回も女房は山登りで予想以上に体力を消耗していたはずで、いくら珍しいからと誘われても石焼き風呂は断るべきであった。結果論かもしれないが、それを押していくほどの所でもなかった。「いずれにしろ、今日は、薬を飲んでしばらく様子をみるしかない」と覚悟を決め、その日の外出はあきらめた。女房が寝ている間、ホテルの階段を最上階まで上り、屋上に上がってみた。少し、雲はかかっていたが、その合間から懐かしい三角形をしたマチャプチャレらしき山が見えた。

農作業をする現地の人々
(ネパール：ポカラ)

実は約四〇年前、ここに仕事で来たことがあった。わざわざ、カトマンズから足を延ばし延泊してポカラまで来たのは、単にヒマラヤの山々を間近にみたいという理由だけではなかった。就職して新婚ほやほやの妻を日本に残し、初めての海外出張で来たこの街を、もう一度、見てみたいと思ったからである。その頃は牛以外何もおらず、車も公用車以外はほとんど走っていなかった。ホテルも一、二件しかなかったこの街は、いつのまにか車とバイクが行き交う人口三〇万の観光都市にすっかり変貌《へんぼう》していた（「隔絶の感」とはこういうことか）。しばらく、屋上でそんな感傷に浸りながら、ポカラの街並みを眺めてから部屋に戻り、夕食は、米を炊いておにぎりを作った。辺《あた》りもすっかり暗くなったので、ぐっすり寝ていた女房を起こし、何かの菌に侵されている場合もあるので、念のため、総合感冒薬と一緒に抗生物質も飲ませ、明日の早朝のサランコットの丘の日の出は、寒いので自分一人で行くと決めて、二一時過ぎには床に就いた。「ぐっすり眠って、何とか、ケニヤやミャンマーの時と同じように、復活してくれないか」と願うばかりであった。

朝日に輝く白銀のアンナプルナ連峰

一〇月三一日（水）七日目、日本からネットでやりとりした際に約束したように朝五時過ぎにホテルの入り口に行くと、暗闇の中、長身の男が待っていた。「女房が体調を崩してまだ寝ているので、日の出観賞は自分一人になった。終わったら、女房をピックアップするので、一度ホテルに戻ってほしい」と要望すると、少し、たどたどしい日本語で自己紹介をし、軽く頷《うなず》いた。早速、車に乗り込み、サランコットの丘を目指した。しばらく走るとやっとすれ違いができるくらいの急こう配の細道に入り、前後を見ると、どんどん車が上がってくるのがわかっ

サランコットの丘の日の出
（ネパール：ポカラ）

朝日を浴びるマチャプチャレ
（ネパール：ポカラ）

た。幸い混み始める前で、二〇分ほど走るとサランコットの丘に着いた（少し遅れたら、日の出までに上まで行き着かなかったかもしれない。早く来て正解である）。そこから、歩いて二、三分の所に展望台があった。道すがら、ガイドから「展望台は、未亡人の組合が共同で運営している。主に中近東の工事現場に出稼ぎに行って事故にあうケースが多いので」と聞いていたので、そういう目で見ると、確かにまだうら若い未亡人らしき女性が多く働いている。展望台には、日本人の客は見当たらなかったが、既に、大勢の欧米人の観光客が来ていた。しばらくすると、周囲が白み始め、マチャプチャレを中心に七千メートルクラスのアンナプルナ連峰の白銀の山々が、朝日に照らされ輝き始めた。「最も高い標高八〇九一メートルのアンナプルナIから朝日が順番に当たります」とガイドが教えてくれた。しばしの間、静寂の中、眼前《がんぜん》に繰り広げられるパノラマの展開に、時間のたつのも忘れ見入っていた。朝日を受け、息をつく暇もなく山々の陰影が移り変わる光景を味わい、太陽が完全に昇ったのを確認してから、六時半過ぎにサランコットの丘を後にした。

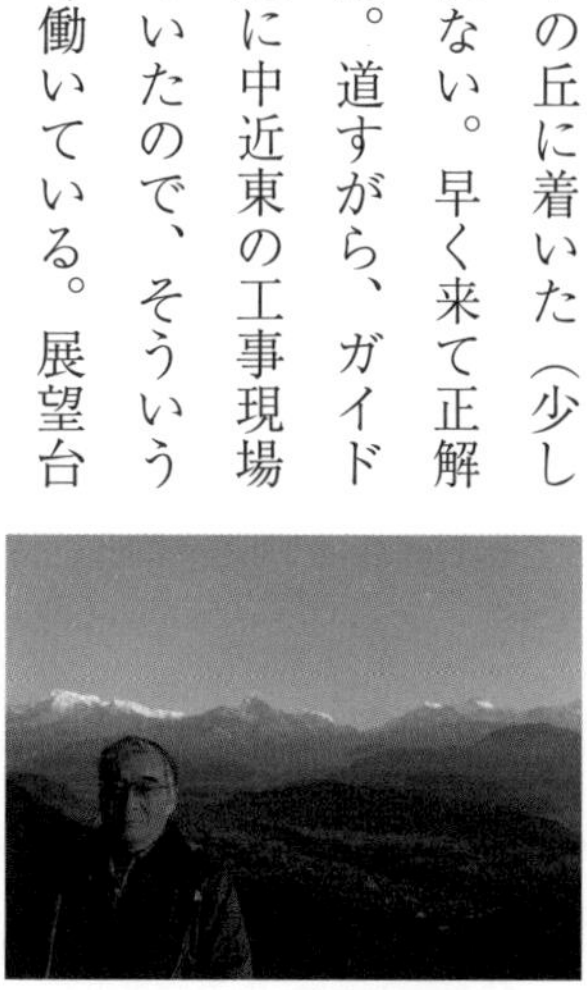

アンナプルナ連峰を背景に
（ネパール：ポカラ）

四〇年前の面影を求めて

ホテルに着き部屋に戻ると、女房は既に起きていた（少し、顔色もよくなったようだ）。朝食はついていたが、カレー味の料理はまだ喉を通らないと思ったので、再び米を炊いて朝食をとり、まだ、時間があったのでホテルのレストランへ行き果物だけをつまんだ。約束した八時半になると、ホテルの入り口に迎えの車が来ていた。「午前中の方が山がきれいに見える」とのことで、最初にフェワ湖に行き手漕ぎボートに乗ることにした。湖の畔《ほとり》までいくと、フェワ湖の姿は、四〇年前とはすっかり変わっていた、昔、決壊したダムを再構築するための土質材料を探しに来たときは、当然、ダムに水は溜まっていなかった。昔の景色と照合するため、その時の写真をコピーして持ってきたが、それを現地ガイドと手漕ぎボートのおじさんに見せると、一様にびっくりしたようで、興味深げにそれに見入っていた。それもそのはず、彼らはその頃はまだ物心のついていない年齢で、ダムが決壊したことは話として年長者から聞かされていただけのようであった。ボートに乗り湖の中央まで行くと、小さな人工島があった。船を岸に着け上陸すると、既に、同じように手漕ぎボートや足漕ぎボートに乗ってやってきた溢れんばかりの観光客で賑《にぎ》わっていた。よく見ると、観光客は小さな寺院にお参りするため、列をなしていた。その寺院を見て「どこか似ている」と、持ってきた四〇年前の写真と見比べてみた。まさに、昔、仕事の合間に立ち寄った特徴的な二層の屋根を持つバラヒ寺院がそこにあった。当時は、湖水がなかったので岸辺と陸続きで、徒歩で来たのを思い出した。しばらく昔の記憶を確かめるように島内を一巡して

決壊した旧ダムに刻まれた記念碑
（ネパール：ポカラ）

人工島のバラヒ寺院にて
（ネパール：ポカラ）

フェワ湖のボート遊覧
（ネパール：ポカラ）

から、ボート乗り場に引き返した。

陸に上がり「どうしても行きたいところがある」と言ってガイドにリクエストしておいたダムサイトへ行くことにした。少し走ると、車は、水辺の道路から右へそれて、未舗装の細い道に入った。その先にダムサイトがあった。草むらをかきわけ歩を進めると、昔決壊したダムの残骸が記念碑とともに残されていた。下流側には、新しいコンクリート式のダムが造られていた。上流側を望み、持ってきた昔の写真と照らし合わせると、昔あった大木がそのまま同じ位置に残っているのがわかった。辺《あた》りはすっかり変わってしまっていたが、背後にそそり立つ神の山マチャプチャレとその大木だけは、昔のままだった。しばしの間、四〇年前を思い起こし、感慨にふけるとともに、もう二度と来ないであろうその光景を、確《しか》と目に焼き付け、懐かしの地を後にした。次に、フェワ湖を挟んでサランコットの丘の対岸の高台にある、日本人の手により建立《こんりゅう》された日本山妙法寺に向かった。丘に上ると、大きな仏塔があり、観光客が大勢訪れていた。青いフェワ湖の向こうには、マチャプチャレを中心に白銀のアンナプルナ連峰が拡がっていた。それから丘を下り、グプテシュワールマハーデヴ洞窟へ向かった。洞窟の中に入り、やっと人っ子一人通れるくらいのすれ違うことが難しい狭い通路を行くと、ここで発見されたというシヴァ神を祀《まつ》った小さなヒンドゥー教の寺院があった。さらに奥に進むと、岩の間の差し込む光の向

ダムサイトから見たフェワ湖とアンナプルナの山々（ネパール：ポカラ）

丘の上に建つ日本山妙法寺（ネパール：ポカラ）

こうに、水飛沫《みずしぶき》をあげて落下する細長い水流が垣間見えた。この滝は、デヴィス・フォールというもので、今から五〇～六〇年前、誤ってここに落ちて行方不明になったスイス人トレッカーの名をとって命名されたもので、洞窟を出た後、地上からも見ることができた。観光を終えた後、ガイドの案内で、障害者救済の為にNGOが立ち上げたという、店頭で制作の実演をしている織物の土産店に行き、記念にカシミアのセーターとカーディガンを購入した。一三時過ぎ、一旦、ホテルに帰り、すぐにチェックアウトをして、迎えに来た時と同じ赤い車にスーツケースを詰め込み、空港へ向かった。カトマンズ行きの飛行機は運よく進行方向左側の座席が取れ、来る時はそれどころではなかった女房も、窓越しに行き過ぎるヒマラヤの山々を眺めていた。カトマンズ空港に一五時半頃到着し、前日会ったガイドの案内でタメル地区にあるホテルに一六時過ぎにチェックインした。まだ、女房が本調子でなかったので、近くのスーパーにペットボトルの水を買いに外に出ただけで、その夜は、またしても米を炊いて夕食を済ませた。

洞窟内から見たデヴィス・フォール
（ネパール：ポカラ）

障害者救済のための織物店
（ネパール：ポカラ）

また違う表情を見せるヒマラヤの山々

一一月一日（木）八日目、早朝四時にホテルを出て、まだ、夜の明けないカトマンズの街を通り抜け、

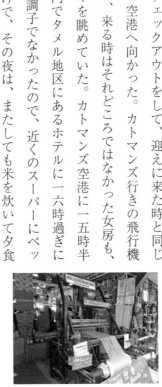

ナガルコットの丘に向かった。道が空いていたせいか一時間ほど走ると、急こう配の山道に入り、ほどなく目的地に着いた。駐車場には、まだ他の観光客の車らしきものはなく、一番乗りのようであった。六時過ぎの日の出までまだ間があったので、駐車場近くの明かりの灯《とも》っていた茶店に入り、ミルクティーを注文した。しばらくすると、車やバイクに乗った日の出目当ての客が徐々に集まってきた。中には、ガイドの馴染のネパール人もいるみたいで、店に入るなり、親しげに声をかけてきた。ガイドが盛んに、こちらを向いて「四〇年前にダムの仕事をしにここに来た人だ」と紹介しているようなので、持ってきた当時の写真のプリントを取り出すと、皆、興味津々《きょうみしんしん》のようで、一斉に集まってきた。スマホでそれを写真に収めようとするものもいた。皆、ポカラのダムの決壊は話には聞いていたようだが、現実にその様を目の当たりにしたのは初めてのようで、感心すること頻《しき》りであった。しばらくガイドを通して昔話を披露してから、店を出て、徒歩で五分ほど先にある展望台に行った。ポカラのサランコットの丘に比べると、ヒマラヤの山々はやや遠くに見えたが、ランタン・ヒマールなどポカラとはまた違う山々の姿を見ることができた。日の出観賞を終え、ナガルコットの丘を後にして、古都バクタプルへ向かった。途中、茶屋に立ち寄り、軒先《のきさき》でミルクティーを飲みながら、ホテルで作ってもらったボックスの朝食を

日の出を待つ間立ち寄った茶店
（ネパール：ナガルコット）

朝日を浴びるランタン・ヒマール
（ネパール：ナガルコット）

現地ガイド・ドライバーさんと記念撮影（ネパール：ナガルコット）

とった。道端に、咲ごろの山桜を見ることもできた。山を下り、三〇分ほどで古都バクタプルに到着した。道すがら、道端で草を食んでいる数匹の牛が見えたのがきっかけで、ガイドが日本に来た際、歓迎会にすき焼きが出た時の話になった。「ヒンドゥー教は牛が神様なので大変閉口したが、その時は、やむなく食してしまい、正直うまかったが、後で、嫌な夢を見た。隠し通せず、そのことを女房に白状したらちょっと軽蔑された」というのだ。驚かされたのは「牛は食べてはならないが水牛は食べても良い」というのだ（初耳である）。牛肉を食べたいがための方便ともとれない発言で、我々には、到底、理解しがたいところであった。

未だ地震の影を落とす古都バクタプル

バクタプルの街に到着し、タチュパル広場のダッタトラヤ寺院を見た後、レンガが敷き詰められた小道を行くと、両側に一五〜一八世紀にかけて首都であった頃を偲《しの》ばせる赤茶のレンガ造りの建物がびっしり立ち並んでいた。これらの建物の特徴は木彫りの窓枠で、ネワール彫刻の最高傑作といわれる孔雀の窓もあった。トウマディー広場には、五層の屋根を持つ、高さ三〇メートルのニャタポラ寺院があり、正面の石段の両側には、下から戦士、象、獅子、グリフィン、女神の石像が一対ずつ、守護神として置か

ネワール彫刻の最高傑作「孔雀の窓」
（ネパール：バクタプル）

ニャタポラ寺院
（ネパール：バクタプル）

れていた。石段を天辺まで上ると、バクタプルの街が一望できた。ニャタポラ寺院の隣にあるバイラヴナート寺院は、二〇一五年四月のネパール地震により被害を受け改修中であった。他にも、街中の通り沿いの建物は修復されているものが多かったが、一歩裏に入ると、地震の影響が未だ残っている建物も少なくなかった。陶工広場の土産屋で、陶器の壺を仕入れた後、旧王宮を見て、昼前にバクタプルの街を後にした。車を三〇～四〇分走らせるとカトマンズの市街に入り、まず、ネパール最大のストゥーパ（仏塔）が建つボダナートを訪れた。

改修中のバイラヴナート寺院
（ネパール：バクタプル）

入口から中に入ると、台座まで上ることができ、周囲の様子を見渡すことができた。一八九九年、仏教の原典を求めて、初めてネパールを訪れたという、河口《かわぐち》慧《え》海《かい》という僧侶の記念碑もあった。仏塔の周りにはゴンパと呼ばれる僧院もあり、扉の開いていたその一つに入ると、丁度、読経の最中で、修行中の僧侶たちの様子も見ることができた。三〇～四〇分ほどボダナート周辺を散策した後、車でカトマンズの中心街

ストゥーパの台座にて

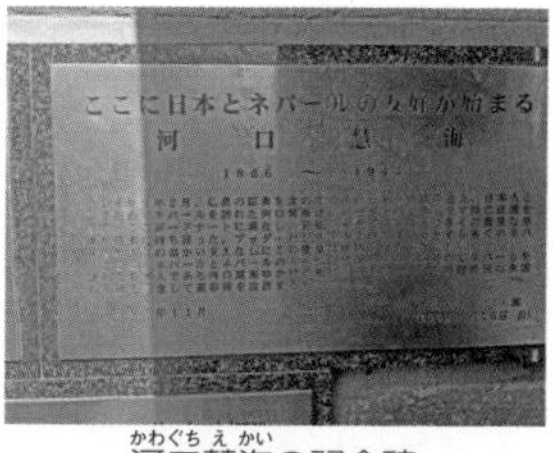
河口《かわぐち》慧《え》海《かい》の記念碑

ゴンパ（僧院）内の修行の様子
（ネパール：ボダナート）

まで行き、レストランで中華の昼食をとった。

「籠《かご》の鳥」クマリ

昼食後は、まず、「大阪のおっちゃん」風の容貌《ようぼう》で、言葉も日本人かと思うくらい堪能な主人の経営する土産屋まで行き、鍋敷きなど小物を購入した。その店は、三浦雄一郎も訪れたことがあるとのことだった。その後、車をニューロードの入り口で降り、露店の並んだバサンタプル広場を通り過ぎると、赤いレンガ造りの「クマリの館」があった。クマリとは少女の生き神様で、三歳位の少女の中から種族や性格など三二の条件を満たしたものを選び、親から離し一四、一五歳位までこの館に、いわば幽閉し、病気治療や願望成就などの祈願、占いなどを行わせるもので、町に邪気を払い繁栄と成功をもたらすと信じられているようであった。外に出られるのは祭りの時など年一三回までで、普段はこの館に閉じこもり、専属の教育者のもとで生活するとのことだった。まさに「籠《かご》の鳥」状態である。現在のクマリの姿は見られなかったが、その教育者がガイドの学生時代の友達だということで、記念写真に応じてくれた。クマリの館からダルバール広場に行くと、いくつかの寺院があり、通り抜けた所にサルの神の像が門の脇にある旧王宮があった。中に入ると、ハヌマン（サルの神）が

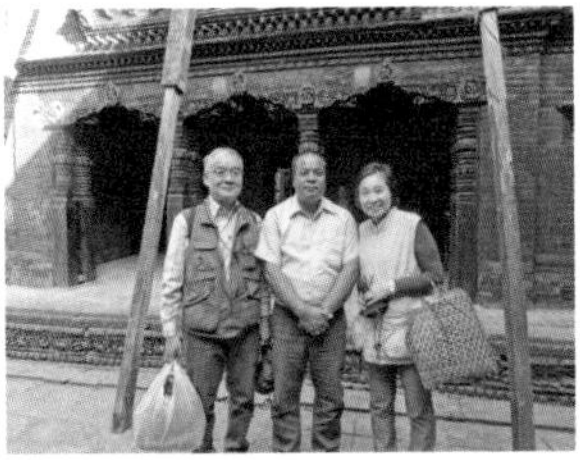

クマリの館で教育係と
（ネパール：カトマンズ）

日本語の堪能なおじさんの土産屋にて（ネパール：カトマンズ）

悪い王を指の爪で殺傷している像があり、さらに中に入ると一八世紀以降、この地を治めたシャハ王朝の近年の歴代王の写真が飾ってあった。二〇〇一年に、家族とともに殺害されたビレンドラ国王の写真もあった。王朝を出て広場の出口に向かったところに、シヴァ神の化身である生首をぶら下げたカーラ・バイラヴ像があり、大勢の人が祈祷していた。近くで、行者（サドゥー）の格好をした人を何人か見かけたが「あれは、本物のサドゥーではなく、生活の為に一緒に写真を撮って生計を立てている偽物で、本物は火葬場にいることが多く、素っ裸のまま灰を身体に塗りたくり修行しているものです」とガイドが教えてくれた（なるほど、修行とはそう生易《なまやさ》しいものではない）。ダルバール広場を出て、押し寄せる人とバイクをよけながら、インドラチョーク、アサンチョークなどを経て三〇～四〇分程度歩き、タメル地区にあるホテルまで日暮れ前に戻った。途中、音楽好きの孫の土産に、弓奏の伝統楽器「サーランギ」を二〇ドルで買い求めた。夕食は、ガイドが教えてくれた日本料理屋「桃太郎」という店で、久々のとんかつ定食をいただいた。

悪い王を爪で殺傷するハヌマン像（ネパール：カトマンズ）

生首を片手にぶら下げたカーラ・バイラヴ像（ネパール：カトマンズ）

気高くそびえるエベレストの雄姿《ゆうし》

一一月二日（金）九日目、念願のエベレストにお目にかかれる日がきた。六時半のフライト時間に間に合うように、朝、五時過ぎにホテルを出た。早朝で、道が空いていて、三〇分もかからずにカトマンズ空港へ着いた。マウンテンフライトは何便もあるようで、それを目当てにした大勢の観光客でごったがえしていた。順番待ちで少し遅れたが、やっとコールがかかり、プロペラ機に乗り込んだ。座席は、フライト用に左右の窓側しか割り当てられていない。離陸後、その雄姿《ゆうし》を逃すまいと、窓越しにカメラを向け通り過ぎるヒマラヤの山々を眺めていると、しばらくして機内がざわつき始めた。キャビンアテンダントが一人ずつ順番にコックピットに入るように促し始めた。中に入り、副操縦士らしき人の指さす方向に目をやると、頂上に少し煙のような筋雲がかかったピラミッド型の山がはっきりと見えた。「あれがエベレストか、さすが気高く雄壮《ゆうそう》だ」。そう思いながら、シャッターを何枚も切った。もう少し眺めていたかったが、既に、次の人がスタンバイしているので、早々にコックピットを出た。客が一巡すると、シャンペンが配られ、一人ひとりにフライトの証明書が配られた。往復約一時間のエベレスト遊覧は終了し、皆、シャンペンを飲み干しながら、満足げな表情で、カトマンズ空港へ引き返した。

ピラミッド型をしたエベレストの雄姿《ゆうし》

配られたシャンペンを片手に

配布されたエベレスト遊覧証明書
（ネパール：カトマンズ）

コックピットから見たエベレスト
（ネパール）

ティカをつけて舞踊観賞

空港に戻ると、現地ガイドから「他に何か見たいところはありませんか。まだまだ、案内したいところはたくさんあります」と誘われたが「ネパールに来てから、日の出観賞、マウンテンフライトと、連日、早起きだったので、少しのんびりしたい」と告げ、ホテルで寛《くつろ》ぐことにした。昼食は、近くの「ふるさと」という日本料理屋で、うどん（冷たいのは怖いので暖かいもの）を食べ、日本人向けの小物の土産があるということで「ネパール・クマリ」という土産屋に行き、子供向けのノートや筆箱などを購入した。夕刻、昨日予約した民族舞踊付きの夕食をとるため、一八時にホテルでガイドと待ち合わせて、会場まで徒歩で行った。会場に入ると、いきなり、おでこに赤い「ティカ」をつけられた。決められた席に座り周りを見渡すと、皆、同じように「ティカ」をつけていた。開始時刻近くになると、日本人はいなかったが、大勢の中国人、欧米人が集まってきた。昨日、街頭で買ったものより少し大きなサーランギが主旋律を奏でる楽団が登場し、何組かの踊りが披露された。どれも、以前、中国雲南省や、ミャンマーなどで見た少数民族のものとよく似ていた。食事は、ネパール料理が、懐石風に順番に出されてきた。途中で、獅子舞のようなヤクが現れ、口からチッ

クマリ体験者の日本語訳の手記

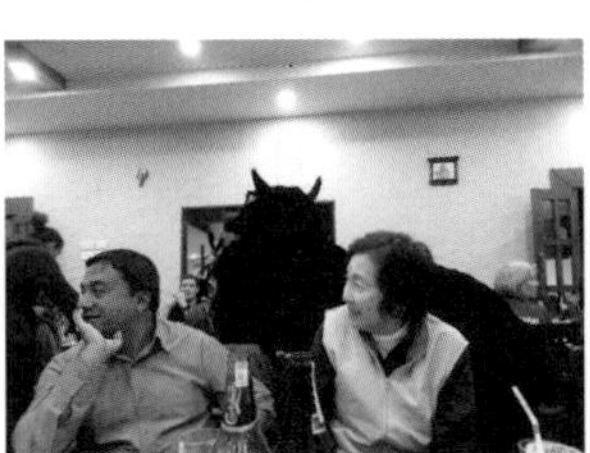
民族舞踊場での獅子舞のようなヤク
（ネパール：カトマンズ）

ネパール・クマリの売子さん
（ネパール：カトマンズ）

プをもらう仕組みのようで、順番に客席の間を回っていた。一時間半ほどいて、見世物が一段落したのを見計らって会場を後にし、途中、ガイドが「かつてクマリで現在は普通の女性に戻った人の書いた伝記の日本語訳が出版されている」というので「日本で手に入れるのは難しいだろう」と思い、本屋へ立ち寄り購入した。

一一月三日（土）一〇日目、飛行機の出発時間は午後であったが、早めに空港へ行き、ラウンジでゆっくりしたかったので、一〇時過ぎにはホテルを出た。カトマンズ空港のプライオリティーパスで入れるラウンジは、出国審査を終え荷物検査をする前の所にあった。そこで昼食を済ませ、一四時発の飛行機でカトマンズを経ち、三時間半のフライトでバンコクへ到着した。来た時と違い、乗り継ぎ時間は四時間近くあったので、今度はラウンジで夕食をとり、二三時半発の飛行機でバンコクを経ち、翌日一一月四日（日）一一日目、朝、六時半に成田空港へ到着した。

神の山と人の世の短さ

秘境とまではいかないまでも、アジアの中では比較的マイナーな、発展途上のバングラデシュ、ブータン、ネパールを巡る旅であった。その証拠に、旅行中、ほとんど信号には出くわさなかった。現地ガイドの生の声を聴けるのは、団体ツアーにない個人旅行の最大の利点であり、醍醐味でもある。イスラム教、チベット仏教、ヒンドゥー教と、それぞれ宗教は異なっていたが、各国の寺院仏閣《ぶっかく》を巡り現地ガイドの説明を聞き、また、その立ち振る舞いから、宗教がそこで暮らす人々の日々の生活の中に深く根付いていること、人生における宗教の重みが日本とはだいぶ違うことを再確認した。それにしても、ポカラが四〇年前とすっかり変わってしまったのには驚嘆した。社会人の駆け出しであったその頃の自分を思い出し、懐かしさを覚えるとともに、ほんのちょっと前の出来事のようにも思え、時の流れの速さをしみじみと感じた旅であった。その一方で、昔と少しも変わらない神の山マチャプチャレを見つめていると、人の一生の短さ、はかなさを感ぜずにはいられなかった。

13 世の不条理と人生の選択

ソロモン諸島・パプアニューギニア

南方の激戦地ガダルカナルへ

パプアニューギニア（以下ＰＮＧ）には一度行ってみたいと思っていたが、少し先のことだと考えていた。ところが、予定していたアラビア半島五カ国、欧州小国巡りの旅が、いずれも人数が集まらず催行とならなかった。

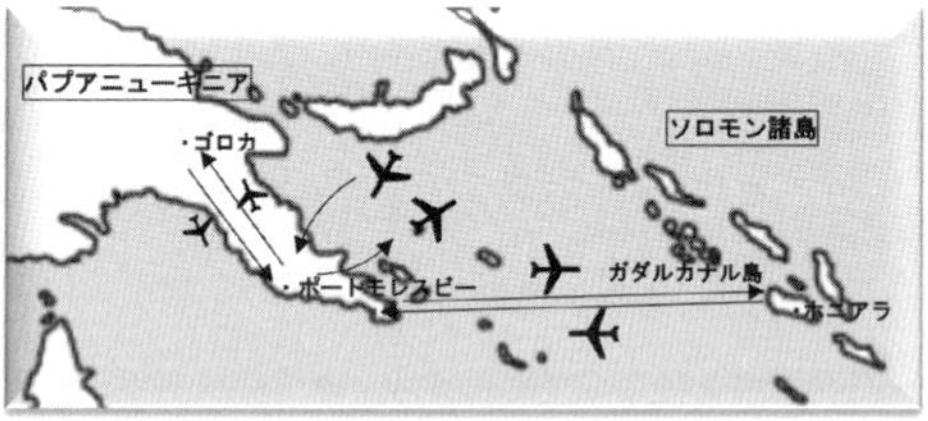

ルート図

旅程 2019 年 2 月 23 日〜 3 月 2 日

日数	日付	訪問国	都市	観光
1	2/23（土）	出国	成田	
2	2/24（日）	ソロモン諸島	ポートモレスビー経由ホニアラ	
3	2/25（月）	ソロモン諸島	ガダルカナル島	一木支隊鎮魂碑・ソロモン平和慰霊公苑
4	2/26（火）	ソロモン諸島	ガダルカナル島	エスペランス岬・ビル村戦争博物館
5	2/27（水）	パプアニューギニア	ポートモレスビー・ゴロカ	
6	2/28（木）	パプアニューギニア	ゴロカ	アサロ渓谷（マッドマン）・市場・博物館
7	3/1（金）	パプアニューギニア	ゴロカ	ケマセ村奇岩洞窟
8	3/2（土）	帰国	ポートモレスビー経由成田	

他の旅も探してみたが、行ってみたいツアーは日程が合わず、やむなく日付を自由に設定できる個人旅行に切り替えることにした。個人旅行の場合、これまでの経験から、陸路を一筆書きのように周遊するのは移動手段の問題で難しい。また、できれば日本語のできる現地ガイドがいる地域と考えているうちに、いつか行ってみたいと思っていたPNGが思い浮かんだ。それに、PNGなら日本から六、七時間で行けるので比較的近い。さらに、PNGに行くならそこだけではもったいない気がしてきて、どうせなら南太平洋の周辺諸国を周遊できないかと考えていたところ、昨年、バングラデシュ、ブータン、ネパールを個人旅行した時の会社が、PNGとソロモン諸島の企画を組んでいるのを見つけ出した。日程を見ると、以前、女房が見たいと言っていた、泥で作った奇妙な仮面をつけた部族が踊るゴロカも組み込まれているし、日本人である以上一度は訪れておきたいと思っていた太平洋戦争の激戦地、ガダルカナル島も入っていた。早速、旅行会社に連絡を取ると、PNGは日本人のガイドが手配できるみたいであったが、ガダルカナル島は英語のガイドのみとのことだった。それを聞いて少し思案したが、訪れる先がいずれも日本人の慰霊碑ばかりなので、何とかなるだろうと踏んで申し込むことにした。念のため、少し高価であったが、ポータブルの自動翻訳機も購入し持っていくことにした。

二月二三日（土）一日目、一八時頃成田に着き「日本人でPNGへ行く人はさぞかし少なかろう」と思いつつ搭乗手続きをしに行くと、意に反して、大きなサーフィンボードを持った、お互い顔見知りらしい人たちが既に何組か並んでいた。それ以外の日本人はほとんどいない（「いわんや『シニアの夫婦』をや」といったところか）。二一時半過ぎに成田を経ち、翌日、二月二四日（日）二日目の早朝五時半にPNG

のポートモレスビー空港に到着した。サーファーはここでほとんど降りてしまったようで、乗り継ぎのロビーには、日本人と思《おぼ》しき人は我々以外見当たらない（どうやら、現地の人は「年老いた夫婦が何をしに来たのだろう」という好奇の眼で見ているようだ）。乗り継ぎに約三時間半要した後、九時過ぎにポートモレスビーを経ち二時間ほどすると、ソロモン諸島のガダルカナル島が見えてきた（これが、ミッドウェー海戦と並んで、太平洋戦争における攻守の転換点となったといわれている激戦の地か）。窓から海岸線に沿って目をやると、やがて長方形をした空港が見えてきた（あれが、山本五十六の命で一九四二年春から夏にかけて日本軍が造り、その直後、米軍に奪われ、以降、翌年初めまでの約半年間、三回にわたって奪還を試みたが叶《かな》わなかった空港か）。しばらくして飛行機は急旋回し、徐々に高度を下げ、来た方向とは逆の向きから、かつて日本軍がルンガ空港と呼び、米軍はヘンダーソン空港と呼んだ、現在のホニアラ空港に着陸した。入国手続きを済ませ外へ出ると、日本との温度差は二〇度以上あり、流石に日差しはきつく蒸し暑い。周囲を見回すと、大柄な現地の男が、名前の書いてある紙を掲げていたので、すぐにホテルからの迎えだとわかった。ホテルは、空港から車で二〇分ほどの所にあった。日本の建設会社の系列のホテルということで、島で唯一の日本料理屋もあった。チェックインのためカウンターへ行くと、自分宛の封筒を渡された。三階建てであったが、エレベーターはなく、ボーイが三階の部屋までスーツケースを両手に持って運んでくれた。部屋に入り、早速、封筒を開けると、明日の集合時間が日本語で書かれていた。「明日、現地ガイドと、

ホテルの入口
（ソロモン諸島：ガダルカナル島）

何時、どこで落ち合うのか」ということが気にかかっていただけに、一安心であった。驚いたのは、テレビのスウィッチを入れるとＮＨＫのニュースがライブで見られることだ。夕食まで時間があったので、周辺を散策に出かけた。ホテルの庭では、木の上から、薬用の熱帯植物「ノニ」の実を落としていた。海辺にも下りたが、念のため水着も持ってきたものの、残念ながら想像していたものとは違い浮遊物も結構あり、とてもその気にはなれなかった。ロビーに行きソファーに座っていると、日本人らしき人がこちらを確かめるようにして近づいてきた。このホテルの支配人で、封筒の差出人であった。挨拶の後、語学が余り得意ではないことが旅行会社から伝わっていたようで「少し日本語のわかるドライバーにしました」と説明してくれた。その夜は、ホテルの部屋で米を炊き夕食を済ませた。

ノニの実
（ソロモン諸島：ガダルカナル島）

海辺に人知れず佇《たたず》む慰霊碑

二月二五日（月）三日目、ホテル内のレストランで朝食を済ませ、約束の九時前にロビーで待っていると、しばらくして、小太りの元気の良いドライバーが「こんにちは」と言って近づき、握手を求めてきた。早速、車に乗り込み、ガダルカナル島東側の戦跡地を巡ることにした。道すがら、雨季なのに、全く雨の気配が感じられないので、そのことをドライバーに尋《たず》ねると「いつもはそ

米軍の水陸両用戦車
（ソロモン諸島：ガダルカナル島）

んなことはないですよ。あなたたちはラッキーですね。晴を連れてきたのでは」と少しおどけた様子で返答した。すかさず「日本には晴れ男と晴れ女という言い方がある」と、拙《つたな》い英語で説明すると、何とか通じた風で、ドライバーは黙って首を縦に振った。

一時間ほど走ると、米豪連合軍の補給地点であったテテレ海岸に着いた。木陰に、錆びついた米軍の水陸両用戦車が幾台も放置されていた。そこから、来た道を戻る形で、初めて米軍の海兵隊が上陸したレッドビーチ、空港奪還のため第一陣として乗り込んだ一木支隊約五百名が、迎え撃つ連合軍の攻撃で命を落としたアリゲータークリークを見て回った。いずれの慰霊碑も海辺に人知れずひっそりと佇《たたず》んでいた。テナル教会前の「一木支隊鎮魂碑」の前で持参した線香に火をつけ手を合わせた後、トイレ休憩もかねて、飛行場の敷地内にある日本軍の高射砲を見に行った。近寄ってよく見ると、確かに、漢字で支団名が刻まれていた。飛行場を出て、第二陣として派遣され飛行場の背後から攻撃を仕掛けた川口支隊と、連合軍との間で激しい戦いが繰り広げられた、ムカデ高地、別名「血染めの丘」と呼ばれているところへ行くと、見晴らしの良い高台に第二師団慰霊碑があった。この時も、連合軍により、事前にジャングル内に仕掛けられたマイクロホンによって、日本軍の動きが察知されていて、夜襲をかけたにもかかわらず、一網打尽になったとのことだ。同じように、

一木支隊奮戦の地
（ソロモン諸島：ガダルカナル島）

日本軍の高射砲
（ソロモン諸島：ガダルカナル島）

リュックから線香を取り出し、マッチで火をつけ、お供物の煎餅《せんべい》をあげてから、手を合わせた。どの慰霊碑も、現在は住民の私有地の中にあり、戦跡地を訪れるたびに、ドライバーが村人に紙幣を手渡していた。ホテルの支配人が言っていたように、このような状況では、日本人のガイドでは、中々、私有地の中に立ち入るのは難しい気がした。また、標識があるわけではないので、道案内がいない限り、そこに行き着くこと自体難しいようにも思えた。山を下り、丁度、ホテルの真向かいの警察署の敷地内にある川口支隊の慰霊碑を見た後、昼食をとるため、一旦、ホテルに引き返した。

時代が違えばこうも違う

ホテルの部屋で、帰りがけに立ち寄った中央広場で仕入れたバナナと、日本から持参したカップラーメンで昼食を済ませ、一四時に再び、次の戦跡地へ向かった。四輪駆動車で山に分け入り、急な坂道を上った所に「ギフ高地」(岐阜県の部隊がいたので命名された)があった。第三陣の空港奪還作戦も形勢が悪くなり、撤退する際の要塞としての役割も果たした激戦地とのことだった。慰霊碑で線香をあげた後、近くのバラナ村に寄ると、そこで見つかったヘルメットや銃器類、生活に必要な食器やビン類など、当時の臨場感

バラナ村の村人
(ソロモン諸島:ガダルカナル島)

ヘルメット等の遺留品
(ソロモン諸島:ガダルカナル島)

が伝わる色々な遺留品が集められていた。ふと傍《かたわ》らを見ると、最近収集されたという人骨が無造作にビニール袋に入れられ、棚の上に置かれていた。遺留品を管理しているという村人に「いつ、どこで、どのような状態で発見されたのか」と聞こうとしたが、その粗雑さに何かいたたまれないような気持ちに襲われ、何も聞かずに手を合わせただけで、早々にそこを後にした。ホテルに戻る途中、一九八〇年にアウステン山に建てられた真新しいソロモン平和慰霊公苑、一九九二年に建てられた赤い御影石の林立する米国記念碑も訪れた。そこには連合軍の戦績がこと細かく刻まれていた（日本軍の場合は、とてもそんな記録を残す余裕がなかったのだろう）。その日は、一日中、慰霊碑を回ったせいか、心身ともにどっと疲れ、部屋で小休止した後、ホテルの日本食レストランへ行き「松花堂弁当」をいただいた。食事を終え部屋に帰り、テレビをつけると、NHKでジャニーズの若者たちが踊りながら流行の歌を歌っているのが眼に飛び込んだ。「八〇年近く前、この地で命を落とした者には、想像だにできないことだろう。時代が違えばこうも違うものか」という思いがこみ上げ「何で、ここまで来て、戦いをしなくてはならなかったのか」と、世の不条理をしみじみ感じながら、床に就いた。

ソロモン平和慰霊公苑
（ソロモン諸島：ガダルカナル島）

日本軍撤退の足跡をたどって

二月二六日（火）四日目、約束の朝九時少し前にホテルのロビーに行くと、待っていたかのように年配の日本人男性が近づいてきた。この島に建設の仕事で二〇年以上単身赴任しているという人物で、我々が慰霊碑を回っているのを聞いて、地図と日本語で説明の書いた資料を手渡してくれた。来る前に、ネットなどで探してみたが中々適当なものがなく思案していただけに、大変助かった。「日本のＯＤＡで造った道路が通称その人の名前で呼ばれていて、政府からメダルも授与されている」と、後でドライバーが教えてくれた。資料をいただいたお礼を述べ、早速、頼んでおいた弁当を持って、ホテルを出発した。その日は、昨日とは逆の西側の戦跡地を巡るため、海岸沿いの道を西に向かって車を走らせた。西側の各地点は、空港奪還の第三陣が上陸するとともに、一九四二年二月日本軍が撤退した所でもある。いくつかの川を渡り、でこぼこ道を三〇～四〇分行くと、物資を輸送するため自ら海岸に乗り上げ座礁した「鬼怒川丸」の一部が今も残されているというボネギ海岸に到着した。鬼怒川丸は、無残にも船尾は既に折れて海中に沈み、船首と中間部を水上に覗《のぞ》かせるのみの姿であった。ドライバーが沖合を指さし「この他にも、多くの戦艦が沈んでおり、現在は、スキューバダイビングのスポットとなっている」と教えてくれた。ボネギ海岸を離れさらに一時間近く西へ行くと、約一万人が六〇～百人乗りのボートに分乗し、夜間、順番に沖で待つ船にピストン輸送され撤退したタンベア、カミンボ湾、エスペランス岬などの海岸を見ることができた。それぞれ、記念碑、慰霊碑などが、住民の私有地の奥の目立

鬼怒川丸の残骸
（ソロモン諸島：ガダルカナル島）

エンペランス岬
（ソロモン諸島：ガダルカナル島）

たないところに建立《こんりゅう》されていた。エスペランス岬を出て、ランチ場所として選んだビザレ教会に行く途中、道端で覚醒作用のあるビンローの実を売っていた。二〇一八年秋にブータンへ行った際、現地ガイドが葉でくるみ石灰と一緒に口に含み、口の中を赤くしていた代物《しろもの》である。こちらでは、リトルナッツと呼ばれているようだ。ドライバーが手に取ってその処し方を実演してくれた。撤退時に負傷兵をかくまったというビザレ教会で、持参した弁当で早めのランチを済ませ、一二時過ぎに元来た道を東に引き返した。一五分ほど走り、海岸線から少し山側に入った所に、ビル屋外戦争博物館があった。ドライバーのアドバイスで、蚊避けのスプレーをふんだんに手足にかけ、案内役の裸足の中年女性の後に続いた。博物館といっても、現地の村長が集めたという戦闘機や高射砲の残骸が陳列されているだけで、日本の飛行機はゼロ戦のエンジン部分が一つあるだけで、後は、ダグラスやグラマン等、大型の連合軍の飛行機ばかりであった。最後に、全国ソロモン教会の慰霊塔のあるナナ村で線香をあげ、一五時頃ホテルに戻ってきた。日暮れまで、時間があったので、ペットボトルの水を仕入れにホテルの外に出てみた。小さな小売店のレジに座っているのは、我々と同じ肌の色をした中国人ばかりで、インドシナ半島の国々と同じように、この地にも中国の影響が大きくなっていることが肌で感じられた。

ビンローを味わう村人
（ソロモン島：ガダルカナル島）

ゼロ戦の残骸
（ソロモン諸島：ガダルカナル島）

慰霊の島から地球最後の楽園（パラダイス）へ

二月二七日（水）五日目、トランジットのポートモレスビーで昼食がとれないと困るので、朝早めに起き、米を炊いてお握りを作った。空港まで、二日間一緒だったドライバーに送ってもらい、午前一一時過ぎ、空港奪還のため約二万人（戦死五千人、餓死と病死一万五千人）の日本人が犠牲になったガダルカナル島を飛び立った（空から海辺を見ると「何でここまで来て戦火を交えなければならなかったのか」という思いが再びよみがえってくる）。昼前にＰＮＧのポートモレスビーに着くと、大柄の日本人ガイドが待っていて、昼食をとるためレストランまで案内してくれた。サラダランチを注文し、久しぶりの生野菜をいただいた。一時間ほどレストランで過ごした後、一五時半に、国内線でゴロカに向かった。飛行機が海岸線を離れ、徐々に内陸に入っていくと、雲行きも怪しくなってきた。空港に着くと少し小雨模様で、ポートモレスビーに比べると少し涼しい。スーツケースが出てくるまでターンテーブルで待っていると、出口の所で傘を持った日本人らしき女性がこちらを向いて手を振っているのが見えた。よく見ると確かに、ネットで見た現地に暮らしているという日本人女性に間違いなかった。ホテルは空港から二、三分の通りに面した所にあり、辺《あた》りは大勢の人で賑《にぎ》わっていた。中に入ると、ロビーの壁に、国旗にシルエットが描かれている赤い極楽

ホテル入口
（PNG：ゴロカ）

極楽鳥の絵
（PNG：ゴロカ）

島（バード・オブ・パラダイス）の絵が飾ってあった。部屋はガダルカナル島のホテルよりも狭く、バスタブもなかったがお湯は出るようである。テレビをつけると、内陸なので、さすがにＮＨＫは映らなかったが、ＣＮＮが入り、米朝首脳会談のニュースを盛んに報じていた。その日は、朝早くホテルで作った握り飯で夕食を済ませ、早めに床に就いたが、窓が通りに面していたので夜半まで騒々しく、中々寝つかれなかった。

人心が文明に追いついていない国

二月二八日（木）六日目、ホテルのレストランで朝食を済ませ「マッドマンダンス」を見に、九時に車に乗り込みアサロ渓谷へ向かった。雨は止み、空は晴れわたり、清々しい。道すがら、その日本人ガイドがここで暮らすようになったいきさつの話になった。その人は「夫がこの国の人で」と前置きして「馴れ初めは日本で、夫が日本に農業の研修に来ていた時でした」と、何時も聞かれる質問に答える調子で飄々《ひょうひょう》と切り出した（何の気負いも、飾り気もなく素朴な印象である）。「子供は二人います」と続けた。女房が何気なく「たまには、日本に帰ることがあるのですか」と質問すると「一年に一度ぐらい帰るのですが…」までは良かったが「母親はもう諦《あきら》めているようですが、年の離れた姉が許してくれず、未だに口もきいてくれないのです」と苦笑いしながら屈託《くったく》なく答えた。いきなり深刻な打ち明け話となり、どう話を続けたものかと思案していたところ、前向きな話題に変えようと思ったのだろう、女房が「旦那さんは、農業の仕事ですか」と尋《たず》ねた。すると「いいえ、初めはそのつもりでしたがうまくいかず、ぶらぶらしてもらっても困るので、今は運転手をしてもらっています」と言って、少しはにかんだ様子で、隣のドライバーに眼をやった。そこで初めてわかったが、今、運転しているのが「夫」その人であった。夫は少し微笑んで、軽く会釈した。唐突な展開に、反射的に微笑みで返したものの「ならば、日本語がわかるということか」と一瞬たじろぎ「失礼なことを言わなかったか」と、思わず口ごもった。女性ガイドは、そんな心配をよそに、話を続けた。「この国の人は、素朴で素直なのだけど、喜怒哀楽がはっきりしていて、感情的に動くところがあります。理性的なところがありません。だから、よく喧嘩になり、そんな時は家にある弓矢を持ちだしてくるので、刃傷沙汰《にんじょうざた》になることがよくあります。今でも、迷信とか占いがまかり通っていて、黒の魔術や魔女狩りみたいものも現実にあります。最近、うちでも主人の兄弟が立て続けに亡くなったのですが、それも誰かの仕業だと、この主人も本気で信じているのですから、嫌になっちゃいますよ」と笑いながら一気に言い放った。「文明から取り残され太古の時代からつい最近まで変わらぬ生活をしていたのが、一九世紀、白人の入植により、一気に文明が入ってきたというのがこの国の実情で、人心はまだそれに追いついていないというわけか。それにしても、当の本人の前で、赤の他人に平気でそんな話ができるのだから、さすが日本人にとって馴染みの薄い未開と言われた国に嫁いだ人だ。逞《たくま》しくかつ豪快《ごうかい》である」と思いながら、ドライバーの顔色をうかがうと、当の本人は、知るや知らずや、前を見据え表情一つ変えず、黙して淡々とでこぼこ道を運転していた。

ユーモラスに踊る自給自足の民

車は次第に山道に入り、小高い丘に差し掛かった所で一旦停止した。そこはダウロ峠という場所で、車を降り丘の上に上ると、今走ってきたゴロカに通じる山間の一本道がよく見えた。見晴らしがよく、円錐形をした葦《あし》を編んで作った屋根の民家が、ぽつぽつと山の中腹に立っていた。しばらく景色を眺めていると、一人の男が丘を上り、こちらに近づいてきた。何やら、ガイドに現地語で話をしている。どうやら、丁度、捕獲したばかりの木登りカンガルーがいるということらしい。その男に続き丘を下りると、二匹の小動物が木に繋がれていた。オーストラリアで見たカンガルーよりはだいぶ小ぶりで、茶色の毛並みの木登りカンガルーの親子であった。「ペットにするのか」とガイドに聞くと「たぶん、食用にするのを売っているのだと思う」と説明してくれた。以前、ペットとして飼おうとしたことがあったが、飼い方がわからず、すぐに死んでしまったそうだ。村人に撮影代として小銭を渡し、再び車に乗りしばらく行くと、アサロ渓谷の村に着いた。直ぐに畑仕事をしていた村人が出てきて、笑いながらガイドに近づいてきた。顔見知りのようだ。村人の後に続くと、電

捕獲された木登りカンガルー
(PNG：ゴロカ)

マリファナの木
(PNG：ゴロカ)

弓を構え近づくマッドマン
(PNG：ゴロカ)

火おこしの術
(PNG：ゴロカ)

気も水道もない葦《あし》を編んだ材料で囲っただけの住居を案内してくれた。日本では見慣れない草木を見かけたので、村人に尋《たず》ねると、その葉をちぎり、匂いを嗅《か》ぎながら「マリファナの木だ」と教えてくれた。この国では、民家で普通に栽培されているようだ。自給自足の生活と聞いたが、なるほど、主食の芋を初め、カボチャや瓜、バナナなど、色々な作物が植えられていた。農作物の一つ一つの説明を聞きながら細い畑道を行くと、民家に囲まれた広場みたい場所に出た。端に観光客用の安ごしらえのベンチがあったことから、ここが「マッドマンダンス」を披露してくれる所だということが直ぐにわかった。「マッドマン」は、民族抗争の際、偶然、転んで泥（マッド）をかぶった姿が精霊と見間違えられ、相手を怯《おび》えさせたことから始まったらしい。しばらくして、一人の身体を泥で塗りたくった村人が、弓をもって現れた。敵陣を偵察する斥候《せっこう》の役割らしい。周囲の様子を伺《うかが》いながらこちらに近づき、目の前で弓を射る真似をして威嚇《いかく》した。女房が驚くのを確認すると、遠ざかり、今度は火おこしの術を披露してくれた。見ていると木屑《きくず》の束《たば》を両足にはさんで、長い蔓《つる》の両端を両手に持ち交互に引っ張り擦《こす》り始めた。同じ動作を二、三分繰り返すうちに、摩擦により煙が立ち始めた。木屑《きくず》を開き、息を吹きかけると、炎が出始めた。戦闘の際は、これを敵の住まいに放つわけだが、代わりに、傍《かたわ》らに積み上げられた薪《たきぎ》にその

マッドマンと記念撮影
（PNG：ゴロカ）

背後から迫るマッドマン
（PNG：ゴロカ）

マッドマンダンス
（PNG：ゴロカ）

火を放った。すると、それを合図にして、泥の仮面をかぶった裸同然の格好をした数人の男たちが煙越しに順番に現れた。皆、違う表情のお面を被り、思い思いの槍を掲げて、こちらに迫ってきた。その男たちに気を取られていると、突然、腰かけていたベンチの背後からも、一〇本の指に長く赤い鞘《さや》のようなものをつけた男が現れた。どのマッドマンも、動きがスローでゆったりしているので、怖いはずなのに、どこか憎めない印象だ。一頻《ひとしき》り、何ともユーモラスな踊りが続いた後、記念撮影タイムになり、全員が広場の中央に一列になり、その間に自分たちも入って、写真に納まった。仮面をとると、予想以上に皆若く、あどけない表情の青年も混じっていた。一人ひとり英語で自己紹介が始まり、そのうちの一人が「日本へ帰ったら、是非、ここで撮った写真を、見せて、宣伝してほしい」というお願いの挨拶をして締めくくった。

おじいさんは石器時代の人

丁度、昼食の時間になり、PNGの名物料理ムームーを味わうことになった。広場の端にあった直径一メートルくらいのこんもりした土の山をスコップで掘り起こすと、バナナの葉らしきものが見え始めた。被っていたバナナの葉を剥《は》いでいくと、初めにシダなどの草の葉が蒸されて出てきた。その下の一番深いところに、主食の芋があった。それらをバットに取り分け、用意したテーブルに運んでいただくことになった。草の葉は、全く味がなかったので塩をふって食したが、サツマイモは甘くてねっとりしていて、そのままでも食べられ、予

名物料理ムームー
（PNG：ゴロカ）

想以上においしかった。土産に、村人の編んだ「ビルム」と呼ばれる手提げを一つ買い求め、一四時頃、アサロ渓谷の村を後にした。村を出て直ぐに見えた真新しい鉄塔を指さし「なんだと思いますか」とガイドが聞いてきた。しばし考えていると「携帯用の無線の基地です」と教えてくれた（水道や電気もまだ引かれていないというのに、携帯だけは普及しつつあるというわけか。衣食住は自前で賄《まかな》えても、情報伝達手段は携帯に頼らざるを得ないということか）。そういえば、ここに来た時、村人が携帯を片手に持っていて、ガイドとの連絡に使っていたのを思い出した。「思えば、ＰＮＧへ来てから、自動車はそれなりにあるようだが、よく開発途上国で見かける自転車やバイクはほとんど見かけない。これも、この国が、原始時代から一挙に近代化された証拠なのだろうか」。そんなことを考えているうちに、一時間ほどでゴロカの街に入り、屋外の公設マーケットに立ち寄った。カラフルないくつものテントが並んでいて、フリーマーケットのようだった。野菜や果物、芋などの食物が主であったが衣類や雑貨類も売っていた。用心のため、ガイドとアシスタントの間に挟まれながら、三〇分ほどテントの間を縫うようにして見物した。マーケットを出て、車で一〇分ほどの所に、太古から現代までの歴史がわかるマッカーシー博物館があった。ＰＮＧの部族は文字を持っていなかったので、古代の出土品は狩りや部族間の戦いのための槍や盾などで、一九世紀になり白人が布教のため入ってきてからは記録

公設マーケットで売られている人参
(PNG：ゴロカ)

マッカーシー博物館
(PNG：ゴロカ)

が残されていた。太平洋戦争当時、連合軍に協力し、役務を提供している写真も多く展示されていた。驚いたのは、死者の切断した指で作ったネックレスである。「部族の中には、死者を食することにより弔《とむら》う習慣があり、それが原因でクールー病という風土病がこの地にはあった」とガイドが説明してくれた。クールー病というのは、神経の変性を齎《もたら》す治療不能の病気で、潜伏期間が一〇年以上と長いそうだ。「現在、ＰＮＧの人々の九割以上はキリスト教徒ですが、この病気が無くなったのは、悪しき因習をやめさせた宣教師たちの功績が大きい」と話してから「なんせ、この国ではおじいさんは石器時代の人ですから」と再確認するように言い放った。

博物館を出て、コーヒー工場の一つを見学しに行った。ＰＮＧはコーヒーの名産地であり、輸出もしているそうだ。丁度、コーヒー豆の天日干しをしていた。ホテルに帰る途中、車窓から、公園のフェンスにカラフルないくつもの手編みのビルムがかけられ売られているのが見えた。スーパーマーケットで水を仕入れ、土産店でコーヒー、チョコレートなどを購入し、ホテルに戻った。夕食は、ホテルのレストランで、ピザとサラダをいただいた。

コーヒー豆の天日干し
（PNG：ゴロカ）

奇岩に隠れ住む部族の村へ

三月一日（金）七日目、ホテルを九時に出発し、四輪駆動の車でケマセ村の奇岩探検に出かけた。急こう配のでこぼこ道を一時間強走り村に着くと、直ぐに村人たちが集まってきた。現地案内人の後に続いて細い山道に入りかけた時、斜面を山羊に交じって小動物が駆け下りてくるのが見えた。「あれ、イノブタです。ここではめったにお目にかかれません」とガイドが言った。よく見ると、日本のイノシシのようにふさふさした茶色の毛に覆《おお》われておらず、ピンク色の地肌が少し見えていて、確かに「イノブタ」だ。そういえば、ＰＮＧへ来て、ほとんど牛や馬を見ていない。そのことをガイドに尋《たず》ねると「この国は牛乳を飲みませんし、豚や牛も余り食べません。肉としては、山羊か鳥がほとんどです。農耕をしないので水牛もいません」と教えてくれた。「以前読んだジャレト・ダイヤモンドの著書『銃・病原菌・鉄』の中で、ＰＮＧが文明から取り残された理由の一つとして、牛や馬などの家畜に適した動物がいなかったことを挙げていたのは、やはり本当だったのだ」と、改めて感心させられた。山道の両側には、珍しい色々な草花があり、木の実もなっていた。アシスタントが、傍《かたわ》らの木に登り、焦げ茶色の硬そうな実を二つ、三つとると、それらに木の枝を通して車輪にし、日本の子供の遊び道具「カタカタ」によく似たものを作って見せてくれた。さらに、先頭を行く案内人に手を取られながら三〇分ほど山道を登ると、やがて、風雨により浸食を受け形造られた奇岩の群集が見えてきた。この辺《あた》りの高台の地域は、部族間抗争で追われたものが隠れ住んだ場所とのことで、岩陰に潜んで待ち伏せしていた古代人に扮《ふん》した村人が、弓

木の実で造ったカタカタ
（PNG：ゴロカ）

弓を構える村人
（PNG：ゴロカ）

を構えて突然現れ、度肝を抜かれた。岩間に、人ひとりがやっと入れるくらいの空間があり、今はコウモリの巣となっている洞窟もあった。道端のそこかしこに、そのまま食べられる果実がなっていて、案内人が説明方々木に登り、パッションフルーツよりやや大きめの「シュガーフルーツ」という果実を、取ってきてくれた。自分は腹が弱いのでやめにしたが、女房が「うまいうまい」とガイドと一緒に瞬《またた》く間に数個平らげた。この辺《あた》りに住む部族は、死者を葬るために人肉を食べる風習があったとのことで、岩場のくぼんだ所に行くと、人骨を組み合わせて並べ、その後ろに上半身裸の村の子供たち五、六人がこちらを向いて座っていた。「笑ってはいけない」と、事前に親たちに言い含められていたようで、無表情のまま静かに座っていた。ガイドに断り、こういう時の為に持ってきたポラロイドカメラを取り出し撮影すると、そこまで先頭を歩いてきた現地の案内人が、頭蓋骨をもって自分も撮ってほしいとポーズをとった。すると「俺も俺も」ということになり、順番に数枚写真を撮って手渡してあげた。昼は、昨日と同じ民族料理ムームーであった。昨日と違うのは、人参があったことぐらいだろうか。そこには、一族郎党が集まっていて、久しぶりの来客のようで、一人ひとり握手を求めてきた。食事が済んだ後、女房が日本から持ってきたチョコレートなどを子供たちに差し出すと、我先にと飛びついてきた。終《しま》いには、大人も争って手を出してきたので、ほどほどにして切り上げた。土産につるで編んだ鍋敷きを買い求め、

シュガーフルーツ
(PNG：ゴロカ)

人骨と村の子供たち
(PNG：ゴロカ)

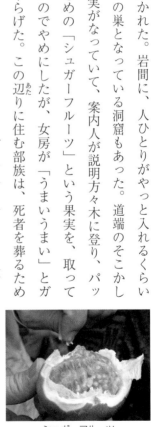

雲行きが怪しくなってきたので、急いでホテルに帰ることにした。ホテルに着き少したつと、激しいスコールが降り出した。ソロモン諸島のドライバーにも言われたが、雨季にも拘《かか》わらず、ここまで雨が降らなかったのは、ラッキーなことだったのだろうと思った。

しみじみ感じた人生の運不運と選択の重さ

三月二日（土）八日目、ゴロカを一〇時過ぎに出て、ポートモレスビーに昼過ぎに到着した。国際線へ乗り換えるため、一度、空港の外へ出て、来たときと同じレストランで昼食をとり、一五時前にＰＮＧを飛び立ち、五時間半のフライトで、その日の夜二一時に成田に到着した。今まで海外へ行って、古代から現代に至るまでの、いくつもの戦跡地を見てきた。近代では、ポーランドのアウシュビッツ、ベトナムのクチ、ボスニアヘルツェゴビナのサラエボなど、負の遺産といわれる戦場の痕跡を見て回った。ただし、その時はあくまでも第三者的立場でいられたので、歴史上の出来事として客観視することができた。しかし、今回はそうはいかなかった。自分は戦争を起こし南太平洋まで侵略の手を伸ばした国の一員であるという自責の念にかられると同時に、個人的立場からは、戦争の犠牲となった同胞がここに眠っていることを考えると、とても他人事のようには思えなかった。戦争のない時代に生まれた者としては、時代に翻弄《ほんろう》された人々のことを思うと、人生の運不運、理不尽さを感ぜずにはいられなかった。ＰＮＧでは、ダイヤモンド博士が語っていたように、まさに古代と現代が同居しているような世界を垣間見たように感じた。その中で、そのギャップを恐れず、巡り合った現地の人と所帯を持つことを選択し、異文化に溶け込み逞《たくま》しく生きている人が現実にいることを知らされると、大げさに言えば、時代を乗り越える人間の可能性を見たような気がした。

14 ドラキュラを見直した薔薇の里の旅

ルーマニア・ブルガリア

大所帯のおばさんツアー

ヨーロッパの残された未訪問国の中に、ルーマニアとブルガリアがあり、前々から気になっていた。二〇一七年三月にバルカン半島を巡った際に、一緒に回ろうとも思ったが、ルーマニア、ブルガリアは、どうせ行くなら薔薇の季節で

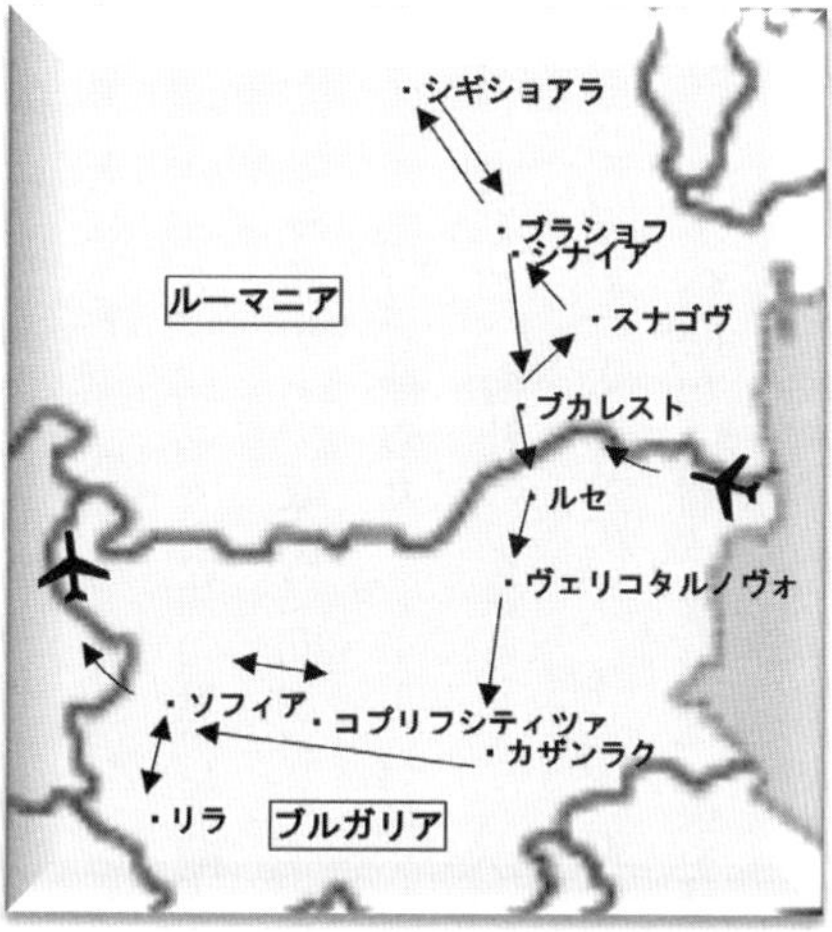

ルート図

旅程 2019年5月13日～5月21日

日数	日付	訪問国	都市	観光
1	5/13（月）	出国	成田	
2	5/14（火）	ルーマニア	イスタンブール経由ブカレスト	革命記念塔・慰霊碑・・国民の館
3	5/15（水）	ルーマニア	スナゴヴ・シナイア	スナゴヴ修道院・ペレシュ城・シナイア僧院
4	5/16（木）	ルーマニア	ブラン・シギショアラ・ブラショフ	ブラン城・ドラキュラ生家・黒の教会
5	5/17（金）	ブルガリア	ヴェリコタルノヴォ・スタラザゴラ	ツァラベツの丘・チャルシャ通り
6	5/18（土）	ブルガリア	カザンラク	薔薇摘み・トラキア人の墳墓・オイル工場
7	5/19（日）	ブルガリア	ソフィア・リラ・ボヤナ	聖ペトカ地下教会・リラの僧院・ボヤナ教会
8	5/20（月）	ブルガリア	コプリフシティツァ・ソフィア	ヨーグルトづくり・オスレコフの屋敷
9	5/21（火）	帰国	イスタンブール経由成田	

ないと意味がないと思い、後の楽しみに取っておくことにしていた。しかし、五月下旬～六月上旬は、いつも孫の運動会と重なり、今まで先送りにしていた。いっそのこと、間を縫って個人旅行でもと考えたが、調べてみると、観光地が離れており、バス移動でないと効率が悪いので、ツアーでないと難しいことが分かった。どうしたものかと考えていたところ、よく使う旅行会社が、五月中旬～下旬に独自に薔薇祭りの企画をしていることを知り、季節的には少し早いとは思ったが、先延ばししても、これからもスケジュール調整は難しいと判断し、申し込むことにした。

　五月一三日（月）一日目、契約しているクレジット会社の無料宅配を利用し、先に成田にスーツケースを送っておき、夕方一六時半頃のスカイライナーで成田に向かった。集合時間の一時間半前の一七時に空港に着き、スーツケースを受け取って、旅行会社のカウンターに行くと、既に先着がいるらしく、四～五個のスーツケースが並んでいた。少しすると、会社の係員らしき人が近づいて来て「既に並び始めているので、搭乗カウンターの方へ行ってください」と言うので、手渡されたＥチケットを持って、スーツケースを押しながら、急ぎ足で搭乗カウンターへ向かい列に並んだ。後を追うように、同じ航空機に乗るらしき客たちが、五月雨式《さみだれしき》に続いてきた。まだ搭乗手続きがスタートしていないというのに、長蛇の列になっていた。「このところ個人旅行が多かったので、ツアーは一年ぶりである。二六名の大所帯で、その内、夫婦連れが三組で、その夫らも含めて男性は五人だけで、後は全部女性というわけか。以前、コーカサスの旅などで三〇名を越す場合もあったが、その時はもっと男が多かったが」。そんなことを考えているうちに一時間が過ぎ、何とか手続きを済ませ、再び旅行会社のカウンターへ行くと、大柄の元気の良い添乗員が待っていた（これまでの中では、二〇一三年南アフリカへ行った際、こっちが勝手に名付けた「肝っ玉母さん」タイプである）。「搭乗手続きに時間がかかりそうなので、全員集合は、トランジットのイスタンブール空港の飛行機を出た所にしたいと思います」という説明を受け、イヤホーンガイドを手渡された。時間がまだ少しあったので、近場のレストランに行き、すぐできる蕎麦をかっ込み、荷物検査場に向かった。

コマネチとチャウシェスク大統領

飛行機は、混んでいたにもかかわらず、ほぼ定刻の二一時半に成田を経ち、一二時間のフライトで、五月一四日（火）二日目の深夜三時頃、トルコのイスタンブールに到着した。機外に出ると、約束通り目印の黄色い折りたたみ傘を持って、添乗員が待っていた。全員が集まったのを確認すると「小声で言いますが」と滑舌の良い大きな声で挨拶をし、その後の手順を説明した。トランジットは二時間近くあったが、新しい空港でまだプライオリティーパスで入れるラウンジがなく、やむなくショップのテーブルで時間を過ごすことにした（改めて周囲のツアー客を見回すと、同年輩のおばさんばかりである）。小休止の後、七時過ぎにイスタンブールを経ち、一時間余りでルーマニアの首都ブカレストに到着した。両替をして空港の外へ出ると、外人にしては小柄の三〇歳前後の奇麗な日本語を話す現地ガイドが待っていた（以前バルカン半島やクロアチア、スロベニアを回っ

革命記念塔
（ルーマニア：ブカレスト）

た時、どの国でも日本語を話す現地ガイドは見かけなかったので、てっきり東欧にはいないかと思ったが、最近は事情が変わったらしい）。そのガイドの案内で、早速、小雨の降る中、ブカレストの市内観光をスタートさせた。「皆さん、ルーマニアと聞いて、何を思い出しますか」と、挨拶の後、そのガイドが聞いてきた。ツアー客の一人がすかさず「コマネチ」と答えた。「なるほど、このガイド、勿論、全盛期のコマネチのようにスレンダーではないが、堀が深く、眼光が鋭いところは、どこかコマネチに似てなくもない」。そんなことを考えていると、少し微笑みながら今度は「皆様、それでは、チャウシェスク大統領って知っていますか」と聞いてきた。言われてみると、三〇年位前、テレビで生々しい処刑場面が実況中継されたことを思い出した。しばらくして、一九八九年、革命派に追われたチャウシェスク大統領が、最後の演説をしたというテラスのある「共産党本部」前でバスを降りた。すぐ前に、革命記念塔があり、犠牲者を悼《いた》む慰霊碑が若者により落書きされていたのを、ガイドがしきりに嘆いていた（以前、バルカン半島諸国を回った時も感じたが「社会主義は遠くなりにけり」ということか）。再びバスに乗り込み一〇分ほど走った所に「国民の館」と呼ばれる巨大な建物があった。この建造物は、アメリカの国防総省ペンタゴンに次ぐ大きさだそうで、チャウシェスク大統領の権勢の象徴ともいえるもののようであった。それを見て、現地ガイドは「税金の館」と呼んで皮肉った（世代的にチャウシェスク独裁の時代は、まだ幼い

落書きされた慰霊碑
（ルーマニア：ブカレスト）

国民の館の前で、現地ガイド・ドライバーと（ルーマニア：ブカレスト）

子供のはずだが、どういうわけか、共産主義時代を毛嫌いしているようだ)。一通り見学が終わると、降り続く雨の中、旧市街まで歩き、レストランで昼食をとった。昼食後「ルーマニアのワインを買うとしたら、この先ここでしかチャンスはないかもしれません」と添乗員が言うので、スーパーに行き、ワインを三本購入した。自由時間の後、スターバックスで待ち合わせとのことだったが、ここでトラブルが発生した。昼食の際、真向かいにいた八〇がらみのお婆さんが、いつまでたっても帰って来ないのである。結局、三〇分位待たされ、添乗員が探しに行くと、傘もささずに呆然《ぼうぜん》としていたようで、何とか見つけてきて事なきを得た。ところが、そのお婆さん、疲れ果てて帰ってきた時「すみません」の一言がなかったのである。そのことが尾を引き、旅行期間中、ツアー客から冷たい視線を浴びることになってしまったのである。八〇を過ぎて一人で海外旅行に参加するのだから気丈な人であることに違いないが、年を取ると気が回らなくなるのは確かで、その分、謙虚であることを心掛けないと中々受け入れられないのも事実である。その日は、空港に着いてからそのまま市内観光が始まり、まともに寝ていなかったので、ホテルに着き夕食を済ますと、早々に床に就いた。長い一日であった。

ドラキュラの実像

五月一五日(水)三日目、ブカレストのホテルを八時半に出て、ドラキュラのモデルとされているヴラド・ツェペシュ(ヴラド三世)の永眠の地といわれているスナゴヴ修道院を目指した。一時間弱走り、バスを降りて小さな橋を渡った湖の小島に、その修道院はあった。ヴラド・ツェペシュは、決して、バンパイア（吸血鬼）などではなく、オスマン朝と勇敢に戦った英雄で、ツェペシュはトルコ兵を串刺し（ルーマニア語でツェペシュ）にし処刑したことからつけられた通称とのことだった。一四七六年に戦死し、その首のない遺体がこの修道院に埋められているとのことで、中に入ると、確かに、長方形の形をした墓らしきものが、院内の行き止まりの場所に安置されていた。修道院の裏手へ回ると、今は芝で覆《おお》われていたが、収容所跡もあった。スナゴヴ修道院を出て、二時間ほど北西へ走ると、一七～一九世紀に王侯貴族の別荘地として栄えたシナイアの街に到着した。昼食後、ドイツからルーマニアに招かれたカロル一世が、一八七五年に夏の離宮として建てたペレシュ城を見学した。一時間ほどして城を出て、途中、シナイア僧院に立ち寄り、まだ、日が高い一七時過ぎにシナイアのホテルに戻ってきた。雨も小降りになったので、夕食までの時間を利用し、うっかり持ってくるのを忘れた寝巻のズボンを買いに、近くのスーパーまで出かけた。女性ものではあったが、サイズはピッタリであった。

五月一六日（木）四日目、シナイアのホテルを八時に出発し、一時間ほど走ると、ドラキュラ伝説で有名な城のあるブランへ到着した。駐車場から見上げると、いかにも吸血鬼ドラキュラの住

ペレシュ城
（ルーマニア：シナイア）

ヴラド・ツェペシュの墓
（ルーマニア：スナゴヴ）

スナゴヴ修道院
（ルーマニア）

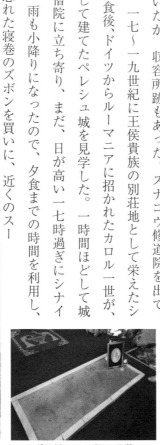

んでいそうな雰囲気の城がそそり立っていた。小雨の中、折りたたみ傘をさして急な石畳の坂道を上ると、狭い入口があった。現在は博物館として開放されていて、中へ入ると、王の執務室などたくさんの小部屋があり、ドラキュラにまつわる様々な展示品が陳列されていた。現地ガイドの話によると、この城は、ドラキュラのモデルとなったヴラド・ツェペシュの祖父のヴラド一世が築造したもので、実は、当の本人は一度も足を踏み入れたことはないとのことだった。雨の中、一時間ほど見学し、帰り際に露店でこの地方の陶器の小皿を買い求め、小降りのうちに急いでバスに乗り込んだ。ブラン城を出てバスで三時間近く行った所に、ヴラド・ツェペシュの生家があるシギショアラの街があった。生家は今はレストランになっており、そこで昼食をとった。ドラクルは竜（ドラゴン）の意味で、ドラキュラとは「ドラクル公の息子」という意味だそうで、店の看板には竜をあしらったデザインが施《ほどこ》されていた。遅い昼食の後、小一時間、街の中を散策し、土産店でドラキュラのラベルの貼られた赤ワインを購入した。シギショアラを一六時前に出発し、二時間ほど走るとブラショフという街に到着した。既に一八時近かったが、まだ、外は明るく大勢の人が行

ブラン城
（ルーマニア）

ヴラド・ツェペシュ肖像
（ルーマニア：ブラン）

ヴラド・ツェペシュの生家
（ルーマニア：シギショアラ）

き交っていた。一七世紀に火災により黒く焼け焦げたのでそう呼ばれているという「黒の教会」を見学するなどして一時間ほど過ごしてから、ブラショフを出発した。車中で「明日は、ブルガリアに移動になるので、ルーマニアに関して何か聞き残したことはありますか」と現地ガイドが聞いてきた。早速、気にかかっていた「どこで日本語を覚えましたか。日本に来たことはありますか」という身元の質問をすると「プライベートなことはダメ」と言いながら、弘前大学に一年間留学した経験があることを白状した。次に「何ヵ国語話せますか」とツアー客の一人が聞くと「母国語の他に英語は小学校から必須で、そのほかに、イタリア語、スペイン語、フランス語もわかります。似ていますから、学びやすいです」という返事が返ってきた。ルーマニアは農業以外に国内に仕事がないので、国外に出稼ぎに行くのが普通で、そのために近隣諸国の言葉を、否応なく習得するとのことだった。周辺の強国に対して、いつも従の立場にあるこの国の宿命のように感じた。もう日が落ちかかった街道を三〇分位走り、途中、レストランで夕食を取り、シナイアのホテルに戻った時は、もう二一時を回っていた。

黒の教会
（ルーマニア：ブラショフ）

これぞ、おばさんパワー

五月一七日（金）五日目、昨夜、ホテルへの戻りが遅かったので、ドライバーが定められた勤務時間をオーバーしたこともあり、ホテル出発は予定の三〇分遅れの九時であった。ツアーも中盤に入り、仲間の顔と名前も徐々にわかるようになってきた。バスに乗ると添乗員が、ツアー客の中の一人が盗難にあったこと、集合時間より早くバスに乗り込み、いつも良い席を確保する人がいることなど、できるだけ皆が楽しく旅をするための注意喚起があった。盗難にあった客は、お金を他の客から借りたらしく、添乗員が進んで貸してくれなかったことが不満らしく、声高《こわだか》に文句を言っていた（以前、三〇名を越す大所帯のツアーにも何回か参加したことがあったが、その際も、ツアー客の中には数人自分本位の人が混じっていた。このところ個人旅行が続き久しぶりのツアー旅行のせいでそう感じるのだろうか。それにしても、今回はそういう人が多い気がする）。国境に入る前に、込み具合によってどの程度時間がかかるかわからないので、ガソリンスタンドでトイレ休憩を取ることになった。困ったのは、ツアー客のほとんどが女性なのと、ボックスが男女一つずつしかないため、全ての乗客が用を足すのに三〇分近くかかることである。終《しま》いには、男性トイレにも女性を入れ、男性が見張り番をするようにして時間の短縮を図ることにした。国境手前まで行くと、ブルガリアから迎えのバスが来ていて、荷物もろとも乗り換えた。ブルガリアの現地ガイドは小柄なママさんガイドで、ルーマニアのガイドとは明らかに顔つきが違い、言われてみると、ブルガリア出身の力士、琴欧州にどこか似ている気がした。ドナウ川にかかる友好の橋を渡り、ブルガリアへ入ると出入国のゲートがあった。国境は思ったほど混んでおらず、ルーマニア出国とブルガリア入国を一度にできたので、一時間ほどで通過することができた。国境を出た所にあった両替所で、ドルをブルガリア通貨のレヴァに換え、少し走ったルナの街で昼食をとることにした。昼食後、南へ二時間ほど車を走らせると、一二〜一四世紀、第二次ブルガリア帝国の首都として栄えたヴェリコ・タルノヴォの街に着いた。頂上に教会のあるツァラベツの丘をバックに記念撮影をした後、金銀細工、陶器、織物、革製品、絵画などの小さな店の立ち並ぶチャルシャ通りを散策した。薔薇製品の販売店に立ち寄った際には、待ってましたとばかりにツアー客が一斉に商品に群がり、激しい争奪戦が始まった（これぞ、おばさんパワー）。もみくちゃの中、何とかハンドクリームなど数点を手に入れることができた。皆、大量の戦利品をビニール袋に下げ、一六時過ぎにヴェリコ・タルノヴォを後にした。当初、その日の宿泊地、スタラ・ザゴラまでは一時間半位あれば十分着くと予想していたが、途中、交通事故に遭遇し、やむなく迂回し、シプカ峠を越えることになった。曲がりくねった急な坂道を一時間近く上り、峠を越えると、急に霧がすっかり晴れ、北のバルカン山脈と南のスレドナ・ゴラ山脈にはさまれた平原が、夕日に照らされ青々と輝くのが車窓から見え始めた。平原の中の街道をさらに一時間ほど走り、二〇時過ぎにホテルのあるスタラ・ザゴラの街に到着した。

薔薇づくしの一日

五月一八日（土）六日目、いよいよ今回の旅のハイライト薔薇祭りの日である。昨日までの雨も上がり、

ツァラベツの丘
（ブルガリア：ヴェリコタルノヴォ）

チャルシャ通り
（ブルガリア：ヴェリコタルノヴォ）

空は青く晴れ渡っていた（これはついている）。九時に、スタラ・ザゴラのホテルを出ると、三〇分ほどで、オリジナル薔薇祭りの行われるカザンラクの薔薇畑に到着した。既に、二台の大型バスが乗り付けていた。畑の周りには老若の薔薇娘が民族衣装を着て待っていて、薔薇のレイをかけてくれた。「薔薇摘み」スタートということで、畑の汚染防止のため靴をビニールで覆《おお》い、配られた袋を片手に、一斉に、我先にと畑に分け入った。ところが残念なことに、まだ満開にはほど遠く、そこかしこに花弁があるというわけにはいかなかった。初めは「一人何枚とか制限を設《もう》けないと皆にいきわたらないのではないか」と思えるほどであった（ふと、何か、同じような気分を味わったことがあることに気がついた。地域で年二回行われるゴミゼロ運動である。あまりゴミの落ちていない奇麗な道路を歩きながら、両脇の草むらに横たわる空き缶を探す気分に、どこか似ている）。

幼い薔薇娘たち
（ブルガリア：カザンラク）

輪になって踊る老若の薔薇娘たち
（ブルガリア：カザンラク）

薔薇娘と
（ブルガリア：カザンラク）

薔薇の花弁
（ブルガリア：カザンラク）

薔薇摘み
（ブルガリア：カザンラク）

さらに、花弁を求めて畑の奥に進むと、日当たりのよい場所に出て、薄ピンク色の花弁がちらほら見える一角があった。ここぞとばかりに、花弁を摘み、何とか、ビニール袋の三割程度は花弁が貯まった。薔薇娘と記念撮影をする傍《かたわ》らでは、老若入り混じった薔薇娘が輪になって民族音楽に合わせてリズミカルに踊っていた。

一時間ほどで薔薇摘みは終了し、近くにあるトラキア人の墓を見学しに行った。洞窟の中に入ると、レプリカではあったが、紀元前三~四世紀に、この地に暮らしていたというトラキア人の描いた精巧なフレスコ画が見事に再現されていた。墳墓を後にし、途中、薔薇博物館に立ち寄り薔薇の蒸留工程などの説明を受け、昼食会場のレストランに向かった。昼食後、薔薇ジャムづくりの実演があり、続いて、今度は適齢期の薔薇娘によるフォルクロアショーを観賞した。元薔薇女王(今年の女王はまだ決まっていないので、以前のローズクウィーン)との記念撮影もできた(さすが、顔が小さい、しなを作った表情も堂に入っている)。昼食会場を出て、近くのローズオイル工場に行き、朝摘んだ薔薇の花を蒸留する様子を見学した。何と、一キログラムの薔薇オイルの生成のためには、三・五トンの

元ローズクウィーン
(ブルガリア：カザンラク)

ローズオイル工場
(ブルガリア：カザンラク)

フォルクロアショー
(ブルガリア：カザンラク)

トラキア人のフレスコ画
(ブルガリア：カザンラク)

花弁が必要とのことだった（これで、安くないのも合点がいく）。一五時過ぎ、カザンラクの観光を終え、宿泊予定のブルガリアの首都ソフィアへ向かった。二時間半ほど走るとソフィアのホテルに到着し、荷物を降ろして直ぐに再集合し、徒歩で近くのレストランへ行き夕食を取った。夕食後「希望する方がおられたら、近くのスーパーまで案内します」と添乗員が言うので、後についてスーパーまで行き、ブルガリア製のワインを買い求めた。ホテルに戻り「バスタブに浮かべるといい香りがする」と勧められた、昼間、摘み取った薔薇の花弁は、既に、たくさんの虫がついていて、とてもそんな気にはなれなかった。やむなく、もったいないとは思ったが、その場で処分することにした。

五百年耐え忍んだ信仰の証《あかし》

五月一九日（日）七日目、ホテルを八時に出発し、ボヤナ教会の予約時間の関係上、初めにソフィヤ市内を見て回ることにした。朝早いこともあり、アレクサンドル・ネフスキー寺院、聖ゲオルグ教会は、観光客の姿は疎《まば》らであった。ブルガリアは、一四世紀から一九世紀までの五百年間、オスマントルコの支配下にあり、聖ペトカ地下教会のように、教会も地下でないと築造できなかったようだ。教会内はミサの最中のようで入場は再度夕方に来た時にすることにして、近くの土産物屋でレースのコースターなど土産物を購入し、地下鉄工事の際、見つ

アレクサンドル・ネフスキー寺院にて（ブルガリア：ソフィア）

かったローマ時代の遺跡を見た後、リラへ向けて出発した。途中、コチェリノヴォという街でバスを停め、コウノトリの巣などを観察したりしながら、二時間半ほどバスを走らせた。やがて、山麓《さんろく》の細い曲がりくねった山道に入り、その行き止まった所に忽然《こつぜん》とリラの僧院が姿を現した。見学の前に、マス料理の昼食をとった後、門を潜《くぐ》り、色彩鮮やか僧院内を見学した。リラの僧院はブルガリア正教の総本山で、オスマン朝時代も、山奥だったため黙認されていたようで、現在の修道士は一〇人程度とのことであったが、多い時は三百人を超す修道士がいたようである。リラの僧院を出て、露店で、スーツケースが重くならないように、ガラスよりも軽いプラスチック容器に入ったアカシアや松のハチミツを買い求めた。さらに二時間ほどバスを走らせ、予約時間の一六時半よりも三〇分ほど早く、ボヤナ教会に到着した。この教会は、一一、一三、一九世紀と三度にわたり増築されていて、特に、真ん中の一三世紀の部分の内壁に描かれたフレスコ画は、写実性に優れ表現豊かに描かれていて、中世ブルガリア美術の最高傑作として知られているとのことだった。内部は狭く八人しか入れなかったため、三班に分かれ、一〇分交代で見学した。ボヤナ教会からソフィヤの市内までは三〇分ほどで到着し、聖ペトカ地下教会内を見学した後は自由時間ということで、市内を散策しながら、徒歩でホテルまで帰った。夕食はつ

ボヤナ教会
（ブルガリア）

リラの僧院
（ブルガリア）

聖ペトカ地下教会
（ブルガリア：ソフィア）

いていなかったので、部屋で、ビール片手に日本から持参したインスタントラーメンをいただくことにした。

根強いオスマンとの確執

五月二〇日（月）八日目、ソフィヤのホテルを九時半に出て、トイレ休憩を挟んで約二時間半ほど走ると、ヨーロッパの美しい村三〇選に選ばれたというコプリフシティツァという街に着いた。バスを降り、清々しい空気の中、ガイドの後について石塀の続く石畳を進むと、一軒の民家に行き着いた。中に入ると、民族衣装を着た年配のおばさんが待っていて、ヨーグルトづくりを実演してくれた。テーブルには、前から寝かして置いていたらしく、出来上がったヨーグルトがあり、ジャムやハチミツをかけて試食した。民家を出て、四月蜂起（一八七六年のオスマン朝からの独立のための決起）の記念の橋を渡ると、一九世紀に豪商が建てたという美しい屋敷が立ち並ぶ通りに出た。四つ角の所々には、四月蜂起に参画した人たちの銅像が建てられていた。いくつかの屋敷は今は博物館として開放されていて、その内の一つ、オスレコフという毛織物の豪商の家の門を潜《くぐ》った。オスレコフは、四月蜂起に参加しブルガリア独立の英雄ともいわれ、捕らえられ刑務所で一生を終わったとのことだった。三〇分ほど

四月蜂起の記念の橋
（ブルガリア：コプリフシティツァ）

ヨーグルトづくり
（ブルガリア：コプリフシティツァ）

各部屋を見て回った後、家を出てすぐの所にあるレストランで昼食をとった。昼食後、二時間位、散策のための自由時間となり、記念に奇麗な絵柄の陶器のマグカップを購入した。一五時頃、コプリフシティツァを出て、一八時に一旦、コプリフシティツァへ行かなかった客をピックアップするため、ソフィアの泊まったホテルを経由した後、空港へ向かった。車中、いつものように添乗員が最後の挨拶をする前に、初日、迷って集合時間に遅れたお婆さんが、話したいことがあると言ってマイクを手に取った。内容は、その時、気が動転していて「すみません」の声が小声になってしまって、大変、不快な思いをさせたことに対する謝罪であった。それを聞いて、皆、一斉に拍手はしたものの、何か言い訳がましく聞こえ、フォローする人もいなかった（もっと早い時期に、できればその時、間髪入れずに謝っておけばよかったのに、今となっては、もう後の祭りである。謝罪は出来るだけ早くするのが、物事をこじらせないための鉄則である）。添乗員と現地ガイドのお別れの挨拶を聞きながら三〇分ほどで空港に着き、早々に搭乗手続きを済ませた。空港内に入ると、簡素であったがプライオリティーパスで入れるラウンジがあったので、そこでビールで喉《のど》を潤し、二一時半頃にソフィアを飛び立った。一時間半のフライトでイスタンブールに着き、二時間半ほどのトランジットの後、五月二一日（火）九日目の夜中にイスタンブールを経ち、その日の二〇時に成田に到着した。

オスレコフの屋敷
（ブルガリア：コプリフシティツァ）

緑多い東欧の二つの国を回る旅であった。さすが農業国だけのことはあり、食卓には、いつも生野菜が豊富に並べられていた。東方正教を信じる国として、地政学的に近いイスラム教のオスマントルコとの確執はつい最近(一九世紀)まで五百年にも及び、この国の人にとって、ドラキュラは今も憎きオスマンと戦った英雄として認識されていることを、ガイドの言葉の端端《はしはし》から感じた。ルーマニアとブルガリアは、共に、二〇〇四年にNATOに、二〇〇七年にEUに加盟している。この目的は、勿論、経済的な理由が一番だと思われるが、ヨーロッパ諸国を味方につけることにより、身の安全をはかるという意味もあるのではないだろうか。旅を振り返ると、そんな風にも思えてくる。それにしても今回の旅行は、久しぶりの大人数のツアーで、大半が年配の女性だったせいか一段と騒々しく、マイペースの人が何人もいたので、気を遣《つか》う面も少なくなかった。それに、以前より未亡人の人も多くなった気がした。これも男女の平均寿命の差であろうか。ツアー旅行となると、これから、益々、おばさん比率が高くなるのを覚悟する必要がありそうで、今後、ツアー旅行に参加すべきかどうか、改めて考えさせられた旅でもあった。

15 自由と解放への願い、そして郷愁を誘う カリビアンミュージック

キューバ・トリニダードトバゴ・ジャマイカ（二回目）・カナダ

練り上げた百ヵ国達成の旅

今年で七〇歳、何とか当初の予定通り、今年中に百ヵ国に達したい。予算

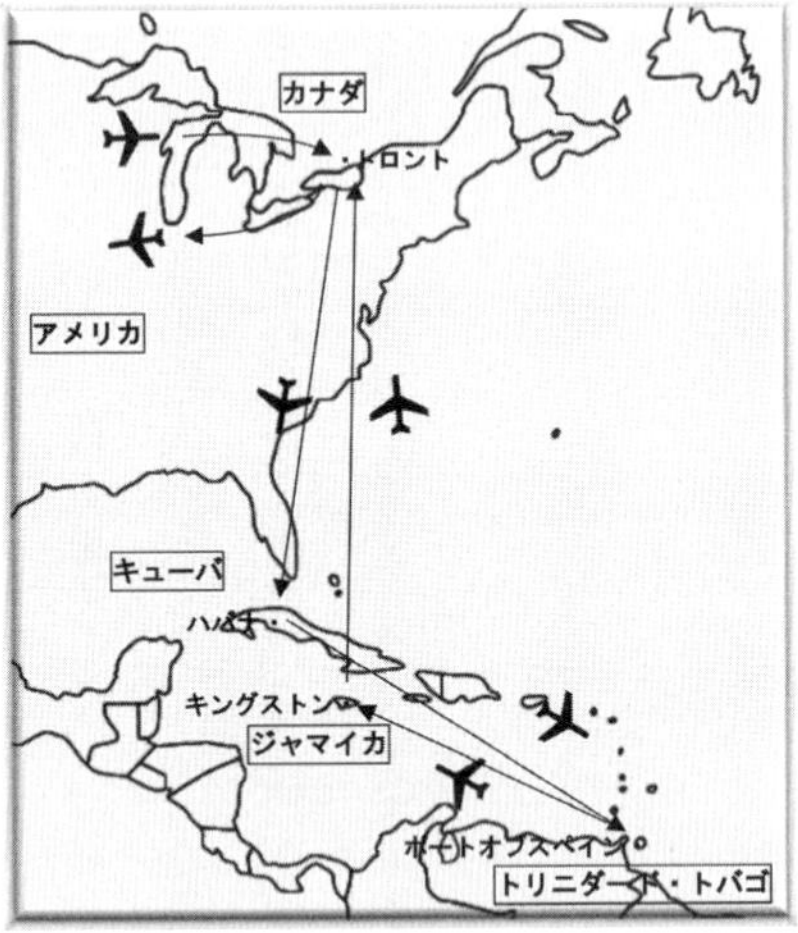

ルート図

旅程 2019 年 8 月 22 日～ 9 月 2 日

日数	日付	訪問国	都市	観光
1	8/22(木)	出国	トロント経由ハバナ	
2	8/23（金）	キューバ	ハバナ	革命広場・モロ要塞・旧市街・キャバレー
3	8/24（土）	トリニダード・トバゴ	ポートオブスペイン	スティールパン演奏
4	8/25（日）	トリニダード・トバゴ	ポートオブスペイン	ジャングルクルーズ
5	8/26（月）	ジャマイカ	キングストン	レゲエライブ
6	8/27（火）	ジャマイカ	キングストン	ボブマーリースタジオ・銅像・博物館
7	8/28（水）	ジャマイカ	キングストン	UCC コーヒー農園・メイビスバンク工場
8	8/29（木）	カナダ	トロント	
9	8/30（金）	カナダ	トロント	市庁舎・CN タワー・カサロマ
10	8/31（土）	カナダ	トロント	ナイアガラの滝・ナイアガラオンザレイク
11	9/1（日）	カナダ	トロント発	
12	9/2（月）	帰国	羽田	

的にも、貯金に陰りが見え始めてきており、もう一回位で何とか決めたい。そして、できれば年内、遅くとも二〇二〇年当初には冊子として発刊したい。そうなると、まとめるのに三、四ヵ月かかるので、秋までには、百ヵ国達成しておく必要がある。二月のソロモン諸島とパプアニューギニアの二カ国と、五月のルーマニアとブルガリアの二カ国で、合わせて九七ヵ国なので、後三カ国である。しかし、一度に三つの未訪問国となると、適当な組み合わせは、そうそう思いつかない。地域的には、オセアニア、ヨーロッパときたので、できれば、次は、アフリカか中南米に行ってみたい。ただし、八、九月のアフリカは如何せん暑いので、中南米が適当か。そんな思いで、色々と頭を巡らしてるうちに、パプアニューギニアの時と同じ個人旅行専門の旅行社が、おもしろそうなプランを企画していることを見つけた。テーマは「カリビアンミュージック」というもので、エアーカナダでトロントを経由し、キューバ、トリニダード・トバゴ、ジャマイカを回るコースである。キューバはマンボ、ルンバやサルサ、トリニダード・トバゴはスチールパン、ジャマイカはレゲエというわけだ。このうち、ジャマイカは二〇一五年四月に、丁度、五〇ヵ国達成のクルーズ旅行の時、既に、一度立ち寄っている。一方、カナダ、キューバ、トリニダード・トバゴはまだ行ったことがない。その会社は、日程が合えば、延泊は可能なので、カナダをトランジットで通過するだけでなく、帰りに延泊してくれれば、三ヵ国となり百ヵ国達成が可能となる。それに、世界三大瀑布《ばくふ》の内、イグアスの滝は二〇〇八年八月、ビクトリアの滝は二〇一三年八月に訪れたが、まだ見ていないもう一つのナイアガラの滝を見ることもできる。色々と思案した結果、諸条件を鑑《かんが》みると、これしかないと思い、その旅行会社に詳細を聞いてみることにした。これまでの個人旅行と違い、遠方で、決して治安が良いとはいえない馴染のない国も含まれているので、当初、少し躊躇《ちゅうちょ》したが、よく聞いてみると、どうやら現地には日本語ガイドがいそうで、しかもトリニダード・トバゴとジャマイカの宿は日本人が経営しているということもわかった。早めに飛行機だけは確保しておいた方が良いとの旅行社のアドバイスに従い、四月中に仮申し込みをし、詳細は五月のルーマニア・ブルガリアから帰国後に詰めることにした。そして、欧州から帰国後の六月初め、エアーカナダとカリビアン航空の運航便も考慮し、ジャマイカを一泊、トロントを二泊延泊し、一二日間の日程とすることにした。その会社で手配できない現地ツアーは、別途、違う会社にネットで申し込むことにした。二ヵ月前の六月下旬までにスケジュールを練り上げ、七月上旬にキューバ大使館でツーリストカードを入手し、カナダの電子渡航認証（ＥＴＡ《イーティーエー》）も取得した。また、今回は、百ヵ国記念ということで、何とか資金を捻出《ねんしゅつ》し、奮発してビジネスクラスで申し込んだ。二〇一五年の五〇ヵ国達成時のカリブ海クルーズ以来、四年ぶりであった。

図に乗るとろくなことはない

八月二二日（木）一日目、久しぶりの羽田空港からの出発で、モノレールに乗り、出発時間三時間前の一四時過ぎに国際ターミナルに到着した。あらかじめ送っておいたスーツケースを受け取り、搭乗手続きを済ませ、エアーカナダとアライアンスを組んでいる全日空のラウンジで、出発まで時間を過ごした。搭乗時間になり、優先搭乗ということで、意気揚々と先頭に立って飛行機に乗り込んだ。案内された席に着くと、久しぶりのビジネスなのではしゃいだわけではないが、持参したこれまで書いた原稿をチェックするために、上部にあるライトの方向を調節しようと手を伸ばした瞬間、うっかり膝から滑り、隣の席との仕切りに胸を強く打ってしまった。まだ、飛行機が動き出す前のことである。大きな音がしたみたいで、周りの客が一斉にこちらを振り向いたのがわかった。傍《かたわら》にいたキャビンアテンダントも「大丈夫ですか」と声をかけてきた。多少、胸に痛みはあったが、我慢できる程度だったので「平気です」と手を横に振り、何もなかったかのように平静を装った。幸い打ち身程度で済んだが、肋骨にヒビでも入っていたら「万事休す」であった（何事も図に乗るとろくなことはない）。それでも、胸に少し違和感があったので、時々、手で打撲した部分を触り痛みを気にしながら、トロント空港に到着するまでの一二時間、文章チェックと、映画鑑賞を交互に繰り返しながら過ごした。空港に着き機外に出ると、乗客のほとんどはカナダで降りるようで、同じ飛行機でトランジットなのは、キューバでスキューバダイビングをするという中年の日本人男性だけであった。四時間、メイプルラウンジで過ごした後、約三時間半飛び、翌日八月二三日（金）二日目の深夜一時前に、キューバのハバナに到着した。空港を出ると、約束通り、日本語を話す髭《ひげ》を生やした現地ガイドがドライバーと一緒に待っていた。八〇ユーロを外国人用の兌換《だかん》ペソ（CUC《クック》）に両替し、三〇分程度車を走らせると、新市街にあるホテルに到着した。既に、夜中の二時近かったので、その日の九時からの市内観光に備え、仮眠をとることにした。部屋に入り寝る前に、キューバ時間に腕時計の針を合わせようとすると、なんと動いていない（こんな時に限って止まるなんて。三〇代前半の頃、国家試験の受験の際、それまで数年動いていた腕時計が突然止まったのを思い出した。いつも肝心な時に限って、普段起こらないことが起こるのが世の常というものだ）。この国で電池交換は難しいと考え、やむなく、今回の旅は、携帯を時計代わりにすることにしようと自分を納得させ、床に就いた。

ガイドは可憐《かれん》なインテリお嬢さん

四、五時間寝た後、七時過ぎにホテルのレストランで朝食をとった。九時少し前にロビーに下り「果たして、どんな人が来るのか」と現地ガイドを待っていると、なんと、うら若いキューバ美人が、ピンク色のアメ車のオープンカーで現れた（梅雨の時期にも拘《かか》わらず空も晴れ渡り、珍しくガイドが可愛いお姉さんとは、旅の端《はな》からついている）。早速、車に乗り込み、新市街に繰り出すことにした。宿から少し行くと、ハバナ大学の正門前を通過した。昨晩、空港からホテルへ向かう途中に髭《ひげ》のガイドが「キューバで一番難しい大学です」と言ったのを思い出し、女房が「入るのは難しいのでしょうね」というと「そんなことはありません。むしろ卒業する方が難しいです」という答が返ってきた。物腰が柔らかく、敬語もきちんと使えるのを見て取って、さらに「日本語がお上手ですが、どこで学ばれたのですか」と女房が続けると「ハバナ大学では国際関係を学んでいます。今はまだ学生で、ガイドはアルバイトでやっています。日本語は、興味があったので自分で勉強しました。去年、初めて、二週間ほど日本の大阪に行きました」と応じた。そして「キューバは、小学校から大学まで学費は只ですが、卒業後、

ゲバラの描かれた建物
（キューバ：ハバナ）

カミーロの描かれた建物
（キューバ：ハバナ）

二〜三年、国に奉仕する必要があります」と付け加えた（育ちの良い、インテリお嬢さんといったところか）。一〇分ほど車を走らせると、直ぐに革命広場に到着した。革命広場は、だだっ広く、朝早いせいもあり、まだ観光客はほとんどいなかった。ガイドに聞くと、意外にも五月一日のメーデー以外、この空間は余り使われていないようだった。周囲には、よく観光案内で紹介されているゲバラの肖像の描かれた内務省、カミーロの描かれた情報通信省などの建物があった。ガイドが、現在は博物館として使われている高さ百九メートルの星形の塔の前にある像を指さし「キューバ人は、ゲバラよりも詩人でもあったホセ・マルティの方を尊敬しています」と教えてくれた。そこから、コロン墓地を通り、アルメンダラス川に沿って車を走らせると、海辺に出ることができた。心地よい海風を受けながら、海岸線に沿ったマレコン通りを東に進むと、モロ要塞が見えてきた。道すがら、キューバ人の暮らしぶりの話になり「私はハバナ生まれのハバナ生育ちで、異母兄弟の兄が一人いますが、今は、両親と三人で一緒に暮らしています。キューバ人の平均月収は三〇CUC《クック》（約三千円）位なのでとても一人では暮らしていけません。働き場所のほとんどが国営なので、皆、公務員です。パンは、まだ、配給なんですよ」と、少し不満げに説明した（そうか、キューバ人が使っている人民ペソならば、同じものをCUC《クック》を使った場合の二〜三割

ホセ・マルティの像
（キューバ：ハバナ）

アメ車
（キューバ：ハバナ）

の値段で手に入れられるとはいえ、とても月三千円では自活できないな。どうりで、チップ制度が当たり前になっているわけか）。海底トンネルを潜《くぐ》ると、すぐにモロ要塞があり、そこで車を降りた。近くにはゲバラの第一邸宅などがあった。要塞には多くの観光客が来ており、カナダやアルゼンチン人が多いとのことだった。要塞からは、旧市街を一望することができた。当初、要塞は外観するだけの予定であったが、入ってみたくなり、その旨、ガイドに話すと「別料金になりますが、良いですか」と言って、一人六CUC《クック》だと教えてくれた。そして、少し申し訳なさそうに「私は違いますが」と付け加えた。「こちらが言い出したことなので、その分は持ちます」と言ったが、CUC《クック》と人民ペソとでは入場料がだいぶ違い、面倒臭そうだったので、後でチップをはずめばよいと思い、別々に支払うことにした（それにしても、このように、同じサービスでも料金が違う場合、はたして、キューバ人と外国人とをどう見分けているのだろうか。不思議である）。ガイドの説明によると、要塞ができた一六～一八世紀の頃、ハバナの人口は四百人くらいで、要塞は、人々を守るためではなく、海賊から金銀などの財宝を守るために築かれたとのことだった。また、現在のキューバの産業は、決してサトウキビなどの農産物ではなく、教育を受けた医者が中南米で稼ぎ国に納める税金で、次が観光とのことだった。記念撮影を済ませ、一〇～一五分程度見学した後、モロ要塞を後にし、再び海底トンネルを通り、旧市街に向かった。

モロ要塞にて
（キューバ：ハバナ）

社会主義の窮屈《きゅうくつ》さ

旧市街で車を降り、中央にホセ・マルティ像のあるセントラル公園から、レストランや商店の立ち並ぶオビスポ通りの散策を開始した。街角でギター演奏している人を良く見かけ、カフェやレストランからは生のラテンミュージックが流れていた。旧国会議事堂、ヘミングウェイがよく訪れたというレストラン「フロリディータ」のある四つ角を通り、アルマス広場を目指した。ガイドは若いだけあって歩くのが早く、こちらは汗びっしょりで持参した水筒の水もなくなり、どこかでミネラルウォーターが欲しくなった。ところがコンビニがないので、中々、水が調達できず、やっと見つけたレストランで何とか水分を補給することができた。「ほとんどの店は国営で、民営はごくわずかです」と、父親がビジネスで身を立てていると語っていたガイドが、顔を少ししかめるようにして話した。ヤシの実に囲まれたアルマス広場を経て、カテドラルなどを回り、昼食予定のヘミングウェイがよく通ったという「ラ・ボデギータ・デル・メディオ」というレストランに、やっと昼過ぎに行き着いた。ミントの香りの広がるカクテル「モヒート」を飲みながら、キューバの肉料理をいただいた。「卒業後は、二～三年教育省で奉仕をし、今の彼氏はキューバ人ではないので、キューバの役所には勤められませんから、将来は日本へ行って勉強

フロリディータ
(キューバ：ハバナ)

ラ・ボデギータ・デル・メディオでガイドと
(キューバ：ハバナ)

したい」とガイドがしんみりとした表情で抱負を語った（自由にビジネスをしている親父さんの影響なのだろう、進歩的である。何かと窮屈《きゅうくつ》な社会主義のこの国としては、珍しい部類に入るのだろう）。一時間ほどレストランで過ごし、タクシー乗り場まで送ってもらい、チップを渡してガイドと別れた。

ラテン音楽のオンパレード

タクシーでホテルに戻り、一、二時間仮眠してから、軽い夕食を済ませた後、キャバレー観劇の約束の夜の九時にロビーに下りると、年の頃、三〇前後の日本人女性が座っていた。会場のある五つ星ホテルまでの道すがら、そのガイドと話をすると、なんと、我が家から車で一五分ほどの狭山市の出身だという（地球の裏側まで来て、自宅と目と鼻の先の隣人に会うとは、偶然とはいえ、世界は狭くなったものだ）。ホテルからは、海岸線が一望でき、その日は地域のカーニバルが開催されているようで、大勢の人で賑《にぎ》わっていた。「パリジャン」のショウの会場はこじんまりしていて、三〇分ほど早く中に入り、最前列の「かぶりつき」の席に座った。前座として、四人組のミュージシャンが演奏をしていた。ショウが始まると、初めは、キューバの歴史を物語った内容のようで、スペインによって植民地化され、奴隷としてアフリカから大勢の移民がやってきた頃の様子が、踊りと歌仕立てで演出されていた。その他、ルンバ、マンボ、タン

「パリジャン」のショウ
（キューバ：ハバナ）

アクロバット
（キューバ：ハバナ）

ゴなど色々なジャンルのラテン音楽と踊りが順番に披露され、ラテン音楽のオンパレードといったところだ。合間に、アクロバット、ボンゴの演奏、ローラースケートを履いたアトラクションなども演じられた。一時間半ほど堪能し、丁度、深夜零時頃、同じガイドにホテルまで送ってもらった。

入国審査を翻訳ソフトで

八月二四日（土）三日目、昨晩遅かったのと、日射しがきつかったので、午前中、ホテル内でゆっくりしてから、一三時にホテルを出て、来た時と同じ髭《ひげ》の日本語ガイドに空港まで送ってもらった。一六時過ぎ、カリビアン航空でハバナを経ち、トリニダード・トバゴの空港に三〇分遅れの二〇時半頃に到着した。二一時からスチールパンの演奏を聞く予定だったので、間に合うか心配したが、幸いトランジットの客がほとんどで、ポートオブスペインで入国する人は少なかった。しかし、入国審査の列に早めに並んだまでは良かったが、何時まで経っても遅々として進まない。よく見てみると、管理員がスマホに語りかけ、少し待って、その画面を旅行者に見せているようである。どうやら、英語からスペイン語への翻訳ソフトを利用しているらしい。次に、それに対して旅行者がスペイン語で答えたのを、今度は画面を見て英語で、入国カードを管理員が作成しているようだ。これでは手間がかかるはずだ。自分の番が来てわかったが、出国便のチケットも見せる必要があるようで、全く英語が話せないキューバ人はチンプンカンプンだったはずだ（スペイン語の入国カードを用意しておくとか、スペイン語の話せる管理員をおくなど、もう少し気の利いた対応が必要なのではないか）。結局、空港を出た時は二一時を過ぎてしまい、出口で、待ちくたびれたように日本人の女性ガイドが待っていた。ホテルによる時間がないので、予約したスチールパンの演奏会場に直行することになった。

目頭を熱くさせるスチールパンの響き

空港から三〇分かからないくらいで、スチールパンの演奏会場に着いた。倉庫の駐車場みたいな所に車を止め、近づいていくと、徐々に心地よいリズムが聞こえてきた。その日は、地元チームのホームグラウンドに他のチームも来て演奏を披露しているとのことで「入場料を取っているので、きっと上手なチームが来ているはずですよ」とガイドが説明した。会場に着くと、丁度、次のチームの紹介のアナウンスがあり、それが終わると、即座に黄色いユニホームを着た数十人のチームが一斉に、バチをたたき始めた。初め、複数のドラム缶を並べたパーカッションのパートの近くで聞いていたが、耳が慣れてくると、どうもリズムだけでなくメロディーも刻まれていることに気がついた（それまで、スチールパンは打楽器なので、リズムだけを刻むものと思っていたが、ちゃんとメロディーも奏でられるようだ）。チームは、老若男女入り混じった混成チーム（正確には、老婆は見あたらなかったが）で、皆、身体を左右に揺らしながらハイテンポで演奏している。ガイドに聞くと、皆、プロではなく、普段は普

スチールパンの演奏
（トリニダード・トバゴ：ポートオブスペイン）

通の仕事をしているとのことで「この一糸乱れぬ演奏をするには、どれほどの練習をしているのだろう」と感心させられた。曲が変わる間に、ガイドに誘われ、飲み物を調達しに会場の端に行った。一〇ドル払い食券を購入し、地元ビールの小瓶とジュースを手に入れた。皆、それをラッパ飲みしているようだ。次の曲が始まったので、群集を分け入り、今度は、主旋律を奏でていると思われるパートの全面まで進んだ。二、三人の若い男女が、それぞれ二つのスチールパンを、二つのバチを使って、素早くリズムを刻んでいた。観客も、乗りに乗って、リズムに合わせて体をゆすっている。「このリズム感は、奴隷としてこの地に連れてこられる以前から引き継がれた黒人特有のものではないか、とても日本人には真似などできるはずがない」。しばらく、繰り返されるメロディーとリズムに聞きほれているうちに、酔いが回ったせいか、不覚にも、目頭が熱くなってきた。

しばしの休憩の後、次は赤いユニホームを着たチームの演奏が始まった。今度は、前のチームに比べるとテンポは遅く、どちらかというとブルースっぽい音楽のようだ。同じように、最前列まで行き、耳を傾けると、アレンジはされているが、聞き覚えのあるメロディーが聞こえてきた。「これ、サイモンとガーファンクルの『明日に架ける橋』じゃないですか」とガイドに尋《たず》ねると、軽く頷《うなず》いた後「クラシックもアレンジして演奏できますよ」と教えてくれた。ドラムは子供、主旋律は、中央の髪を束《たば》ねた若い女性らしい。その横を見ると、全体をリードしている指揮者的存在の眼鏡をかけた小柄な中年男性がいた。やがて、二、三曲で演奏は終了し、一斉

スチールパンの演奏
（トリニダード・トバゴ：ポートオブスペイン）

に、拍手が巻き起こった。演奏者の間には、無事終了した安堵感と満足感が漂っているようであった。ガイドは、その中年男性と知り合いのようで、声をかけ近寄り、一緒に写真に納まった。やはり、その人は、このチームのリーダーのようで日本にも演奏に来たことがあるとのことだった。音楽に限らず、素晴らしい芸術作品を紡《つむ》ぎだしているのは、きっと見目麗《うるわ》しい美男美女に違いないと錯覚しがちであるが、意外と、どこにでもいるような地味な人物であることは、往々にしてあることである。その後、今度は青色のユニホームの地元チームの演奏が始まったが、素人目にも、前二者とは腕前が違う事は明らかだったこともあり、もう十二分に、時間の経つのも忘れ軽快なリズムに酔いしれることができたので、二三時半過ぎに会場を後にした。

そこから車で一〇分ほどの所に宿があった。ホテルではなく、一般家屋を改造したような民宿で、二重の門扉を通り、家の中に入ると、キッチン、ダイニングルーム、寝室、共同のバスとトイレがあった。共同と聞いて、気を遣《つか》うのではないかと心配していたが、どうやら、他に泊り客はいないようであった。二つの門扉と、家のドア、部屋のドアの四つの鍵を渡され「外出する時は必ず締めるように」と言い残して、ガイドは自宅に帰っていった。一部屋ずつ覗《のぞ》いて見たが、どこも散らかし放題で片づけられておらず、シャワーを浴びる際に、ふと見上げると、カーテンに前の客の下着がぶら下がっている始末である。清掃は、毎日でなく、区切りのよいタイミングでまとめてするようであった。窓など、開口部には全て鉄格子が施《ほどこ》されており、誰もいない一軒家で、心細い気はしたが、ビールの酔いが回ったせいか、シャワーを浴び、ベッ

スチールパンの演奏者と
（トリニダード・トバゴ：
ポートオブスペイン）

ドに横になると、ものの一〇分も経たないうちに眠りについたようであった。

年の差husband《ハズバンド》現る

八月二五日（日）四日目、朝、自炊で朝食を済ませ、九時過ぎに水を調達するために、部屋のドアから順番に鍵を開け外に出ようとすると、宿の前で若い黒人の男がこちらを向いて、日本語で声をかけてきた。「彼女のhusband《ハズバンド》です」と、言うのである（夫にしては、明らかに若く不釣り合いである）。「まあ、事の真偽は別として、一応挨拶だけはしておこう」と、その男が、入って来ないように、用心しながら門の鍵をかけ、通りに出た。歩き始めてみると、昨夜は、暗くてわからなかったが、この辺《あた》りは住宅街のようで、通りにはレストランもいくつかあった。渡された地図を見ながらしばらく行くと、薬屋があり、そこでペットボトルを調達できることが分かった。今買ってしまうと重いので、後から戻ってきて購入することにして、ひとまず周辺を散策することにした。日曜のせいか、休業の店も少なくなかったが、いくつかのレストランが開いているのが確認できた。一時間ほどで宿の周りを一周した後、同じ薬屋で水を購入し、一旦ホテルに戻った。小一時間ほど小休止してから、再度、目星をつけていた宿から五分位のパーラーみたいな店に行き、昼食をとることにした。店に着くと直ぐに、スムージーとコーラ、それにサラダとパスタを頼んだ。ところが、飲み物は早く出てきたのだが、食べ物が待てど暮らせど出てこない。結局、注文してから食べ終わるまで一時間半近くかかってしまい、宿に戻った時は一四時を回っていた。ベッドに横になると、寝不足と、炎天下を歩いたので疲れが出たのか、うたた寝してしまい、気がついたら、丁度、約束の一五時になっていた。慌《あわ》てて、宿の入口のドアを開け顔を出すと、女主人が半ズボン姿で大きく手を振っている。鍵を家に忘れてきて、少し前から叫んでいたらしい（それにしても、これから湿地帯の中にわけいるというのに半ズボンとは、現地に長くいると蚊にも食われないというのか）。急いで身支度をして車に乗り込み、早速、気になっていた今朝の「husband《ハズバンド》」と言った若い黒人のことを話すと、少し照れくさそうに「ゴミの整理をしてもらっていました」とだけ軽く頷《うなず》いたが、それ以上は話は続かなかった（まあ、色々、事情があるのだろう）。宿を出て、二〇分ほどでポートオブスペインの街が一望できる高台で車を止めた。丁度、土産物の屋台が出ていて、ガイドが、孫の土産にほしかったスチールパンのミニチュアを売っているのを目ざとく見つけてくれた。日曜なので街中の土産物屋はほとんど休みで、明日、空港で買うしかないと思っていただけに、思いがけず手に入れることができ一安心した。

突如、飛来したスカーレットアイビー

そこから二〇分ほどで、クルーズの船着き場に到着した。既に、三〇人ほど乗れるボートが数隻、停留していた。早速、トイレを済ませ、ガイドが確保してくれたボートの最前列に乗り込んだ。川の水はお世辞にもきれいとはいえず、かなり濁っていた。前後、一定間隔で何隻か連なるようにして、クルーズはスタートした。そのうち、いずれかのボートが目ぼしいものを見つける度に、他のボートが一斉にそこに集まり、どのボートの客も、獲物を享受できるというやり方だ（二〇〇六年に行ったケニアのサファリで、象やライオン、チーターを見つけると無線でジープがそこに集まるというやり方と似ている）。そのよう

にして、木枝にとぐろを巻く蛇や、ラグビーボールのような楕円形の黒い蟻《あり》塚《づか》、小枝を上る沢蟹、小さなワニなどを見ることができた。しばらく、両岸にマングローブの生い茂った川を進むと、やがて、釣り人が入れない自然保護区に入り、木々の間から、赤い鳥が見え隠れするのがチラホラ見えた。この現地ツアーに申し込んだ時、旅行社の担当の言いっぷりは「この時期、見られればめっけもの」であるかのような、いかにも自信無げなものだったので、にわかに期待が高まった。ほどなく川が開け湖が拡がる所に出た。水深があまりないのであろう、数羽のフラミンゴが餌をつついていた。それを見て、ガイドが「スカーレットアイビーが赤いのは、フラミンゴと同じ蟹を食べているからです」と説明している途中で「あ、あそこ飛んでいます」と、遠方の森の上空を指さした。すかさず、その方向に眼をやると、連なる森の上方すれすれに、数羽の赤い鳥の群れが通り過ぎるのが確認できた（これが、お目当てのスカーレットアイビーか、なるほど真っ赤である）。いつ飛来するかわからない赤い鳥を探すように空を眺めながら、さらに奥に進むと、小さな島の正面で、一定の距離をおいてボートは止まった。スカーレットアイビーは、大変臆病な鳥のようで、それ以上は近づけないとの判断のようであった。先行していたボートが数隻、同じように停留していた。その小島は鳥たちのねぐらのようで、日が沈む前に、スカーレットアイビーも戻ってくるのを待って、それぞれ陣取っているようであった。この時の為に持って

ジャングルクルーズ
（トリニダード・トバゴ：ポートオブスペイン）

蟻塚《ありづか》
（トリニダード・トバゴ：ポートオブスペイン）

きた双眼鏡で覗《のぞ》いて見ると、数羽のフラミンゴと、たくさんの白鷺が湖面をつついているのを確認することができた。しばらくして、スカーレットアイビーの群れが、何回かにわたり羽を休めに舞い戻ってきて、小島はいつのまにか、木々の緑に赤いいくつもの斑点が落とされたような色彩になっていった。三〇分ほど舞い戻る鳥たちを見物してから、今度は、近道を通って、スピードを上げ、日暮れまでに船着き場に戻った。

宿への帰り道「明日は朝早いのでレストランで夕食をする時間がない」とガイドに話すと「それでは」ということで、屋台で、小麦粉で作った皮でひよこ豆とビーフのカレーを包んだダブルズというインド料理を手に入れてくれた。宿に着き、早速仕入れたダブルズを食べ、早めに床に就いたが、その日はどういうわけか、クーラーのオンオフの間欠音と、周辺の番犬の鳴き声が耳につき、身体を横たえたものの、熟睡はできなかった。

スカーレットアイビーの飛来

手前は白鷺とフラミンゴ

赤い斑点がスカーレットアイビー
（トリニダード・トバゴ：
ポートオブスペイン）

ダブルズ
（トリニダード・トバゴ：
ポートオブスペイン）

やはり、ここは危険レベル1の地域

八月二六日（月）五日目、七時四五分発の飛行機に間に合うように、早朝、五時に宿を出た。空港に着き三〇分ほどすると搭乗手続きが始まった。搭乗手続きを済ませラウンジで朝食をとった後、定刻通りにポートオブスペインを後にした。てっきり、ジャマイカのキングストンへの直行便かと思っていたが、途中、セントマーチンで一旦客を降ろすため着陸した。機内で待つ間にセキュリティーが入り、手荷物を一つ一つ誰のものか確かめていた。初め「誰かが手荷物を忘れたために、それを探しに来たのか。随分、親切だな」と思ったが「ならば、何もセキュリティーである必要はない」と思い直し、はたと思い出したのが、今から約三〇年前の金賢姫《きむひょんひ》による大韓航空爆破事件である（やはり、ここら辺は、外務省が危険レベル１と指定しているだけのことはある。テロの可能性があるということか、くわばら、くわばら）。一時間ほどして、飛行機は再び離陸し、キングストンに定刻より一時間近く遅れて一三時頃到着した。空港を出ると、迎えに来たのは、なんと、子連れの若い女性であった。だいぶ待ったらしい。トランクを開けると生活用品でいっぱいで、スーツケースを入れるスペースなどない。やむなく、後部座席にスーツケースを二つ重ねて積み込み、その両脇に、女房と女の子が座り、自分は助手席に座わることにした。空港を出てしばらく走ると、がたがた道に入った。カーブするごとに積み重ねたスーツケースが左右に移動し、女の子がそれを避《よ》けようと蹴とばすので、反対側にいる女房にスーツケースが度々倒れ掛かってくる。運転する母親は、それにお構いなく、音楽に聞き入っていた。話すこともないので、なにげなく「これがレゲエですか」と聞いたら、気を良くしたみたいで「実は自分もレゲエの歌手である」と言って、スマホに映った自分の姿を見せようとする。遂に、女房が悲鳴を上げるに至って、やっとことの次第に気づいたらしく、車を路肩に寄せた。今度は、スーツケースを後部座席の片側に寄せ、女房とその子が隣り合わせで座ることになった。初め、ばつが悪そうだったその女の子も、女房が日本から持ってきたお菓子を差し出すと、直ぐに、機嫌は直ったようであった。

向こう意気剥《む》き出しの女主人

それから、一五分ほどで宿に着くと、眼鏡をかけた日本人の女主人が待っていた。後部座席からスーツケースを出しながら「来る途中、スーツケースが倒れて大変だった」と少し厭味《いやみ》ったらしく言いながら、女主人の顔を覗《のぞ》くと、謝るでもなく「車が壊れたので、仕方なく、レゲエをやっている友人に頼みました」と、言い訳がましく応じた。「彼女はレゲエのシンガーで、シングルマザーで頑張っているんですよ。彼女のお父さんは、ボブマーリーのマネージャーもやった有名な人なのです」と付け加えた。「だから何だ。レゲエはそんなに偉いのか」と喉まで出かかったが、到着して早々言い合いもしたくないので、それにはあえて応じず、少し不機嫌な表情を繕《つくろ》った。どうしようかと思ったが、空港でだいぶ待たせたのは事実なので、二ドルチップを渡すと、母娘の車は直ぐに門から出て行った。宿はアパート形式で、泊まる部屋は二階であった。トリニダー

宿の正面
（ジャマイカ：キングストン）

ド・トバゴの宿に比べ古い造りであったが、バストイレとキッチンはついていた。部屋の鍵とは別に、入口に錠前付きの鉄格子の扉があったので、何気なく「随分、厳重ですね」と言うと「キングストンでは当たり前ですから、それと絶対、ジャマイカ人を部屋に入れてはだめです」とそっけない。「冷蔵庫は、使う時に電源を入れてください。外出する時は、必ずクーラーは切ってください。このところ、電気代が値上がったりして大変なのですから」と矢継ぎ早に捲《まく》し立て「何かほかに聞きたいことは」と、如何にも早く切り上げたいと言わんばかりに杓子定規《しゃくしじょうぎ》に続けた。付け入る隙を見せまいという、つっけんどんな言い方である。そして、四つの鍵を手渡すと、さっさと部屋を出て行った。女主人が部屋から出ていくのを見計らって、二人で、唖然《あぜん》として顔を見合わせた。「ポンポン言うタイプは苦手なのよね」と女房がポツリと言った。しばらく、いつも通り、部屋の水回りやセーフティーボックスなどをチェックして回った。部屋の窓はトリニダード・トバゴ同様、全て、鉄格子が施《ほどこ》されていた。

しばらく休んだ後「まずは、水と食料を調達せねば、それには現地貨も必要になる」と、女主人の所へ行くと、百ドル現地貨に両替してくれた。手書きでマーケットまでの地図を描きながら「必要ないものは、一切、持って行かないでください。後ろについてくる人がいたら気を付けてください」と言うので「そんなに危ないのですか」と聞くと、すまし顔で「一応、立場上、言うべきことは言っておかないと」と、相変わらず、ぶっきら棒な言いっぷりである（事前にネットで見た時は、ラジオ番組を受け持っているとい

窓の鉄格子
（ジャマイカ：キングストン）

う触れ込みで、かわいらしい笑顔の写真が載っていたが、おっかないおばさんじゃないか。近くで、まじまじ見ると、その格差に驚くばかりである)。「それでは、後で買い物に行ってきます。ところで、今日のナイトツアーは、何時頃、出かけますか」と聞くと「二三時でどうですか」と言うので、思わず「え」という声を漏らし「そんなに遅く」という表情をすると、少し勝ち誇ったように「まだ、早い方ですよ。若い人は、夜中の一時、二時から始まるのが当たり前ですよ」と答えた。そして「それにしても、車の修理屋が来ないのですよ。でも、安心してください。もし直らなかったら、タクシーを頼みますから」までは良かったのだが、少し間をおいて「こちらは大赤字ですが、約束ですから」と、こちらの顔色を伺《うかが》うように、また、気に障《さわ》ることを言い放った(これが、客に向かって言う言葉か)。咄嗟《とっさ》に何と応じて良いか思いつかず、部屋の奥を見るとカップがいくつか見えたので「凄《すご》いですね」と意識的にお世辞を言うと、嬉しそうに微笑んで「水、重いでしょうから五リットルの大きいやつだったら、ありますよ」と言って、奥から大きなペットボトルを持ってきた(人の気持ちは、一挙に、こうも変わるものか。自分を認めてもらって、少し、緊張がほぐれたか)。水を受け取り、一旦、部屋に戻った。女房が「どうだった」と言わんばかりに、こちらの表情を覗《のぞ》き込んだので「初対面の人には、馬鹿にされまいと、強がりを言って、予防線を張るという、一言でいうと向こう意気の強いタイプかもしれない」と答えた。初めは面食らったが、女主人の性格が段々とわかってきたような気がした。一時間位部屋で過ごし、ＷＩＦＩにパスワードを入れてみたが、うまくいかなかったので、再度、水のお金を渡しついでに、女主人に聞きに行くことにした。一階に下りると、車屋が修理にやってきていた。ＷＩＦＩの操作を確認しながら「修理ができて良かったですね」

と言うと、今度は「まだ、直ったわけではないので、最後まで安心できないですよ。それがジャマイカですから」と減らず口をたたく（負けん気が強く、素直じゃないが、思ったことを口に出さずにはおられない、わかりやすいタイプではある）。

部屋に戻り、パスポートなど大事なものはセーフティーボックスに預け、少額の現地貨だけを持って、近くのスーパーに行くことにした。鍵を順番に閉め、宿の外へ出た。女主人に脅かされていたので、誰か近づいて来ないか周囲に気を配りながら、スーパーに向かった。向かい側のスーパーは、一〇分ほどあれば充分な距離にあったが、歩道が整備されていないのと、この国は、右折する際、方向指示器を出さない習慣のようなので、交差点を横切るのは危ないように思え、車が来ないのを見計らって一旦中央分離帯まで行き、さらに、反対側車線を横切ることにしたため、倍近い時間がかかった。何とかスーパーまでたどり着くことができ、キュウリ、バナナ、コーラ、ビールなどを買い込み、用心しながら、元来た道を宿まで戻った。

薄暗闇の中のシニア版レゲエライブ

自炊で夕食を済ませ、レゲエのライブが始まるという二三時まで、眠いのを我慢しながら、部屋で待った。二三時になったので、ドアと窓を開けっぱなしにしている隣の長髪の白人男性の前を素通りし一階に行くと、眼鏡をはずしばっちり化粧し、少しミニのワンピースに身を包むというこじゃれた格好をした女主人が待っていた。「まだ、二三時まで二分ありますよね。今、電気屋が来ているので、ちゃんと直っているかどうか確かめてから出ます」と、慌《あわ》ただしそうにしながら、返事をした。どうやら、車は直ったようで、女主人の運転でレゲエライブの会場まで向かった。ライブ会場は、車で一五分程度の所にあった。その日は、四カ所でレゲエのライブが開催されているようであったが、比較的開始時間が早く、四〇歳以上のシニア向けのものを選んでくれたらしい。薄暗い会場には、既に、大勢の客が集まっており、大麻も販売しているようであった。生演奏ではなく、スライドが映写され、ディスクジョッキーでレゲエミュージックが流されていた。ワンドリンク付きだったので、早速、ビールとジュースを頼んだ。皆、曲に合わせ、何ともスローに体をくねらせている。トリニダード・トバゴのスチールパンの演奏とは、また別物である。入場券のナンバーを用いたクジ引きなども行われていた。そのうち、会場が溢れんばかりにごった返してきた。ただし、東洋人は、我々以外全くいない。皆、この時とばかりに、思い思いに身体をゆすりリズムをとっている。「ここは、同じバックグラウンドを持つ黒人たちが日常生活から解放され陶酔する場なのだ。生まれも育ちも違う東洋人は、明らかに場違いである」と、徐々に思えてきた。そうなると、疎外感さえ感じるようになり、いつ終わるかわからない様子だったので、一時間半ほどで切り上げることにした。ところが、会場を出て、車を止めた場所に行くと、なんと、前に他の車が駐車していて、車を出すことができない状態であった。憤慨した女主人は、我々にそこに留まるように言い残すと、

レゲエライブの様子
（ジャマイカ：キングストン）

息せき切って主催者の所へ、場内放送をするように掛け合いに行った。しばらくして、放送はなされたようであったが、レゲエ音楽の鳴り響く中での放送は、土台聞こえるはずもなく、何時までたっても、その車の所有者は現れなかった。しびれを切らした女主人は、遂に、警察に電話をしたらしく、少し待つと二台のパトカーがやってきた。女主人は、喧嘩を吹っかけているかのようなものすごい剣幕で、ハイテンポでことの次第を捲《まく》し立てている。隣に駐車していた見ず知らずの人が、見るに見かねて、自分の車を使ってよいとまで申し出てくれたが、もはや、聞く耳を待たないようであった。そのうち、たぶん、警察と並行して呼んだのであろう車の修理屋らしき人物が現れ、二人がかりで何回も切り返しを行い、何とか、車を出してくれた。既に、騒動がおきてから一時間近くが経過していた。疲れ果てて、宿に帰った時は、深夜の一時半を回っていた。長い一日であった。

同郷の威力

八月二七日（火）六日目、昨日、仕方ないとはいえ、車のトラブルで帰りが遅くなり、こちらも少し気分を害していたので、女主人が今朝はどんな表情をしているかと思いながら、約束の一〇時半に一階に下りた。女主人は、既に支度をしており、何食わぬ顔で我々を車に促すと、すぐにボブマーリーのスタジオを目指して出発した。初め、昨日の気まずさもあり、会話が進まなかったが、あえて、こちらから話し出すこともしなかった。すると女主人が、どの客にも尋《たず》ねる社交辞令であろうが「日本のどちらからですか」と聞いてきた。すかさず女房が「埼玉の川越からです」と答えると、女主人はびっくりした様子で「え、私、鶴ヶ島なんです」と言った。それを聞いて、こちらもびっくりしたと同時に、不思議なもので、いっきに親近感がわいてきた。それから、弟が駅前で美容院をやっていること、川越のデパートなどのローカルな話題も出て、一挙に会話が弾むようになった。終《しま》いには、女主人から、今は、独立している子供の話も出るようになり、だいぶ、気心が知れてきたようであった（同郷というのは、これほど人を引き付ける威力があるものか）。

途中、通行止めなどがあり、回り道をしたが、三〇分ほど走ると、ボブマーリーがレコードの製作を行ったという「タフ・ゴング・スタジオ」に着いた。スタジオ内に入り、リハーサルスタジオ、レコーディングスタジオの順に見学して回った。こちらが「ボブマーリーに関してほとんど知らない」というと「ボブマーリーは、ジャマイカでは、百メートルの世界記録保持者ウサイン・ボルトよりもはるかに有名で、レゲエミュージックの神様的存在です。ジャマイカで生まれたレゲエを国境を越えて広め、三六歳でガンで亡くなりましたが、死後、グラミー特別功労賞も受賞している人です。もう一つのジャマイカ国歌ともいわれている人類愛を唱えた代表曲の一つ『ＯＮＥ《ワン》　ＬＯＶＥ《ラブ》』などたくさんの曲を作りました。晩年、ラスタファリ運動（アフリカ回帰運動：エチオピアを世界に離散した黒人の母国とし、回帰を提唱する宗教的思想）へ傾倒していきました」と、女主人がその「いろは」から説明してくれた。壁には、これまで、

タフ・ゴング・スタジオ
（ジャマイカ：キングストン）

ボブマーリーが発売したレコードや「ONE《ワン》 LOVE《ラブ》」の歌詞が飾られていた。プレス工場に行くと、今では使われることのない旧式のプレス機が、埃《ほこり》をかぶって飾られていた。「この国でも、DVDなどの電子機器の発展により、レコードスタジオはほとんど残っていません」と女主人が、少し寂しげにぽつりと言った。ボブマーリーが生まれたというダウンタウンのスラム街は、スタジオから、車で一〇分程度の所にあった。今でも危険ということで、車内から窓を開けて、その旨記された看板を写真に収めた。市場らしき所も通ったが、確かに、観光している外国人は一人も見当たらなかった。ダウンタウンを通り過ぎ、少し行った所に旅行案内に良く載っているボブマーリーの像があった。下車して記念写真を撮った後、昼食をとるために近くのフードコートに立ち寄った。ここでも、女主人の面目躍如という場面があった。女房の注文したものと違うものが出て来たことに対して、ものすごい勢いでクレームを捲し立て、ひと悶着《もんちゃく》の末、新しいものを作らせたのである（異国で暮らすには、些細な事でも一歩も下がらないという、気構えが必要ということか）。

ボブマーリーの銅像の前で
（ジャマイカ：キングストン）

ボブマーリーが生まれたダウンタウン
（ジャマイカ：キングストン）

「ONE LOVE」の歌詞
（ジャマイカ：キングストン）

ボブマーリーを心酔する人

昼食後、本日のハイライトの、かつてボブマーリーが暮らしていたというボブマーリー博物館を訪れた。各部屋を見た後、ボブマーリーを紹介した二〇分程度のビデオを、丁度、訪れていた他の客たちと一緒に観賞した。裏手には、政治的対立に巻き込まれ、一家が銃弾を受けた跡も残されていた。敷地内の壁には、ボブマーリーの誕生から三六歳でガンで死亡するまでのストーリーが描かれていた。敷地内の建造物は、緑、黄色、赤のラスタカラー（緑は肥沃な大地、黄色は平和・民族・宗教の調和、赤は国土防衛のため流された血）で彩《いろど》られていた。一四時過ぎに博物館を後にし、途中、女主人お勧めのコーヒー工場で土産のコーヒー豆を数袋購入し、宿に向かった。道すがら「この国で貧困から抜け出すには、ボブマーリーのように音楽で、あるいはボルトのようにスポーツで身を立てるしかないわけですね」というと「それに教育」と女主人が付け加えた。三〇分ほど車を走らせると、宿に着いた。「明日の水曜は、別途手配してブルーマウンテンに行くことになっています。事前に旅行社に再三確認した所、どうしても、水曜はダメというので」と言うと、女主人は「午前中なら何とかなったのに」と、少し残念そうに呟《つぶや》いたが、仕方ないという表情で軽く頷《うなず》き「これから美容院へ行く」と言って、すぐに、部屋に入っていった（予想通り、明日水曜は、ラジオ番組に出るのであろう）。夕食までは、まだ時間がたっぷりあったので、朝、干しておいた洗濯物を取り込み、部屋で寛《くつろ》ぐことにした。昨日までは「向こう意気ばかり強

ボブマーリー博物館
（ジャマイカ：キングストン）

い、なんて、高慢ちきな女性だ」と思っていたが、だいぶ、女主人に対する印象も変わった。女房が興味を持ったのか、スマホで女主人のことを調べていて、突然「ちょっと見て、ご主人、だいぶ前、お子さんがまだ小さかった頃、警官に誤射され、命を落としているみたいよ」と、声を上げた。当時の記事に、その衝撃的な事実が残っていたようだ。「独立した娘がいると話していた時も、夫のことは、全く口にしなかった。それでも、日本へ帰ろうと思わなかったのは、四年間、世界を放浪した末にここに居ついたとは言っていたが、よほど、この国が気に入り、レゲエが性に合い、ボブマーリーを心酔しているからなのだろう。あの強さは、それなりのバックグラウンドがあってのことというわけか」と、女主人の素性が徐々にわかり、あの性格が形作られた理由も納得がいくような気がしてきた。と同時に「そうなると、てっきり、夫だと思っていた一緒に暮らしているらしき黒人男性は、一体誰なのか」という新たな疑問が湧いてきたが、それ以上詮索するのはやめにした。それこそ、まさに、下種《げす》の勘繰りである。

この国で骨をうずめる決心をしているのだろうから、自分のスタイルを貫く覚悟ができているのだろう。おそらく、パートナーであろうが、そんなこと、大目に見るも見ないもない、個人の自由である。それ以上、踏み込むのは、越権《えっけん》行為である。夕食まで、女主人がレゲエ仲間と制作したという「東日本大震災の被災者を励ますレゲエの歌」をスマホで聞きながら、部屋でゆっくりと過ごした。何はともあれ、ボブマー

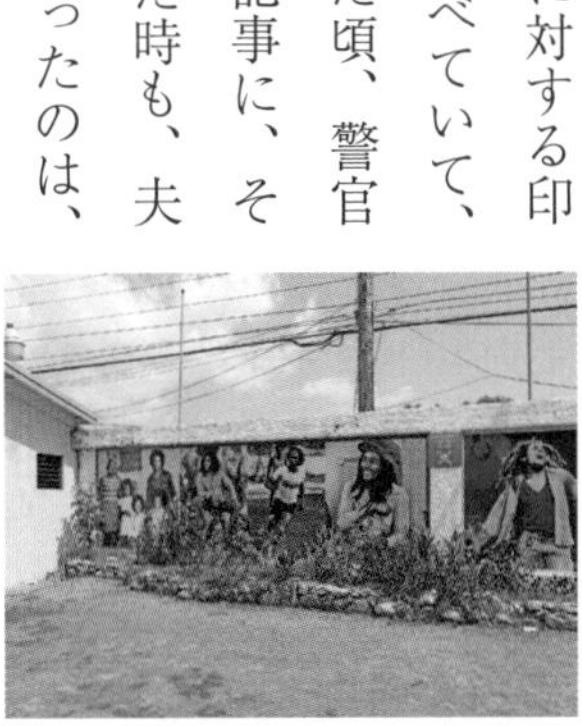
ボブマーリーの人生が描かれた博物館の壁
（ジャマイカ：キングストン）

ラスタカラーに塗られた建造物
（ジャマイカ：キングストン）

リー尽くしの一日であった。

文字通り青緑がかったブルーマウンテン

八月二八日（水）七日目、部屋で朝食を済ませ、約束の九時少し前に一階に下りると、黒人女性が、女主人と話していた。「確か、事前に入手した現地ツアーのバウチャーでは、日本人と書いてあったが」と思ったが、その黒人女性が日本語で会話していたことから、直ぐに、日本語ガイドだとわかった。挨拶の後、そのガイドと一緒に車に乗り込み、宿を出発した。ガイドはドライバーとともに、東のモンテゴ・ベイから四時間かけて、昨日のうちに来ていたらしい。やがて、車は山岳地帯に入り、一時間もしないうちに、UCC《ユーシーシー》コーヒー農園に着いた。この農園は日本人の上島忠雄が造ったもので、中に入ると直ぐの所にその銅像があった。イギリス統治時代、総督の別邸だったというクレイトンハウス（現在の管理事務所）の中に入ると、何枚もの写真が飾られていた。文字通り、雲間から淡い日差しを受け青緑がかって見えるブルーマウンテンの斜面は、何十万本といわれるたくさんのコーヒーの木で、埋め尽くされていた。管理員の説明によると、この地域のブルーマウンテンと呼ばれる山々は岩山であるが、頂上部のみが火山灰質の土壌で覆《おお》われていて、気候的にも、昼間はいつも雲がかかり直射日光を遮《さえぎ》り、

上島忠雄の銅像
（ジャマイカ：キングストン）

クレイトンハウス前で
（ジャマイカ：キングストン）

朝夕は天候が良く日差しが射すので、温度や湿度の変化が少なく、コーヒーの栽培に適しているそうだ。また、全てのコーヒーは、エチオピアが原産だということも、初めて知った。入れたてのコーヒーを試飲し、ブルーマウンテンコーヒー豆を二、三袋購入して農園を後にし、そこから、車で四〇～五〇分の所にあるメイビスバンクというコーヒーメーカーの工場に向かった。途中、山裾に建てられている軍隊の基地の横を通り過ぎる折「自分の息子は軍人でここに勤めていて、娘は看護師でカナダのトロントにいます。もう少しでドクターになります」と自慢げにガイドが語った。女主人が言うには、ジャマイカ人で日本語を話せる人は非常に少ないとのことだったので、決して、日本語が堪能とはいえなかったが、努力家であることは間違いないのだろう。よく見ると、いつも、アルファベットの日本語で、話題提供のメモが記されているノートを肌身離さず、持っていた。

山の斜面でガイドと
（ジャマイカ：キングストン）

メイビスバンクの工場に着くと、直ぐに、大柄の恰幅《かっぷく》の良い男性が来て、コーヒー豆の焙煎から、手作業による種分けなど、一連の製造過程を案内してくれた。工場内を一巡し、椅子に座りコーヒーを飲んでいると、ガイドが「チップありますか」と耳元で囁《ささや》いてきた。女房の方を見ると、その男性がさっきから、周りをうろうろしていると目配せしている。そういえば、ＵＣＣ《ユーシーシー》コーヒー農園では、うっかり、説明をした管理員にチップを渡すのを忘れたのを思い出した（どうりで、コーヒー豆を買ったとき、どこか不機嫌な顔をしていた）。すばやく、財布から小紙幣を取り出しガイドにそれを手渡した。この工場には、インスタントコーヒーもあったので、コーヒーをひくのが面倒くさい人の土産用に購入した。工場を後にし、一時間ほど走ると、キングストンの街に入った。既に、一四時を過ぎており、どこで昼食をとるかと思っていたら、昨日と同じフードセンターに入った。ジャマイカ定番のチキンフライ弁当を注文し、初め、そこで食べるつもりでいたが、ガイドたちがその日のうちに、また、四時間かけてモンテゴ・ベイまで帰る予定らしいので、気を使ってテイクアウトにした。宿に戻ると、女主人は外出していた。ガイドにチップを渡しお礼を言い、部屋に戻った。「そうだ、確か、今、ラジオ放送をしているはずだ」と思いラジオのスイッチを入れると、はっきり女主人とはわからなかったが、外国人女性とは思えない流暢《りゅうちょう》な英語が聞こえてきた（これが、彼女の本来の姿か、宿の経営は、生活の安定のための仮の姿というわけか）。もう一五時を回っていたので、その日は、買ってきた弁当で早めの夕食を取ることにした。

メイビスバンク工場にて
(ジャマイカ：キングストン)

忽然《こつぜん》と消える品々

八月二九日（木）八日目、朝、部屋で朝食を済ませ「たぶん昨夜はディスクジョッキーの仕事で遅かったに違いない」と気を使って、一〇時頃に、空港までの車の確認のため、女主人の所に顔を出した。女主人は、いかにも昨夜一仕事終えたというような清々しい顔つきをしていた。夕方のトロント行きの飛行機の時間を告げると「車は一三時頃で充分間に合うと思いますよ」と言うので「ラウンジでゆっくりするので一二時頃で良いですか」と返した。頷《うなず》いた女主人は「それでは一二時いうことで連絡しておきます。私は、用事があってその頃までには、出てしまいます」と言って、部屋の奥に入ってしまった。部屋へ戻り女房にその旨話すと「それじゃチップは、今、渡さないと」と言うので、紙幣を持って、再度、女主人を訪ねた。女主人は、身支度をしていて、手を休めて部屋の奥から出てきてチップを受け取ると、お礼を言って、また、直ぐに奥に引っ込んだ。その時、ちらっと、人影が見えた。「やはり、誰かいる」と、一瞬、思ったが、思いとどまりそれ以上の詮索することはやめにした。

一二時近くなり、帰り支度をしてスーツケースを持って一階に下りると、もう、迎えの車が待っていた。言われたとおりに鍵をメイドに渡し、宿を後にした。車は、タクシーではなく私有車のようで、運転している若い黒人の男は、やはり、女主人の知り合いのようであった。空港に着き、ラウンジで昼食を済ませ、一六時半過ぎにジャマイカを後にした。ここで、小トラブルが発生した。機内は寒いことがあるので、リュックサックを上にあげる前に、スリッパと上着を折りたたんで入れた白い小さな袋を座席の上に置いたのだが、いざリュックを上の収納に入れて座ろうとすると、その袋が見当たらないのである。忽然《こつぜん》と消えたのである。その間同列の窓側の座席に座っていた客が席を取り違えていたようで席を交代することになりガタガタしていて、うっかり周りに気を取られていた。這《は》いつくばって、座席の下も探したのだが、やはり見つからない。ほんの、数分の出来事であった。このところ、年を取ったせいか、普段の生活の中でもよく物が見つからなくなるので、こちらのせいかもしれない。しかし、偶然とはいえ、キングストンに来る機内で女房も上着をなくしていたので、周りにいたジャマイカ人を疑いたくもなる（そういう眼で見ると、誰もかれも怪しく見えるものだ）。そんなことがあったので、何だかすっきりしない気持ちで三時間半過ごし、夜の二二時前にカナダのトロントに到着した。これまでは、空港に誰かが迎えに来ていたが、ここは、自分でタクシーを捕まえて宿まで行く必要がある。ところが、入国審査の際、色々聞かれ、その場で泊まる予定のホテルのバウチャーを管理員に見せたまでは良かったが、空港を出て首尾よくタクシーに乗り、胸のポケットに入れたはずのバウチャーを取り出そうとすると、今度は、それがいくら探しても見つからないのである（どうも、入国審査の時に一度管理員に渡したのを受け取り忘れたらしい）。「これがなくては、ホテルの住所がわからない。フロントで大丈夫だろうか」と心配になり、車の中で必死な形相《ぎょうそう》でバウチャーを探した。後で、女房から聞いたが、運転手がバックミラー越しに不安げにこちらを見ていたようだ。かすかな記憶をたどって、何とかホテルの場所を運転手に説明し、四〇分程度で、ダウンタウンのホテルへ着くことができた。フロントもバウチャーなしで何とかクリアーできた（本当に、年を取ると、勘違いが多くなるものだ）。これまで、トリニダード・トバゴ、ジャマイカと民宿だったので、久しぶりの街中のホテルであった。勿論、窓に鉄格子など一切ない。お湯も豊富に出るようなので、その日は、バスタブにゆっくりつかって疲れを癒《いや》した。

現に、世間は広いようで狭いもの

八月三〇日（金）九日目、泊まったホテルから徒歩で五分ほどの所に、待ち合わせ場所のホテルがあった。ロビーのソファーで待っていると、同じように人待ちしているらしき日本人のよく似た二人連れの女性がいた。話しかけると、母娘のようで、同じツアー客であった。しばらくすると、サングラスをかけた中年の日本人男性ガイドが近づいてきて挨拶をした。ガイドに続いてホテルを出ると、一〇人乗り位のワゴン車が駐車していた。早速、それに乗り込むと、ガイドが運転席に座り、やにわに、小型マイクの着いたヘッドホーンを頭につけ、説明を始めた（なるほど、これならば、他にドライバーはいらない。一人二役というわけか。うまいことを考えたものだ）。

初めに、市庁舎で下車し記念撮影をした後、トロント大学、オンタリオ州議事堂などを車窓から眺め、景色が良く写真スポットだというので、オンタリオ湖畔で車を降りた。そこからは、湖の向こうにトロント市街を一望することができた。再び車に乗ると「なぜ、私がカナダに来たと思いますか」という問いを皮切りに、ガイドの自己紹介が始まった。どうやら、二四年ほど前にカナダ人の奥さんと日本で知り合い、一目ぼれして、婚約の約束もないまま、日本での職を捨て、単身、カナダへ来たらしい。そして、カナダで住むことを決意して、小さなツアー会社を立ち上げたようだ。カナダに来た当初は、黄色人種故に、奥さんの両親の信用を得るまでに時間がかかったらしく、その苦労話も聞かせてくれた。

カサ・ロマ
（カナダ：トロント）

CN タワー
（カナダ：トロント）

市庁舎
（カナダ：トロント）

CN《シーエヌ》タワーに着き、エレベーターで展望台まで上った。スカイツリーと同じように、展望台を一周すると、トロントの街を三六〇度、パノラマで眺めることができた。昼は、ホテルのラウンジで飲茶を食した。食事をしながら、聞いてみると、同行した親子は、埼玉県の大宮で、ガイドも、なんと川越の自宅から車で三〇分あれば行くことのできる福生《ふっさ》出身だという（キューバで狭山、ジャカルタで鶴ヶ島、それに大宮、福生といずれも車で一時間とかからないところだ、現に、世間は広いようで狭いものだ）。昼食後は、オンタリオ湖畔を通り過ぎ、二〇世紀初頭に資産家ヘンリー・ペラットが築いた豪華邸宅カサ・ロマを訪れた。古城のような屋敷内に入り、百近くあるという部屋を順番に見て回ることにした。二時間近くかけて、最上階の屋根裏から、地下の外部に通じるトンネルの中も見て回った。夕食は、ガイドのお勧めで、トロントの中では五本の指に入るというステーキハウスで、豪勢《ごうせい》に、ワインとひれ肉ステーキをいただいた。

遂に、百ヵ国と三大瀑布《ばくふ》を制覇

八月三一日（土）一〇日目、八時の集合時間少し前に、昨日と同じホテルに行くと、直ぐにガイドが迎えに来た。ワゴン車に乗り込むと、さらにツアー客が五人増えていて、計九名となった（さすが、ナイアガラの滝観光は人気がある）。一時間半ほど車を走らせると、湖の遠方に霧のような水煙が舞い上がるのが見えてきた。ガイドは、客が飽きないようにと、昨日の話と重複しないように話題を選んで、カナダではトイレの鍵は閉めないのが常識とか、相手がウエイト

ナイアガラの滝をバックに
（カナダ：トロント）

レスであってもお礼を必ず返すとか、日本との文化や習慣の違いを、盛んに説明してくれた。やがて、滝が間近に見えるテーブルロックという広場に到着した。天気も良く、既に、大勢の観光客で賑《にぎ》わっていた。目の前のカナダ滝に近寄ると、水流が水煙をあげ、勢いよく滝壺に落下する様子を見ることができた。少し遠方には、アメリカ滝の勇壮な姿も眺められた（これで、二〇〇八年のイグアスの滝、二〇一三年のビクトリアの滝とともに世界三大瀑布《ばくふ》を訪れたことになる）。早速「やることだけは、早く済まさないと」と、三〇～四〇分かけてテーブルロックを往復し、適当な場所を見つけては、おもむろに持参した「１００ヵ国」の横断幕を取り出し、聴衆の眼にさらされることも臆《おく》さずに、証拠写真を数枚撮った。しばらくすると、ガイドが混み具合を見てツアー客に合図したので、後に続いてナイアガラクルーズの船着場まで進んだ。赤色のカッパを受け取り、前の客に続いて七百人乗りの船に乗り込んだ。ガイドが狙い目と言った二階の右前方まで急いで行ったが、残念ながら、そこは、既に、先客に陣取られていた。少しして、船は出発し、アメリカ滝、カナダ滝の順に水流の間近まで行き、水飛沫《しぶき》を浴びながら、カーテンのような水流の帯が怒涛《どとう》のように雪崩《なだれ》落ちる姿を写真に収め、二〇分ほどで船着場まで戻ってきた。クルーズを終え、土産物屋でメイプルシロップなどを買い求め、滝の見える展望レストランで、ブュッフェスタイルの昼食をとった。レストランからは、アメリカとカナダを結ぶ全長三百メートルのレインボーブ

ナイアガラクルーズ
（カナダ：トロント）

リッジが良く見えた。

アメリカとカナダは似て非なるもの

昼食後、途中、激流が渦巻くワールプールで下車した後、ナイアガラ・オン・ザ・レイクを目指した。一時間ほどで、到着すると、凡そ百年前の建物の立ち並ぶ街を、のんびりと一時間近く散策した。そこから、三〇分程度走った所にワイナリーがあった。赤、白ワインとカナダ特有のアイスワインを試飲し、その中から、ガイドの勧める銘柄の白ワインとアイスワインを一本ずつ購入した。ワイナリーからトロント市街までは、二時間弱かかった。街に近づくと、ガイドが終わりの挨拶代わりに、同じ植民地から独立した国であるカナダとアメリカの違いについて、熱っぽく聞かせてくれた。「カナダがモザイク国家と言われる所以《ゆえん》は、移民で成り立っている国で、今でも積極的に移民を受け入れているからです。生まれた時から、人種が違う人たちと接しているので、互いを尊重することが身に着いています。人種に限らず、社会的マイノリティーに対しても寛容です。だから、この国では、同性婚などが早くから認められているわけです。たとえば、一〇人いたら、勝ち組と負け組がはっきりしていて、それを良しとするのがアメリカです。一方、カナダの場合は、皆で、足並みをそろえて前へ進もうという考え方を取ります。医療費が無料であったり、固定資産税に準じて教育費を負担する制度なども、そういう考え方があるから成り立っているわけです。だから、アメリカで尊敬

ナイアガラ・オン・ザ・レイク
（カナダ：トロント）

されるのは、『功成り名を遂げた』資産家や、大統領経験者、あるいは高額所得のスポーツ選手でしょうが、カナダの場合は、医療費を無料にした日本でいえば県知事レベルの人が筆頭に挙げられるわけです」。ツアー客は、聞くや聞かずや、頭を椅子にもたれかけ寝入っている人もいるようであったが、永住権を取得し、この国で生涯を終えることを覚悟したガイドは、決意表明でもするかのように、車がホテルに着くぎりぎりまで、誇らしげに話を続けていた。トロントに着いたときは、一八時半を過ぎていたので、その日は、ホテル近くの日本食屋に行きラーメンで夕食を済ませることにした。

アフリカへの郷愁と大和なでしこの逞《たくま》しさ

九月一日(日)一一日目、朝、一〇時前にホテルを出て空港のラウンジで昼食を済ませ、一四時前にトロントを経ち、九月二日(月)一二日目の午後一六時に羽田に到着した。キューバ、トリニダード・トバゴ、ジャマイカ、カナダの四ヵ国を巡る一二日間の旅の中で、特に、カリビアンミュージックに聞き惚れたカリブ三カ国が印象に残った。スチールパンの一糸乱れぬバチさばきから生み出される軽快なリズムの渦、真っ暗闇の中、レゲエの繰り返される音の波に合わせ、身体をゆっくりくねらせる人々、忘れられない情景であった。彼らの音楽の源が、やはり、アフリカにあることは確かだ。ボブマーリーの生涯に触れる中で、自らのルーツであるアフリカへの回帰を提唱するラスタファリ運動なるものがあることも初めて知らされた。カリビアンミュージックには、奴隷として連れてこられた祖先の自由と解放への願いと郷愁の念が込められていることを強く感じた。

トリニダード・トバゴとジャマイカの宿の日本人の女主人は、個性的で逞《たくま》しい人だった。二人とも、現地の人と国際結婚し、現地で自ら起業し、地に足を生やした経営をしていた。両国とも、先進国から見れば、決して治安が良いとは言えない国である。いかに好きとはいえ、勇気をもってその中に飛び込み、現地に馴染み、家族を養いながら、自立して生きられるようになるまでには、色々な苦難があったことは想像に難くない。二人とも、そんなことおくびにも出さず、明るく振る舞っていた。日本人的な感覚では、多少、向こう意気が強過ぎる気がするが、この地で生きるための生活の知恵と思えば、この国では許せる範囲なのだろう。今年二月に訪れたパプアニューギニアでも感じたが「逞《たく》しきは大和なでしこ」という思いを再認識した。

それにしても、今回の旅の最中、物が、忽然《こつぜん》と無くなることが何回かあった。直ぐに、見つかることもあったが、機内で二人揃って失くした上着は、とうとう出てこなかった。これまで、機内で、前の袋に歯ブラシをうっかり置き忘れたり、旅行中食べようと思って日本で買った東京バナナを上の収納に置き忘れたことはあったが、上着をなくしたことはなかった。いずれも、ジャマイカへ来る便とジャマイカから出る便であった。座席の周りには手を合わせお祈りのポーズをとっている少女がいたり、着陸時に拍手がおこったことから、余り、飛行機に乗りなれていないジャマイカ人が多かったことは確かである。勢い、疑いたくもなってくる。今となっては、真偽は闇の中であるが、機内でも、用心が肝心という戒めと前向きに受け取ることにした。それはそれとして、トロント空港で失くしたホテルのバウチャーや、トロントのホテルで女房が失くした眼鏡も「行方《ゆくえ》知らず」である。思えば、普段の生活でも、そういうことが頻発するようになったのは、認めざるを得ないところである。これからも、旅を続けるつもりなら、肝心なものを失くさないように、収納場所とか、チェック方法とか、たとえ間違っても、最終的には大事に至らないｆａｉｌ ｓａｆｅ《フェイル セーフ》（トラブルが生じても安全が確保されている）的な対応が必要な年代になったということかもしれない。

あとがき

古事記の中に「大和は国のまほろば、たたなづく青垣、山ごもれる大和しうるわし」という歌がある。会社に入って四年目、ダムの仕事で初めて海外に行き、任務を終えて日本に帰る飛行機の中で、窓から瑞々《みずみず》しい青い山肌が連なる日本の国土を見た時、思わず、その歌が思い出されたのを今も鮮明に覚えている。それから今まで何回となく海外へ出かけたが、帰国便の中で日本の大地が見え始めると、その時の思いが、再びこみ上げてくる。そして、旅から帰ってきてしばらくの間は、しみじみ日常の何気ない生活をいとおしく思う心境に陥るのが常である。メーテルリンクの童話「青い鳥」ではないが、チルチルとミチルが、幸せを呼ぶ青い鳥を探しに旅に出たが、どこへ行っても見つからず、家に帰ってきたら、傍《かたわ》らにいた何の変哲《へんてつ》もない普通の鳥が、実は探し求めていた青い鳥だったというように、気がついてみたら、単調に思えた親しい人と触れ合う日々の生活の中にこそ、平穏で心休まる空間があるというのは、あながち、当を得てなくもないことを、帰国する度に改めて感じる（もっとも、この話はハッピーエンドで終わらず後日談があり、二人が一緒に暮らそうと思っていた矢先に、その青い鳥は逃げていってしまうのであるが）。

旅の達人、松尾芭蕉の「奥の細道」は「月日は百代の過客にして、行きかふ年も又旅人也」という序文から始まる。この文が、時の流れを、次々と移り過ぎる旅人に例えたものであることは周知のとおりである。二〇一七年の初春、ボスニア・ヘルツェゴビナで、メフメド・パシャ・ソコロヴィッチ橋を訪れた際、この橋を題材にしてノーベル文学賞を受賞したという「ドリナの橋」という作品があることを初めて知った。その時「この物語は、歴史の目撃者としてのドリナ橋の視点から、四百年にわたり橋の上を去来する人々やそこで起きた出来事を通して、人類にとっていつの時代も大きなテーマである民族の共存と対立を描きだしたものです」と現地ガイドが説明するのを聞いて、どういうわけか、ふと、芭蕉の冒頭の名文が脳裏に思い浮かんだ。決して動くことのない橋という不動の産物でも、そこを行き交う人を観察し、移り変わる時の流れを敏感に感じ取り、不易と流行を洞察することができれば、普遍的な物事の道理や人の世の摂理を、探りあてることが十分にできるということなのであろうか。もしそれが真実なら、本当は、何も、旅に出かけなくても、身の回りで起きている出来事を長期にわたり透徹《とうてつ》した眼で観察し、その結果を分析する能力がありさえすれば、定点観測するだけで、居ながらにして、旅に出て得たものと同等の、あるいはそれ以上の深い知見が得られるのかもしれない。

是非そういう能力を身に着けたいものであるが、残念ながら、今のところ、そんな能力など持ち合わせていないのは明らかである。いつか、そういう達観した境地に達したいと切に願うが、それまでは、旅にうつつを抜かして、自分にとっての「青い鳥」が逃げていかないよう、手放してはならないもの、後回しにしてはならないものを見失わないように、細心の注意を払いながら、もう少し、旅を続けられたらと思う。

本書をまとめるにあたり、多くの方にお世話になった。まず初めに、何といっても、一七年間にわたり、宿で自炊することも厭《いと》わず「青空トイレ」やむなしの辺境の地まで付き合ってもらった我が妻に感謝を述べたいと思う。とても、一人では、百ヵ国まで根気が続かなかっただろうし、本をまとめる上での事実確認は、土台、女房以外にはできない所作であった。家族には、留守中の両親の面倒、飼犬の世話など色々協力してもらった。とともに、テロや飛行機事故に遭遇しないかなど大変心配もかけた。その他、会社や友人など多くの方々にもご迷惑をおかけしたと同時に多大なご協力をいただいた。(株)牧歌舎竹林哲己社長には「ジジ&ババ」シリーズの前二冊「ジジ&ババの気がつけば50ヵ国制覇-働くシニアの愉快な旅日記-」「ジジ&ババのこれぞ世界旅の極意-ラオスには何もかもがそろっていますよ-」も含め、不慣れを承知で、全体構成から、文章表現、一字一句の選択に至るまで「出版のなんたるか」をご指導いただき、清井悠祐氏には編集にあたり、細部まで丁寧《ていねい》に校正していただいた。ここに、長きにわたり、色々とお世話になった皆様に、衷心よりお礼を申し上げる。また、当初二〇二〇年初頭に発刊する予定が、新型コロナウィルスなどの影響により大幅に遅れたことを申し添える次第である。

二〇二〇年　七月

風間草祐

【著者略歴】
風間 草祐（かざま そうすけ）

1949年生まれ。埼玉県在住。工学博士・技術士・経営学修士（MBA）
総合建設コンサルタント会社に40有余年勤務し、技術者として多くのプロジェクトの研究、調査、設計、施工管理業務を体験するとともに、管理者・経営陣の一角として組織運営・企業経営に携わる。
この間の諸々の経験を、後進へのメッセージとしてまとめ「サラリーマンの君へ - 父からの伝言 - 」（牧歌舎）として発刊した。
その他の主な著書としては、50代半ばから夫婦で開始した海外旅行のよもやま話を取りまとめた『ジジ＆ババの気がつけば50ヵ国制覇－働くシニアの愉快な旅日記－』（牧歌舎）、これらの体験を海外旅行初心者向けにガイドブック的に整理した『ジジ＆ババのこれぞ世界旅の極意－ラオスには何もかもがそろっていますよ－』（牧歌舎）などの紀行エッセイがある。

ジジ＆ババの
何とかかんとか！100ヵ国制覇 - 好奇心のおもむくままに -

2020年7月1日　初版第1刷発行
著　者　風間草祐
発行所　株式会社 牧歌舎 東京本部
〒101-0064　東京都千代田区神田猿楽町2-5-8サブビル2F
TEL 03-6423-2271　FAX 03-6423-2272
http://bokkasha.com　代表：竹林哲己
発売元　株式会社 星雲社（共同出版社・流通責任出版社）
〒112-0005　東京都文京区水道1-3-30
TEL 03-3868-3275　FAX 03-3868-6588
印刷・製本　刷株式会社　ダイビ

ISBN 978-4-434-27716-0　　C0095